범어사의 불교미술

선인

범어사의 불교미술

초판 1쇄 발행 2011년 12월 20일

저자_박은경 · 정은우 · 한정호 · 전지연
펴낸이_윤관백
편집_이경남 · 김민희 · 소성순 · 하초롱 / 표지_김현진 / 영업_이주하
펴낸곳_도서출판 선인 / 인쇄_대덕인쇄 / 제본_광신제책
등록_제5-77호(1998. 11. 4)
주 소_서울시 마포구 마포동 324-1 곳마루B/D 1층
전화_02)718-6252/6257 / 팩스_02)718-6253
E-mail_sunin72@chol.com
정가_20,000원
ISBN 978-89-5933-425-4 94910(세트)
ISBN 978-89-5933-503-9 94910

일러두기

1. 본문은 내용 전개상 한자와 한글을 혼용했으며 필요할 경우 국한문을 병기했다.
2. 본문 중 일본의 지명이나 사찰명은 통상적으로 사용되는 발음으로 표기하고 한자를 함께 나타냈다.
3. 도판은 가능한 해당 본문 내용에 부합한 사진을 배치하였고, 도판 번호는 따로 부여하지 않았다.
4. 주석은 각 장마다 미주로 나타냈으며, 표는 각 장마다 구분해 일련번호를 주었다.
5. 본문에 수록된 도판은 문화재 조사 당시 소장처의 촬영을 허가받거나 제공받은 자료를 수록하였다. 그 외 일부
   도판은 「한국의 불화」에서 인용하였음을 밝혀둔다.

범어사의 불교미술

박은경 · 정은우 · 한정호 · 전지연

책머리에

　　명산대찰(名山大刹)이라는 명칭에는 우리 민족의 자연유산과 문화유산에 대한 정서가 담겨있다. 전국 어느 곳을 막론하고 이름난 산에는 산세에 어울리는 절집이 산지기처럼 둥지를 틀고 있다. 자연을 거슬려하지 않았던 이들의 심성에 세월의 두께가 더해져 절과 산은 이미 둘이 아니다. 절은 자연 경관과 더불어 더욱 신비롭고, 산은 절이 있어 더욱 풍성한지도 모른다. 명산과 고찰의 조화는 어쩌면 가장 이상적인 어울림에 대한 무언의 법문인지도 모른다.

　　부산 지역에는 금정산이 위치하고, 그곳에 범어사가 자리잡고 있다. 산 정상의 기암에 놓인 황금빛 우물 금정(金井)과 그 속에 노니는 범천의 물고기 범어(梵魚). 금정산과 범어사는 그 이름만으로도 한 편의 문학, 한 폭의 그림을 보는 듯하다.

　　나라가 위기에 처했을 때 마다 풍파를 겪었던 부산, 그 모진 풍상을 견디며 이 땅을 지켜온 범어사가 있기에 우리는 부끄럽지 않게 지역의 불교미술을 이야기할 수 있다. 부산에 범어사가 없었다면 이 땅의 산의 역사는 사라지고 바다의 역사만 남았을 지도 모른다는 생각에 범어사가 더욱 소중하게 느껴진다.

　　신성(神聖)이라는 명목으로 수많은 전설을 양산하며, 가지고 있는 본질을 쉽게 보여주려 하지 않는 것이 고찰(古刹)의 공통된 속성이기 때문에 불교미술 문화의 탐구는 쉽지 않다. 특히 범어사와 같이 역사의 굴곡에 따라 중건과 중수를 반복한 사찰은 기초사료에 대한 체계적인 정리가 매우 중요할 뿐만 아니라 지역미술 연구에도 의미있는 일이다. 최근에 들어 국내학계도 지역미술에 대한 연구가 양적으로 서서히 증가하고 있는 추세이다. 돌이켜보면 그동안 범어사의 역사에 대한 자료집은 몇 차례 간행되었지만, 아직까지 불교미술을 주제로 정리된 자료가 없어, 이 자그마한 책자를 계획하게 되었다.

　　이 책은 범어사의 역사와 불교미술에 대해 건축, 조각, 불화, 자료편으로 나누어 구성하였다. 1장은 범어사의 역사와 건축, 석조유물과 공예(한정호, 동국대 경주캠퍼스), 2장은 범어사의 불교조각(정은우, 동아대), 3장은 범어사의 불교회화(박은경, 동아대) 등에 대해 각 전각별로, 그리고 전각에 봉안된 작품과 성보박물관에 소장된 대표 작품들을 다루었고, 4장은 범어사의 문헌자료(전지연, 전 범어사성보박물관)들을 한데 모아 엮었다.

비록 제한된 자료와 촉박한 일정으로 인해 다소 미진한 부분이 없지 않으며, 풍부한 사진 자료를 아낌없이 지면에 할애하지 못한 점 또한 아쉬움으로 남는다. 부디 이 책이 창신(創新)을 위한 법고(法古)의 밑거름이 되었으면 하는 바램이다.

이 책이 만들어지기까지 각 장마다 집필을 담당해 준 선생님들에게 감사의 말씀 전한다. 그리고 출판하는데 도움을 준 동아대학교 석당학술원과 도서출판 선인의 윤관백 사장님과 김지학 팀장님께 감사의 말씀을 전한다.

2011년 12월
집필자를 대표하여 박은경

범어사의 불교미술

범어사의 역사와 건축, 석조유물과 공예

금정산의 유래와 범어사 창건

　　범어사는 부산광역시 금정구 청룡동 금정산의 동쪽 기슭에 위치한 사찰로 대한불교 조계종 제14교구 본사이다. 신라 화엄십찰(華嚴十刹)의 하나로 창건된 범어사는 양산의 통도사와 합천의 해인사와 더불어 경상남도를 대표하는 3대 사찰의 하나이며, 100여개가 넘는 말사와 청련암, 내원암, 계명암, 대성암, 금강암, 안양암, 원효암, 사자암, 지장암, 만성암 등 10개의 산내 암자를 관장하는 선찰대본산이다.[1]

　　한반도의 척추에 해당하는 태백산맥의 남단부에 솟아오른 금정산은 부산을 대표하는 명산이다. 해발 802m 고당봉(姑堂峰)을 기점으로 동쪽을 감싸 안은 초승달 모양의 산세를 이루며, 서에서 동으로 흐르는 낙동강의 물길을 바꾸어 남쪽 바다로 흘러들게 한다. 원효석대(元曉石臺), 자웅석계(雌雄石鷄), 암상금정(岩上金井) 등 범어삼기(梵魚三奇)로 대표되는 빼어난 기암거석과 높은 산봉우리 그리고 깊은 계곡의 조화는

고담봉에서 바라 본 금정산

항도(港都)의 진산(鎭山)으로서의 풍광을 가감 없이 보여준다. 특히 암상금정(岩上金井)은 금정산이라는 이름과 범어사의 유래에 대한 전설을 간직하고 있어 눈길을 끈다.

금정산과 범어사에 관련된 문헌자료 가운데 이들 명칭의 유래에 대한 내용이 실려 있는 대표적 문헌은 『동국여지승람(東國輿地勝覽)』과 『세종실록(世宗實錄)』을 꼽을 수 있으며, 범어사에 전래되는 「범어사창건사적(梵魚寺刱建史蹟)」과 「고적(古蹟)」에는 범어사 창건과 관련된 내용이 비교적 상세히 기록되어 있다.

먼저 『세종실록』지리지에 기록된 금정산과 범어사라는 절 이름의 유래에 대해 살펴보면 다음과 같다

금정산은 현(동래) 서북에 있다. 산 정상에 바위가 있는데 높이가 3장(丈) 쯤 된다. 그 위에는 우물이 있는데 둘레는 10여 척(尺)에 깊이는 7촌(寸) 정도이다. 물이 항상 가득 차 있으며 가물더라도 마르지 않고, 빛깔은 황금과 같다. 그 아래 범어사가 있다. 세상에 전해지기를 옛날 금색 물고기 한 마리가 오색구름을 타고 범천으로부터 내려와 그곳에서 헤엄치고 놀았다하여 이에 범어사라는 이름을 얻었다고 한다.[2]

이와 유사한 내용으로 『동국여지승람』에 기록된 내용은 아래와 같다.

금정산은 현(동래)의 북쪽 20리에 있다. 산 정상에 높이 3장(丈) 정도 되는 돌이 있는데 그 위에 우물이 있다. 우물의 둘레는 10여 척(尺)이며, 깊이는 7촌(寸) 정도이다. 항상 물이 가득 차 있고 가물어도 마른 적이 없다. 빛깔은 황금과 같다. 세상에 전해지기는 '금색 물고기 한 마리가 오색구름을 타고 하늘에서 내려와 그 속에서 헤엄치며 놀았다.'고 하여 그 산 이름을 이렇게(금정) 짓고, 이런 연유로 절을 창건하여 이름을 범어라 하였다.[3]

이들 문헌의 공통적인 내용은 산 정상에 금어(金魚)가 헤엄치며 노는 금정(金井)의 존재로 인해 그 산의 이름을 금정산이라 칭하였고, 범어사라는 절 이름은 바로 금

정에서 노니는 천상의 황금물고기에서 유래했다는 것이다. 『세종실록』이 단종 2년(1454)에 완성되었고 『동국여지승람』이 성종 12년(1481)에 편찬된 점으로 미루어 볼 때 『동국여지승람』의 기록은 『세종실록』지리지의 것을 그대로 인용하였을 가능성이 크다. 하지만 이 두 내용에서 차이점이 있다면 전자에서는 금어(金魚)가 범천(梵天)에서 내려왔고 하여 불교적인 색채가 강한반면, 후자는 하늘(天)에서 내려왔다고하여 불교적인 색채가 점차 퇴색되었음을 느낄 수 있다. 두 사료 가운데 금정산과 관련된 범어사라는 사명의 유래만 놓고 본다면 금정의 금어가 범천에서 내려왔다고 언급한 『세종실록』지리지의 기록이보다 원형에 가까워 보인다.

한편 범어사에 대한 현존 최고의 기록으로는 최치원이 지은 『법장화상전(法藏和尙傳)』이 있다. 이 기록에 따르면 범어사는 해동화엄종의 열 개의 사찰 가운데 하나로 되어있다. 이는 일연이 『삼국유사(三國遺事)』에서 신라의 화엄십찰(華嚴十刹)을 열거하는 가운데 "금정지범어(金

범어사 고적 목판

井之梵魚)"라고 한 것과 일치한다.[4] 하지만 이들 기록에는 금정산과 범어사에 대한 명칭만 보일 뿐 그 유래나 창건에 대한 자세한 언급이 없다. 따라서 통일신라시대 범어사의 창건과 사격(寺格)에 대한 실증적인 접근은 어려운 실정이며, 다만 위의 기록을 통해 신라시대에도 금정산과 범어사라는 명칭이 있었음을 확인할 수 있다.

범어사의 창건에 대해 좀 더 상세히 알 수 있는 자료로는 목판본인 「고적(古蹟)」과 「범어사창건사적(梵魚寺刱建寺蹟)」,[5] 그리고 〈선찰대본산금정산범어사안내〉 중 「금정산범어사초창과 중건(金井山梵魚寺初創及重建)」이 있다.[6] 이 가운데 「고적」과 「범어사창건사적」의 간행연대와 찬자에 대해서는 기존에 발간된 범어사관련 서적과 연구 논문마다 혼동되고 있어 정리가 필요하다.

먼저 1979년에 발행된 『한국의 명찰18-범어사』에서는 현존하는 목판본 「범어사창건사적(梵魚寺創建寺蹟)」이 조선조 숙종 26년(1700)에 동계(東溪)가 편찬 간행했으며, 사적기의 맨 끝부분에 '나라에 표훈대덕

범어사 창건사적 목판

이 쓴 유사가 있어 귀감이 된다.'라고 하여 「고적」이 「범어사창건사적」에 포함되는 것으로 기술하고 있다.[7]

이어 1994년 발행된 소책자 『범어사』에는 「고적」이 임진왜란 이후 본격적인 중창 불사가 이루어지는 조선시대 숙종 26년(1700) 제월담권(霽月曇捲)에 의해 만들어졌고, 「범어사창건사적」은 영조 22년(1746)에 동계(東溪)에 의해 편찬·간행된 것으로 보았다.[8] 이 책에서는 두 문헌을 다르게 파악하였지만 「고적」의 제작자가 제월담권이라는 근거와 「범어사창건사적」의 제작시기가 영조 22년이라는 기술에 대한 구체적인 근거자료는 제시되지 않았다.

2008년에 발표된 범어사관련 연구논문에서도 「고적」과 「범어사창건사적」이 다른 문헌임을 구분하였다. 그리고 「고적」은 숙종 26년인 1700년에 간행되었으며, 「범어사창건사적」은 동계(東溪)에 의해 간행되었는데 고갑자(古甲子)인 적호(赤虎)가 현재의 간지로 병인(丙寅)에 해당하므로 순조 6년인 1806년으로 보았다.[9]

두 목판본을 살펴보면 「고적」에는 찬자를 밝히지 않고 있으며, 다만 '강희경진(康熙庚辰)……'이라는 제작시기가 확인된다. 이와 비교하여 「범어사창건사적」에는 '적호묘추동계근식(赤虎妙秋東溪謹識)'이라고 편찬시기와 찬자를 구체적으로 밝힌 것으로 보아 두 기록은 서로 다른 시기에 편찬되었음을 알 수 있다. 만일 적호(赤虎)가 간지를 나타내는 것이 아니라 하더라도 두 자료는 사찰의 창건시기를 서로 다르게 기록하고 있고, 이러한 차이점 들은 대체로 「범어사창건사적」이 「고적」보다 늦은 시기에 간행되었음을 보여준다. 이 점을 제외한 다른 내용들은 큰 차이는 없다.

먼저 「고적(古蹟)」(1700년)에 기록된 범어사 창건내력은 다음과 같다.

범어사는 (a) 당나라 문종 태화(太和) 19년 을묘(乙卯)인 신라 흥덕왕 때 창건되었다. 일찌기 해동(海東)에 왜인(倭人)이 10만 여 병선(兵船)을 거느리고 동쪽에 이르러 신라를 침략하려했다. 대왕이 큰 근심으로 즐거움을 잊고 있었는데, 문득 꿈에 신인(神人)이 나타나서 하는 말이 "대왕이시어 근심하지 마십시오. 태백산에 의상(義湘)이라고 하는 화상(和尙)이 계시는데 실로 금산보개여래(金山寶盖如來)의 일곱째 화신입니다. 항상 성중(聖衆) 천명, 범중(凡衆) 천명, 귀중(鬼衆) 천명 등 모두 삼천 명의 대중을 거느리고 항상 화엄의 교의를 강연하면서 불문을 호지합니다. 화엄신중(華嚴神衆)과 40법체(法體) 그리고 여러 신 및 천왕이 항시 수행합니다. 또 동국(東國) 해변에 금정이라 불리는 산이 있고 그 정상에 바위가 우뚝 솟았으니 높이가 50척 남짓합니다. 그 바위 위에는 우물이 있는데 언제나 금빛이며 사시로 충만하여 가물어도 그 물이 마르지 않습니다. 금빛 고기가 오색구름을 타고 범천에서 내려와 그 안에서 헤엄치며 놉니다. 대왕께선 의상을 맞이해 함께 그 산에 가셔서 금정암(金井岩) 아래서 7일 낮과 밤 동안 화엄신중(華嚴神衆)을 독송하면 그 정성에 감응하여 미륵여래(彌勒如來)가 금빛 몸으로 화현(化現)할 것입니다. 사방의 천왕이 각각 병기를 가지고 색신(色身)으로 화현할 것이며 비로자나여래께서도 금빛 육신으로 나투어 보현과 문수보살, 향화동자 40법체 신중과 천왕을 거느리고 동해에 임하여 제압하면 왜병이 자연히 물러갈 것입니다. 그러나 후대에 한 법사(法師)가 계속해서 이어가지 않으며 왜적들이 사방에서 일어나 병사가 또한 바위 아래서 울게 될 것입니다. 만약 화엄정진을 계속한다면 자손이 끊어지지 않고 전쟁이 영원히 없을 것입니다." 하고 사라졌다.

(b) 왕은 놀라 깨어나 다음날 아침에 모든 신하들을 불러 모아 꿈 이야기를 했다. 그리고 사신을 보내 의상스님을 모셔오게 했다. 의상과 함께 친히 금정산으로 가서 7일 밤낮을 일심으로 독경했다. 그러자 땅이 크게 진동하면서 홀연히 여러 부처, 천왕, 신중 및 문수동자 등이 각각 현신하여 모두 병기를 가지고 동해로 가서 적을 토벌하는데 혹은 활을 쏘고 혹은 창을 휘두르니 모래와 돌이 비처럼 휘날렸다. 또 바람을 주관하는 신이 부채로 검은 바람을 일으키니 병화(兵火)가 하늘에 넘치고 파도가 땅을 흔들었다. 이에 왜선들은 자기들끼리 서로 공격하여 모든 병사가 빠져죽고 살아남은 자가 없었다. 왕이 대단히 기뻐하여 의상을 예공대사로 삼았으니 이것이 곧 꿈의 영험이었다. 이에 금정산 아래에 이층의 전각과 미륵석상을 조각하였다. (중략) (c) 나라에 표훈대덕이 쓴 유사(遺史)가 있어 후세에 귀감이 된다. 강희 경진(1700년) 맹춘 초 개간했다.[10]

그리고 「범어사창건사적」의 내용은 다음과 같이 「고적」에 수록된 내용과 유사하다.

……지금의 (d) 이 범어사는 신라 41대 흥덕대왕이 창건했다고 일컬어진다. 그 때 왜구 십여만 병사가 침범하여 왕이 여러 신하들에게 그들을 막을 대책을 물었다. 그들은 두려운 표정으로 서로 눈치만 볼 뿐 감히 의견을 내놓는 이가 없었다. 왕이 근심하던 그날 밤 꿈에 한 신인이 다음과 같이 알려주었다. "임금의 나라 북쪽에 태백이란 산이 있는데 거기에 의상이란 신성한 승려가 있으니 금산보개여래의 후신입니다. 화엄신중 삼천여 부와 여러 천신들이 좌우에서 그를 수호합니다. 또 나라 남녘에 금정이라는 산이 있고, 그 정상에 바위가 있는데 높이가 50자입니다. 그 바위 위에 우물이 있으며 물은 금빛이고 항상 가득차서 마르지 않습니다. 금빛물고기가 그 안에서 노닐며 오색의 향기로운 구름이 그 위를 덮으니 이것은 바로 범천의 물고기입니다. 바라건대 왕은 마땅히 이 법사를 불러서 금정산으로 가게 해 금정 가에서 화엄신중을 정성들여 낭송하고 기축하게 하면 그 왜구들을 막아낼 수 있을 겁니다." 왕은 꿈을 깨고 즉각 사신을 보내 의상을 맞아들였다. 의상법사가 금정산에 이르렀는데 신인이 가르친 바와 일치하였다. 금빛 갑옷을 입은 신중들이 출현하여 그 산을 에워싸자 그것을 본 왜적들이 두려워 달아나버렸다. 대왕은 기뻐했으며 즉시 의상법사를 국사로 제수하고 예공대사라 불렀다. 평장 유춘우 등에게 하명하여 절을 건립케 하니 의상법사에 보답하려는 까닭에서다.…… 병인년 첫 가을 동계가 삼가 쓰다.[11]

「고적」과 「범어사창건사적」에 기록된 범어사의 창건 내력을 살펴보면 왜구의 침입이 잦았던 부산의 지정학적 입지에 걸맞게 왜적의 침략을 방어하는 호국적인 내용이 담겨있다. 그리고 범어사의 정통성과 사격(寺格)을 부각시키기 위해 가미된 설화적인 요소로 인해 일부 역사적 사실과 상이한 부분도 없지 않다. 아마도 범어사 창건당시의 역사적인 사실을 기초로 전승되던 이야기에 새로운 내용이 첨가되고 재구성되는 과정에서 일부 혼동이 있었을 것으로 짐작된다.

범어사의 창건시기를 언급한 「고적」의 (a) 부분은 '당 문종 태화(太和) 19년 을묘(乙卯) 신라 흥덕왕 때'라고 기록하고 있다. 태화(太和)는 당 문종의 연호(年號)로 872년에서 835년까지 9년간 사용되었다. 태화(太和) 연간 을묘(乙卯)는 태화(太和) 9년에 해당하므로 기록의 태화(太和) 19년은 태화(太和) 9년의 오기로 보인다. 이는 흥덕왕 10년인 835년에 해당하므로 이 기록에 따르면 범어사는 흥덕왕 10년인 835년에 창건되었음을 알 수 있다.

「고적」의 기록과 달리 「범어사창건사적」의 범어사 창건연대를 언급한 (d)에서는 신라 41대 흥덕대왕 대로 기록하고 있다. 기존에 간행된 논저에는 흥덕대왕을 진덕대왕(眞德大王)으로 판독하고 있으나 판본의 글자는 진(眞)으로 보기보다는 흥(興)의 이체자로 쓰였을 가능성이 높다. 만약에 기존의 판독처럼 진덕대왕으로 볼 경우 진덕왕은 신라의 제28대 왕(647~654재위)이기 때문에 본 기록의 41대 왕이라는 내용과는 너무나 큰 차이가 있다. 다만 신라의 41대왕은 헌덕왕(809~826)이기 때문에 아마도 이 내용은 42대 흥덕왕을 신라 41대 왕으로 혼동한 것으로 짐작된다. 이러한 사실은 다시 먼저 제작된 「고적」을 보고 「범어사창건사적」이 인용하는 과정에서 착오가 있었던 것으로 보여 이들의 제작 선후 관계도 유추해 볼 수 있다. 창건시기 이외 두 기록은 대체로 유사하므로 다음 중요 내용들은 「고적」을 중심으로 전개해도 무리가 없을 것이다.

「고적」에 기록된 대로 범어사 창건시기를 흥덕왕 10년(835)로 본다면 (b)의 기록에 왕이 의상스님과 직접 대면하는 내용은 이해하기 어렵다. 의상대사의 생몰연대는 진평왕 47년(625)에서 성덕왕 원년(702)까지로 두 인물의 생존 시기는 격차가 너무 크기 때문에 835년 창건 기록에 의문이 생긴다.

이러한 기록의 모순으로 인해 범어사 창건 시기에 대한 의견은 크게 두 가지 견해로 나뉜다. 그 하나는 의상대사의 창건에 무게를 두고 그가 부석사를 창건하던 무렵인 문무왕 18년(678)[12] 혹은 문무왕 19년(679)에 초창되었고, 이후 흥덕왕 10년(835)에 중창했다는 설이다. 이와 유사한 의견으로 만약에 범어사 창건이 '당 문종 태화(太和) 19년 을묘(乙卯)'라는 「고적」의 기록이 의상대사가 활동하던 문무왕 19년(679) 기묘(己卯)의 오기로 간주한다면 (b)의 기록도 가능하게 된다.[13]

그리고 또 다른 견해는 「고적」의 기록에 따라 범어사가 흥덕왕 10년(835)에 창건되었다고 보는 시각이다. 이러한 주장의 근거는 무엇보다도 범어사에 현존하는 유물 가운데 의상대사가 활동하던 시기(625~702)에 제작되었다고 볼 수 있는 유물이 전혀 없다는 사실이다. 실제로 남아 있는 실물자료만 놓고 본다면 범어사에 현존하는 유물 중 가장 시기가 올라가는 자료는 9세기 양식을 지닌 석탑과 석등, 팔각연화대좌 등이 있어 흥덕왕 10년(835)의 창건시기와 맞물린다.

한편 '나라에 표훈대덕이 쓴 유사(遺史)가 있어 후세에 귀감이 된다.'라는 (c)의 기록을 통해 표훈이 활동하던 시기에 범어사가 창건되었을 가능성도 거론될 수 있다. 하지만 표훈의 활동기간 중 하한으로 볼 수 있는 경덕왕대(742~765)로 추정되는 유물은 남아있지 않고, 실제로 표훈이 쓴 기록이 존재했다면 오히려 의상대사의 창건을 뒷받침하는 자료일 가능성이 더 크다.

해방이후 간행된 범어사 관련 서적들은 대부분 고려 충렬왕 7년(1281) 일연(一然)에 의해 편찬된 『삼국유사(三國遺事)』기록을 인용하며 문무왕 18년(678) 의상대사가 화엄십찰 가운데 하나로 범어사를 창건했다고 기술하고 있다.[14] 하지만 실제 『삼국유사(三國遺事)』권4 의상전교(義湘傳敎)에서는 의상대사가 창건하였다는 10개의 절 즉, 신라 화엄십찰 중에 '금정범어(金井梵魚)'가 포함된다는 사실만 기술하고 있다.[15] 따라서 여러 논저에 인용되고 있는 678년 이라는 구체적인 창건 연대는 어떤 자료에 근거해서 통용되기 시작한 것인지는 불분명하다.

화엄십찰과 관련한 또 다른 범어사 기록은 '양주금정산범어사(良州金井山梵語寺)'라 하여 고운 최치원이 찬술한 『대덕법장화상전(大德法藏和尙傳)』에 해동화엄종십찰(海東華嚴宗十刹) 가운데 하나로 기술되어 있다.[16] 그러나 화엄십찰(華嚴十刹) 중 유일하게 부석사만이 의상대사가 창건하였다는 정사(正史)의 기록을 가지고 있을 뿐, 범어사를 포함한 나머지 절들은 의상이 창건하였다고 볼 수 있는 명확한 근거가 없다. 오히려 애장왕 3년(802)에 창건된 해인사와 경덕왕대 창건된 것으로 추정되는 화엄사의 사례는 화엄십찰이 모두 의상대사에 의해 창건된 사찰이 아닐 가능성을 보여준다. 특히 의상 단계의 화엄종에서는 비로자나불이 출현하지 않는다는 사실과 기록에 등장하는 화엄경의 화엄신중 신앙이 유행하는 시기가 9세기라는 점 등은 범어사 창건을 의상대사와 연관 짓기 힘든 요소로 간주된다. 따라서 의상대사의 화엄을 전교(傳敎)받은 열 개의 사찰들 가운데 그 정통성과 법맥의 역사성을 부각시키기 위해서 창건 설화에 의상대사를 등장시켰을 가능성도 없지 않다.

그러나 후대에 윤색된 기록과 지금까지 밝혀진 실물자료만을 근거로 범어사의 초창시기를 흥덕왕대로 단정하는 것은 곤란하다. 실례로 자장율사에 의해 선덕왕대에 창건된 양산 통도사의 사례를 보더라도 비교적 풍부한 문헌자료와 유물이 현존함에도 불구하고 선덕왕대로 거슬러 올라가는 유물은 아직까지 밝혀진 바가 없다. 실제로 통도사에 현존하는 유물 가운데 가장 시기가 앞서는 유물은 9세기로 추정되는 삼층석탑과 연화대석으로 시기적으로 범어사에 현존하는 유물의 양상과 큰 차이가 없다. 따라서 현존하는 가장 오래된 유물이 곧 사찰의 초창연대를 결정한다고는 볼 수 없다. 그리고 의상대사가 창건한 신라 화엄십찰의 대표 사찰인 부석사의 입지가 신라의 대북 진출의 중요 거점인 죽령(竹嶺)을 경영할 수 있는 전략적 요충지라는 사실은 범어사의 지정학적 입지와 같은 맥락이라는 점에서 주목되는 대목이다. 특히 기록에 보이는 범어사 창건 내력이 왜적에 대한 국가비보사찰의 성격을 강하게 반영하고 있기 때문에 범어사는 의상대사에 의해 소규모의 사찰로 창건되었다가 흥덕왕 10년(835) 왕실의 지원을 배경으로 중창된 것으로 보는 것이 일반적 견해이다.

범어사 건축의 역사와 가람배치

범어사의 가람배치

『삼국유사(三國遺事)』와 『대덕법장화상전(大德法藏和尙傳)』의 기록을 통해 범어사는 통일신라시대 화엄십찰의 하나로 창건되었음이 확인된다. 화엄십찰은 통일신라시대 화엄사상을 기조로 조성된 10여 곳의 사찰들을 일컫는 말이다.

오늘날 범어사에 남아 있는 40여 동의 건물은 통일신라시대 창건 이래, 그 유구한 역사만큼이나 무수한 중건과 중창을 반복한 결과이다. 그러므로 현재의 모습만으로 창건 당시 범어사 가람배치의 면모를 추정하는 것은 쉽지 않다. 결국 범어

범어사 전경

사 가람배치의 원형은 문헌자료를 통해 유추할 수밖에 없는데, 다행히 「고적」과 「범어사창건사적」의 기록에 임진왜란 이전 범어사 건축에 대한 내용이 언급되고 있다. 이 두 기록 가운데 「범어사창건사적」은 "……미륵전을 세우고 미륵석상과 사천왕 및 화엄신중의 형용들을 조각하여 봉안했다."정도로 간략한 언급에 그치고 있다. 하지만 「고적」에는 범어사의 건축과 봉안된 불상에 대해 비교적 상세하게 기록하여 창건 이후 지속되던 범어사 가람의 모습을 유추하는데 중요한 정보를 제공해 준다. 다음은 「고적」의 기록 가운데 범어사의 건축과 가람배치에 대한 내용이다.

……금정산 아래 건립한 이층 전각에는 조각한 미륵석상이 있다. 미륵석상의 좌우에는 보처와 각각 병기를 가진 형상의 사방 천왕들이 시립하고 있다. 미륵전(彌勒殿)서쪽에 3칸의 비로전(毘盧殿)이 있으

며 비로자나, 문수, 보현, 향화동자상을 봉안했는데 모두 병기를 지닌 형상이다. 미륵전 동쪽에 배치된 3칸의 대장전(大藏殿)에는 팔만대장경과 삼본화엄경 그리고 3장(丈)높이의 석가여래상이 봉안되어 있다. 상계와 중계를 안설(按設)하니 별처럼 나열된 전각들은 이루다 기록할 수 없다.(중략)상층계의 길이는 220척이고 높이는 10척이며, 교계(橋階)는 19층이다. 미륵전은 백사석휘(伯士釋暉)와 정오화상(正悟和尙) 등이 세웠고 천왕신전(天王神殿)과 주불전(主佛殿)은 지연(智衍)과 연철화상(然哲和尙)이 화주(化主)가 되어 창건하였다. 위에 금(金)을 입히고 더불어 대장전(大藏殿) 조성을 관장하였던 자는 광숭화상(廣崧和尙)으로 대목(大木)을 관장하였다. 대장성전(大藏聖殿) 의 혜등화상(惠燈和尙)이 권선(勸善) 서사(書寫)하고 3칸 강전(講殿)의 주불석상에 금을 입힌 자는 동국왜인(東國倭人)이다. 남협당(南俠堂)과 좌우 5칸의 향화방(香火房)과 5칸 의 지시계명방(知示鷄鳴房)을 동쪽 산봉우리에 배치하였다. 동원(東院)사문의 계는 길 이가 310척, 높이는 13척이며 교계(橋階)는 23층이다. 사문가(沙門家)는 아래층이 5 칸 위층 3칸이다. 소상으로 만든 40법체 제신, 천왕들은 병기를 쥐고 진압하는 형 상을 하고 있었다. 좌우에 경종루가 각 2층, 주위 좌우에 서쪽 9칸, 북쪽 9칸의 행 랑(行廊)과 식당 9칸 등은 대덕범능(大德梵能)이 창건하였다. 측면의 3당은 대덕석존 (大德釋尊)이 혼자의 힘으로 조성하였고 불상과 대당(大堂), 이협당(二俠堂)의 그림은 참연화상(參連和尙)이 이루었다. 3칸의 계단돌을 다듬은 자는 혜초화상(惠超和尙)이다. 3당(三堂), 유성(流星), 천성탑(天星塔) 등은 억생화상(億生和尙)이 건립하였다. 3칸의 목 욕원(沐浴院) 및 석조(石槽)와 사문 밖의 철당(鐵幢) 33층을 조성하고 33천을 표한다. 그 이름을 범어(梵魚)라 하였다.(하략)

이상의 기록은 창건당시 범어사의 원형에 대한 중요한 정보를 제공해 준다. 먼 저 범어사의 가람 완성에 있어 건물의 건립 순서 혹은 및 중요도에 따라 기록이 작 성되었다고 가정한다면 범어사에서 가장 먼저 조성된 전각은 미륵전과 비로전으로 판단된다. 미륵전과 비로전 이외 조성된 다른 전각들이 두 전각과 동시기에 조성되 었을 가능성도 있지만 그보다 이후 점진적으로 진행된 당우(堂宇)의 조영 과정을 기 술한 것으로 생각된다.

그리고 기록을 통해 유추되는 당시 범어사의 지형은 두 개의 석축(上階, 中階)에 따라 2단으로 분리되어 있었으며, 그것은 아마도 지형에 따라 가람의 공간을 구획한 결과로 추정된다. 그리고 주된 가람 외에 동쪽 산봉우리에 또 다른 동원이 구성되어 있었으며, 이 두 영역을 출입하는 연결문은 동원사문으로 추정된다. 주요 전각은 중앙의 이층 미륵전을 중심으로 서쪽에 비로전, 동쪽에 대장전이 배치되어 있음을 알 수 있다. 각각의 전각에는 미륵불과 비로자나불 그리고 석가모니불이 봉안되었고, 석가모니불을 제외한 두 여래상은 전각 내부에 사천왕 및 기타 제존상들과 함께 안치되었던 것을 알 수 있다. 사문가(沙門家)는 이층으로 중문의 개념으로 보이며, 내부에 봉안된 조상을 흙으로 만든 제신이라 기술한 것으로 미루어 소조상이었음을 알 수 있다. 천왕상이 위압적인 형상으로 모셔져 있었고, 사문가 좌우로 2층 종루와 경루가 배치되어 있었다.

　　기록에서 계속 언급되는 삼당(三堂)은 비로전, 미륵전, 대장전으로 생각된다. 그리고 이들 전면으로는 유성(流星)·천성(天星)탑이 배치되었다고 하여 이를 쌍탑의 배치로 추정하는 견해도 있다. 하지만 유성(流星)과 천성(天星)은 별개의 탑이라기보다는 탑 부재의 명칭일 가능성이 있다. 최근 공개된 불국사 석가탑에서 발견된 고려시대(1024) 〈불국사무구정광탑중수기〉에도 유성과 천성이라는 용어가 등장하는데, 이는 석탑 상륜부의 보주와 용차를 지칭하는 것이다.[17] 이와 유사한 용어는 일본 비슷한 시기인 일본 헤이안시대의 고문서에도 보이고 있어서 주목된다. 이러한 사례는 「고적」에 수록된 내용의 작성시기를 추정하는데 중요한 정보가 될 것이다.

　　앞서도 언급하였지만 창건 관련 기록이지만 창건 당시의 범어사의 모습만이 아니라 후대에 조성된 사찰 모습도 확인된다.

　　먼저 대장전에 봉안된 팔만대장경과 관련하여 우리나라는 고려 현종대인 1029년에 대장경이 처음 만들어진다. 대장경 발간과 대장전의 건립 또한 이 시기부터 시작되며, 12세기 말부터는 사찰마다 대장전의 건립이 증가한다. 그리고 중문에 제신천왕들이 모셔지는 것 또한 고려시대 사찰의 특색이다.[18]

　　오늘날 우리가 만날 수 있는 범어사의 가람은 동서 방향을 축으로 하여 일주문(一柱門), 천왕문(天王門), 불이문(不二門), 보제루(普濟樓), 대웅전(大雄殿)이 일직선상에 배치되어 있다. 이 축을 중심으로 북쪽 공간에 관음전, 비로전, 미륵전, 삼층석탑, 종루가 위치하고 있으며, 남쪽 공간에 명부전, 팔상전·독성전·나한전, 심검당 그리고 석등 등이 있다.

일주문은 1613년 묘전화상(妙全和尙)의 중건시기에 건립되었으며, 천왕문과 불이문은 1700년 자수(自修)와 명학(明鶴)에 의해 건립되었다. 임진왜란 이전에도 이러한 삼문의 배치가 있었는지는 명확히 확인할 길이 없으나, 일반적으로 산지사찰에 삼문이 구성되는 시기가 고려 말에서 조선 초인 점을 미루어 범어사 또한 조선 초기에 삼문이 이루어졌을 가능성이 크다.[19]

또한 범어사 가람은 2개의 석축을 중심으로 크게 3영역으로 나눌 수 있다. 일주문, 천왕문, 불이문까지를 한 영역으로 하여 하단, 보제루, 미륵전, 비로전, 석탑, 종루, 심검당, 석등이 배치된 영역을 중단, 그리고 마지막으로 대웅전, 관음전, 명부전, 팔상전·독성전·나한전의 상단으로 구분된다.

현재의 범어사터가 통일신라시대 개창 당시의 위치에서 이전한 곳이며, 조선후기 가람복구로부터 비로소 시작된 사역[20]이라는 설도 있다. 하지만 지금의 공간 구성과 창건당시의 기록을 연관지어 생각해 본다면 중단의 영역이 개창 당시의 성격을 가장 잘 드러내고 있는 것으로 판단된다. 중단은 앞서도 언급하였듯이 보제루를 중심으로 좌우에 심검당, 석등 그리고 비로전, 미륵전, 석탑, 종루가 배치되어 있다. 중단의 중심을 보제루에서 미륵전과 비로전으로 옮기면 공교롭게도 「고적」에 기록된 이들의 배치와 일치하게 된다. 즉 미륵전을 중심으로 비로전은 서쪽에 위치하게 되는 구성인데, 대웅전을 중심으로 석탑의 위치를 보더라도 중심선에서 비껴 위치했던 석탑이 비로전과 미륵전을 중심으로 바라보면 이들 두 전각 앞에 위치하게 된다. 그리고 1904년 『한국건축조사보고』에 실린 범어사의 가람배치도를 보면 석등 또한 지금의 위치와는 달리 이들 두 전각과 석탑 사이에 위치하여 전각-석등-석탑과 일직선을 구축하는 것이 확인된다. 이에 반해 동서 축을 중심으로 본 일주문에서 대웅전까지의 배치 구조는 고려~조선시대 중창 및 중건 등의 사찰 복구 사업을 통해 새롭게 이뤄진 것으로 보인다. 범어사가 화엄십찰에서 선찰대본산으로 그 성격이 변화하는 것과 무관하지 않을 것으로 생각된다.

표1. 범어사 건축의 연혁[21]

시기	내 용
문무왕 19년(679)	의상대사 창건
흥덕왕 10년(835)	중창
선조 25년(1592)	임진왜란으로 전소
선조 35년(1602)	현감 황□□가 임시 복구
선조 36년(1603)	관선사에 의해 대웅전 중창.
광해군 35년(1613)	묘전화상을 중심으로 중창 및 창건 등의 사찰 복구. 대웅전, 미륵전, 관음전, 나한전, 일주문, 심검당, 7대방
광해군 36년(1614)	명부전 건립
효종 9년(1658)	선유와 항해스님 등이 대웅전 중건 및 번와. 명부전을 남변으로 이전하여 지장전으로 개명
숙종 6년(1680)	대웅전 기단 조성
숙종 9년(1683)	비로전 창건
숙종 26년(1700)	자수와 명학스님 등이 천왕문, 불이문, 보제루, 종루 창건
숙종 27년(1701)	금정산성 개축
숙종 31년(1705)	팔상전 창건
숙종 38년(1712)	대웅전 중수
숙종 39년(1713)	대웅전 단청, 범어사 승려 300명이 산성 수비를 맡음
숙종 40년(1714)	미륵전 중수
숙종 43년(1717)	일주문 석주로 교체
경종 1년(1721)	비로전 중건
영조 25년(1749)	대웅전 단청
정조 4년(1780)	일주문 중수
순조 13년(1813)	보제루 중수
순조 27년(1827)	보제루 중수
헌종 6년(1840)	일주문 번와
헌종 7년(1841)	대웅전 번와, 일주문 중건 및 단청
고종 13년(1843)	대웅전 단청
고종 20년(1883)	대웅전 불사
고종 26년(1889)	미륵전 중수
고종 28년(1891)	명부전 중수
고종 37년(1900)	범어사 선원 개설
고종 43년(1906)	팔상전, 나한전, 독성간 중건
1915년	원응방 중건
1916년	함홍당(含弘堂), 청풍당(淸豊堂), 동요사(東寮舍) 건설
1938년	7층 사리탑 조성, 관음전을 금어암(金魚庵) 자리로 이전
1966년	대웅전 보물 지정(제434호)
1969년	대웅전 번와 및 목부 일부 교체, 마루 보수

시기	내용
1979년	불이문 목부 및 지붕 번와 보수
1983년	일주문 해체 보수
1987년	칠층석탑 이건, 대웅전 지붕 재해복구 번와
1988년	명부전 화재로 소실, 새로 조성하고 지장전으로 개명
1989년	천왕문 보수
1995년	대웅전 단청, 벽화 문양모사 및 건물 실측조사

범어사 건축의 연혁과 특징

| 상단의 건물 |

대웅전　대웅전(大雄殿)의 '대웅'은 고대 인도의 '마하바라'를 한역한 것으로 법화경에서 석가모니를 위대한 영웅, 즉 대웅이라 일컫는데서 유래하였다. 전각 내에는 석가모니를 봉안하는 것이 일반적이다.

범어사 대웅전

1장 범어사의 역사와 건축, 석조유물과 공예

대웅전은 범어사의 중심전각으로 1966년 보물 제434호로 지정되었다. 조선 중기 이래 간박하고 힘찬 다포식(多包式)가구의 양식적 특징을 보이는 정면 세 칸, 측면 세 칸의 맞배지붕 건축물이다. 기단은 가구식 기단으로 면석에는 화문을 조각하였다. 규모는 그다지 크지 않지만 기둥 위의 두공(枓栱)과 첨차의 구조가 섬세하고 아름다워 당시 불전 건축의 뛰어난 기술을 보여준다. 정면의 아담한 교창(交窓)을 통해 은은한 빛이 스며드는 가운데 불전 내부를 장엄한 목조 보개(닫집)와 정교하게 조각된 불단이 조화를 이룬다. 특히 다양한 화문과 비천, 운룡, 서조 등이 섬세하고 조화롭게 조각된 대웅전 불단은 당시 목조공예의 진수를 보여준다. 그 밖에 조선 후기에 제작된 것으로 알려진 벽면의 벽화들도 매우 뛰어나다.[22]

범어사 대웅전이 정확히 언제 창건되었는지 알 수 없지만 임진왜란으로 소실된 것을 광해군 6년(1614)에 묘전화상이 현감, 해민스님 등과 함께 중창하였다고 한다.[23] 혹은 1658년에 건물의 모습을 갖추고 1712년과 1713년에 대대적인 수리와 단청이 있은 후 1749년에 개단확을 하였다고 한다.[24] 이들은 일반적으로 〈대웅전종도리묵서명(大雄殿宗道理墨書銘)〉, 〈명부전중수유공기(冥府殿重修有功記)〉, 〈동래부범어사법당중창겸단확기(東萊府梵魚寺法堂重創兼丹雘記)〉 등의 범어사 사찰 소장 기록과 묵서명 등을 통해서 알려진 사실이다. 이들 기록과 함께 일반적인 범어사 대웅전에 대한에 내력은 1602년에 초창되고 1614년 중건, 1658년 중창이라는 기본적인 흐름 속에 전개되지만 '1614년 처음 건립하였다' 혹은 '1658년 모습을 갖추었다'라는 기술도 함께 하고 있다. 이처럼 범어사 대웅전의 건립시기에 대해 혼선을 빚는 근본 원인은 짧은 기간 동안 중창 또는 중건기록이 빈번하게 출현하여 그 해석이 난해하기 때문이다. 아울러 여러 기록에 보이는 '法堂'이라는 용어를 현재의 대웅전이라는 전제 하에 해석하는 것도 혼동의 원인으로 작용할 수 있다. 왜냐하면 '법당'이라는 용어가 주로 사찰의 중심불전을 지칭하는 용어로 사용되기는 하지만 부속불전을 지칭하는 경우도 적지 않다. 그리고 '법당'이 중심불전을 지칭하는 용어로 사용되었다 하더라도 기록당시의 중심불전이 현재의 중심불전과 다를 가능성을 간과해서는 안된다. 예를 들어 범어사의 경우 화엄종사찰에서 선종사찰로 변화하는 과정에서 중심불전의 개념이 변화되었을 가능성도 배제할 수 없다. 실제로 「고적」과 「범어사창건사적」에 보이는 범어사의 중심불전은 대웅전이 아니라 미륵전이다. 같은 맥락에서 통도사의 경우 현재의 영산전이 옛 기록에 대웅전이라 기록되어 현재의 대웅전과 혼동을 초래하는 사례가 있기 때문에 범어사 관련 기록에 보이는 '법당'이 과연 범어사의 현재 '대웅전'인가에 대한 재검토가 필요하다.[25] 따라서 범어사 대웅전의 창건시기를 정확하게 파악하기 위해서는 사찰 소장 기록과 묵서명에 대한 분석에 신중을 기해야할 것이다.

먼저 대웅전과 관련된 기록으로 알려진 1658년 〈대웅전종도리묵서명〉의 내용에 대해 살펴보면 다음과 같다.

僧義相之新創之當是□也殿堂寮舍數千餘間人衆可知此數之虛也至於**萬曆壬辰**亂寺
物蕩板焉此非數之喪也且**壬寅**之歲玄監黃□□也草創之而今**順治十五年戊戌**之春寺
內僧善裕恒解等重創之此……**萬曆壬寅**之歲妙全築草創焉**順治戊戌**之春善裕等創
也……

위 기록에는 만력(萬曆) 임진란으로 절이 어지럽게 되었고 임인년(壬寅年, 1602) 현감 황□□이 임시적으로 복구하였으며, 순치(順治) 15년 무술년(戊戌年, 1658)에 승 선유(善裕), 항해(恒解) 등에 의해 중창되었다고 적고 있다.[26] 비록 이 내용이 기록된 곳이 대웅전의 종도리이긴 하지만 앞의 내용과 연관지어 생각해보면 대웅전 조성과 관련된 것이라기보다 사찰의 전반적인 조영에 관한 내용으로 보는 것이 더 타당할 듯하다. 하지만 대웅전 종도리에 이러한 내용이 적힌 것을 볼 때 대웅전 역시 당시 사찰 중창 사업 중의 일환으로 공사가 진행된 것은 분명한 것 같다. 그러나 위의 기록을 통해서는 대웅전이 1658년 중창 당시 새롭게 건립된 건물인지, 또는 그 이전에 조성된 것을 보수한 것인지에 대해서는 알 수 없다. 이와 관련하여 1694년 〈명부전중수유공기(冥府殿重修有功記)〉의 기록을 살펴보면 묘전이 1602년 이후 중창을 하는 사례를 확인할 수 있다.

……萬曆二十年壬辰倭亂之時逢枚兵大千間寶刹一時灰盡十載無家惟成空林觀禪

師發大願力**壬寅年**初……妙全法師乃爲化**癸丑**秋先成海會堂三間仍爲山役至**萬曆**

四十二年甲寅七月日畢成法堂造成都監召募將師崔公與諸哨官同心執事**順治十五**

年戊戌九月日法堂毀乃移建南邊題額地藏殿此乃舊材移爲重修至**康熙三十三年甲**

戌三月日寺僧**明洽大師**出白銀十六兩而仍勸租奇大師爲化師募緣檀越與寺主自修

大師都監僧將法坦及諸大衆同爲重修改額冥府殿云……²⁷

묘전이 1613년 가을 해회당 3칸을 먼저 만들고, 이어 1614년 7월 법당을 완성
하였다. 1658년 9월 법당이 훼손되어 남변(南邊)으로 이건하였는데, 편액에 지장전
이라 하였고 옛날 법당 재료로 지장전을 중수하였다. 그리고 1694년 명흡을 중심
으로 중수할 당시 명부전으로 편액을 고쳤다는 것을 알 수 있다.

대웅전이 1614년에 건립되었다는 근거는 이 기록에 기인한 것이다. 하지만 이
를 통해서는 두 가지의 추측이 가능하다. 1614년 7월에 건립된 법당이 지장전과 같
은 성격의 건물이었을 가능성 하나와 설령 다른 법당이었다 하더라도 이것이 대웅
전이라 볼 수 있는 전거는 미흡하다는 것이다. 따라서 법당이라는 용어를 현재의
대웅전과 직접적으로 연결하는 것은 재고(再考)해야 한다. 1614년 조성되었던 법당
은 지장전과 유사한 성격의 건물이었을 것으로 추정된다. 이는 당시 전쟁 직후 죽
은 이의 넋을 위로하고 극락왕생을 기원하는 사회적 분위기와 맞물려 다른 전각보
다 지장전이 먼저 중창되었을 것으로 판단된다. 따라서 이 1694년의 〈명부전중수
유공기〉의 법당은 대웅전과는 관련이 없는 것으로 사료된다.

다음은 1713년 〈동래부범어사법당중창겸단확기(東萊府梵魚寺法堂重創兼丹艧記, 이하 법당
중창겸단확기라 칭함.)〉의 기록이다.

……**壬寅**之歲有子遺僧妙全輩初創法堂至**戊戌**重創海敏造相云而創之旣久……**癸**
巳春繪畵有僉知淸眼劉役建宗助之又畵靈山幀五如來四菩薩八金剛普賢王等像以
淸眼引勸蓋以重創旣出杇多人之于蓋瓦丹靑亦然則豈以其堂之極其規模……法堂
之善之重創丹艧……**康熙五十二年癸巳**流頭日……幀緣化 證明曇卷比丘 持殿雙屹
比丘 畵負首頭永白 致鑑 思印 建雲 明俊 供養主進日 德敏 刻手哲敏 婆蕩施主金

氏化莫今 詩書記秀源……²⁸

위의 내용은 임인년(壬寅年, 1602) 묘전(妙全)이 법당을 초창하고 무술년(戊戌年, 1658)에 이르러 중창하였는데 해민(海敏)이 상(相)을 조성하였음을 밝히고 있다. 이후 강희(康熙) 52년 계사년(癸巳年, 1713)에 이르러 법당을 중창하고 단청을 했다고 기록하였다.

위의 기록에서 주목되는 것은 1658년 〈대웅전종도리묵서명〉에 현감 황□□이 초창했다는 기록과 달리 1613년 해회당 3칸과 1614년 법당(지장전)을 창건했던 묘전이 법당을 초창했다고 기록한 점이다. 아마도 전자의 기록이 임진왜란으로 인한 사찰 피해복구의 후원자를 중요시한 기록이라면 이 기록은 건축공사를 주도했던 승려를 밝혀 보다 구체화된 기록으로 볼 수 있다. 따라서 이 기록은 현재의 대웅전 건물에 앞서 1602년 대웅전 건물이 건립되었음을 보여주는 중요한 자료라 하겠다. 그러나 1602년에 건립된 건물은 불과 50여년이 지난 1658년에 다시 중창된다. 당시 중창의 원인이 무엇이지는 구체적으로 밝히지 않았으나 〈명부전중수유공기〉에 같은 해 9월 훼손된 법당(지장전)을 남쪽으로 이건한 사실과의 관련 여부가 주목된다. 어쩌면 1658년 지장전 건물의 훼손에 영향을 미쳤던 동일한 원인이 대웅전에도 피해를 끼치지 않았나 하는 추정이 가능하다. 그것이 아니라면 1602년에 건립된 건물이 전후 복구과정에서 임시방편으로 건축된 건물이기 때문에 1658년에 이르러 대대적인 정비가 이루어졌을 가능성 있다.

1658년 대웅전 중창의 추이는 기단에 음각된 명문을 통해서도 알 수 있다. 대웅전 기단의 정면 우측에는 세로로 두 줄에 걸쳐 강희(康熙) 19년(1680) 경진(庚申) 4월에 조성하였다라고 새겨져있다.²⁹ 이 기록은 1658년 중창 공사의 마무리 단계에서 기단의 형태를 현재의 가구식 기단으로 정비하였음을 의미한다. 당시 정비된 대웅전의 기단은 결구구조나 조각양식이 1645년에 조성된 통도사 대웅전 기단과 매우 흡사하여 주목된다. 소맷돌의 경우 꽃의 종류는 다르지만 중앙에 화문을 정면과 측면 형태로 조각하고 줄기로 'S'자형으로 역동적으로 휘감은 표현이 매우 유사하다. 또한 기단의 탱주가 삼단으로 각출한 수법과 그 사이 면석에 새겨진 화문의 공통점 등을 통해 앞서 건립된 통도사 대웅전 기단의 영향이 있었음을 알 수 있다.

한편 최근 대웅전 목조석가여래삼존불의 〈불상기문(佛像記文)〉에 의해 불상이 해민과 찬심에 의해 순치(順治) 18년(1661)에 조성되었던 것이 확인이 되었다.[30] 이상의 내용을 종합해보면 범어사 대웅전이 초창 시기는 1602년으로 볼 수 있으며, 1658년에 이르러 약 4년여에 걸쳐 중창과 본존불의 봉안이 이루어졌다고 볼 수 있다. 이후 크고 작은 중수로 인해 일부 변화가 있었지만 현재 범어사 대웅전의 대체적인 윤곽은 1658년 중창당시의 모습을 유지하는 것으로 판단된다.

1658년 중창 이후 숙종 39년(1713)년 흥보화상(興寶和尙)의 주관 하에 중건, 단청하였다. 숙종 46년(1720)에는 대준(大俊), 우화(祐和), 처환(處還), 처운(處云)스님들이 편수(片手)가 되어 석계(石階)를 수리하고, 불상을 개금(改金)하였다. 한 가지 흥미로운 사실은 1713년 법당의 중수와 단청 당시 오여래(五如來)와 사보살(四菩薩), 그리고 팔금강과 보현 등이 그려진 영산회상도를 그렸다는 사실이다. 이는 지금 대웅전에 봉안된 1882년 영산회상도 이전에 또 다른 영산회상도가 존재했음을 보여주는 기록으로 간접적으로나마 그 독특한 도상을 엿볼 수 있는 중요한 자료가 된다.

지금까지 살펴본 기록들 이외에 범어사 대웅전의 내력을 보여주는 자료로서 다음과 같은 명문기와들이 범어사에 남아있어 범어사의 건축연구에 중요한 자료가 된다.

崇德八年癸未 - 조선 인조 21년(서기 1643)

順治七年庚寅 - 조선 효종 1년(서기 1650)

順治十五年戊戌 - 조선 효종 9년(서기 1658)

康熙六年丁未 - 조선 현종 8년(서기 1667)

康熙十二年癸丑 - 조선 현종 14년(서기 1673)

康熙二□ - 조선 숙종 10년(서기 1684 - 추정)

19세기 이후 범어사 대웅전관련 기록으로는 1814년에 개와(改瓦)하고, 1871년에는 단청하였다는 기록 등이 확인된다. 그리고 1904년에 간행된 『조선고적도보』에 실린 사진자료와 지금의 대웅전 모습을 비교해보면 일제강점기 이후의 변화된 모

습을 볼 수 있다. 그 가운데 가장 눈에 띄는 것은 중정에서 대웅전에
오르는 계단이 현재의 3칸과 달리 원래는 중앙에 한 칸만 배치되었
음을 알 수 있다. 그리고 현재 전면 귀기둥의 일주문을 모방한 석주
형 초석 역시 원형이 아니라 이후에 개조된 것임을 알 수 있다.

　　관음전　　관음전(觀音殿)은 불교에서 자비의 화신이자 일체 중생을
사랑으로 감싸주며 세상을 구제하는 관세음보살을 모신 법당이다.
관음은 관세음을 줄인 표현으로 관자재라고 부르기도 한다. 관세음
은 세상의 모든 소리를 살펴본다는 뜻이며, 관자재는 이 세상의 모든
것을 자재롭게 관조하며 보살핀다는 뜻이다.
　　원래 대웅전 왼편에 있었으나 1938년 대웅전의 오른편에 자리 하
던 옛 금어선원(金魚禪院)으로 옮기면서 지금의 자리로 옮겼다. 관음전
은 초창 연대를 확인할 수는 없으나 대웅전과 함께 광해군 5년(1613)에

범어사 관음전

묘전화상이 중창하였으며, 경종 1년(1721)에 흥보스님이 다시 중건하였다. 현재의 건물 양식이 전형적인 조선 후기의 말기적 양식을 보이는 것으로 보아 1613년 중창이나 1721년의 중건 건물과는 관련이 없다. 1904년 『조선고적도보』에 실린 건물과도 달라 현재의 자리로 이건하는 과정에서 크게 개조된 것으로 판단된다.

정면 5칸, 측면 3칸의 주심포식(柱心包式) 양식을 지닌 맞배지붕 건물이며, 추녀와 용마루를 장식한 망새와 용의 꼬리가 매우 인상적이다.

팔상전과 독성각 나한전　현재 건물은 왼쪽으로부터 팔상전(八相殿), 독성각(獨聖閣), 나한전(羅漢殿) 편액이 각각 걸려있으며, 이 세 건물이 한 채로 통합한 전각이라는 점에서 매우 특이하다. 또한 중앙의 독성각 입구를 반원형 재목으로 아치 틀기한 건축수법도 매우 독특하다.

좌측 세 칸은 팔상전, 중앙 한 칸은 독성각, 우측 세 칸은 나한전으로 각각 삼존소상(三尊塑像)과 팔상탱(八相幀), 나반존자(那畔尊者) 그리고

범어사 팔상전, 독성각, 나한전

석가삼존과 16나한을 안치하고 있다.

일반적으로 팔상전에는 부처님이 도솔천에서 인간세계에 오는 모습인 도솔래의상, 부처님이 탄생하는 장면인 비람강생상, 네 곳의 성문에서 만난 사람들을 통해 생로병사의 실상에 대해 번뇌하는 사문유관상, 출가를 결심하는 유성출가상, 깨달음을 얻으려 수행하는 설산수도상, 악마의 항복을 받는 수하항마상, 설법하는 광경인 녹야전법상, 열반에 드는 장면인 쌍림열반상 등 석가의 일생을 크게 8가지로 나누어 이를 묘사한 8폭의 불화를 모신다. 전언에 따르면 범어사 팔상전에도 조선 후기에 조성된 훌륭한 팔상탱이 있었다고 하나 지금은 그 행방을 알 수 없다.

독성각의 나반존자는 남의 도움을 받지 않고 홀로 깨달아 독성이라고 한다. 남인도 천축산에서 해가 뜨고 지는 것, 잎이 피고 지는 것 등의 우주의 법칙을 보고 깨달았다고 한다.

나한전은 석가모니를 주불로 모시며 석가의 제자인 16나한을 안치한 곳이다. 나한은 아라한을 줄인 말로 모두에게 존경과 공경을 받는 큰 성인이라는 뜻으로 응진이라고도 한다. 미륵불이 출현하기까지 중생을 교화하라는 부처님의 수기를 받았다.

이들의 창건 연대는 명확하게 알 수 없으나, 1947년 〈선찰대본산범어사안내〉의 기록에 의하면 나한전은 334년 전(1613) 묘전화상이 창건하고 42년 전(1905) 학암스님이 중건하였다 적고 있다. 그리고 팔상전은 242년 전(1705) 명학스님 창건하고 42년 전(1905) 학암스님이 중건했다고 기록하고 있다.[31]

팔상전에 대한 기록은 1714년 〈미륵조상중수기〉에 잠시 언급하고 있는데 다음과 같다.

又遺一善士明學庚辰建鐘閣癸未修水陸大法會**丙戌成八相殿八相天帝等像**至甲午又重修彌勒而……[32]

1706년 팔상전을 완성하고 팔상도와 천제 등의 상을 조성한 것을 확인할 수 있다. 〈선찰대본산범어사안내〉와 〈미륵조상중수기〉의 기록을 통해 나한전과 팔상전, 독성각이 조성되었을 당시는 별개의 전각으로 조성되었음을 알 수 있다.

세 전각이 하나의 전각으로 통합된 시기가 언제인지 확실히 알 수 없다. 그러나 1905년에 학암(鶴庵)스님이 "팔상나한독성각(八相羅漢獨聖閣)을 중건하고 제성상(諸聖像)을 새롭게 조성하였다."라는 기록이 있어 19세기 말~20세기 초에는 지금과 같은 통합된 전각이 들어섰던 것으로 생각된다.[33] 정면 일곱 칸, 측면 세 칸의 주심포식 건축으로 건축수법이 관음전과 흡사하여 두 건물의 조영시기를 연관지어 생각해 볼 수 있다.

지장전　　지장전(地藏殿)은 명부전(冥府殿) 혹은 시왕전(十王殿), 쌍세전(雙世殿)이라고도 하는데, 당호에서 알 수 있듯이 저승 세계를 상징하는 법당이다. 주존(主尊)은 지옥중생을 모두 구제한 다음 부처님이 될 것을 서원한 지장보살로, 대원본존이라고도 한다. 또한 석존 입멸 후 미륵불이 나타나기 전 시대에 중생제도를 석가모니 부처님으로부터 부촉 받은 보살이기도 하다.

1904년 『한국건축조사보고』에 따르면 옛 지장전 건물은 팔상전 앞, 지금의 서지전 자리에 있었다. 현재의 건물은 1990년에 새롭게 건립되었는데 이 자리에는 지금의 일로향각의 전신인 상향각(上香閣)이 있었다고 한다.

옛 명부전 건물은 광해군 5년(1613)에 최공(崔公)에 의해 창건되었고, 이 후 1891년 양화(兩華)대사가 중수하여 내려오다 1988년에 소실되었다.[34] 그런데 창건과 관련해서 〈선찰대본산범어사안내〉(1947)의 기록에는 290년 전(1657) 최공(崔公)에 의해 창건된 것으로 적혀 있어 창건 연대가 서로 다르다. 그러나 중건은 56년 전(1891) 양화(兩華)대사로 기록하고 있다.

사찰 소장 기록 중 1694년 〈명부전중수유공기(冥府殿重修有功記)〉에 창건 및 중수와 관련된 내용이 확인되는데 다음과 같다.

……萬曆二十年壬辰倭亂之時逢枚兵大千間寶刹一時灰盡十載無家惟成空林觀禪
師發大願力妙全法師乃爲化癸丑秋先成海會堂三間仍爲山役至萬曆四十二年甲寅
七月日畢成法堂造成都監召募將師崔公與諸哨官同心執事順治十五年戊戌九月日
法堂毀乃移建南邊題額地藏殿此乃舊材移爲重修至康熙三十三年甲戌三月日寺僧

明洽大師出白銀十六兩而仍勸租奇大師爲化師募緣檀越與寺主自修大師都監僧將

法坦及諸大衆同爲重修改額冥府殿云……[35]

묘전이 1613년 가을 해회당 3칸을 먼저 만들고 이어 1614년 7월 법당을 완성하였다. 그리고 1658년 9월 법당이 훼손되어 남쪽으로 이건하였는데 편액을 지장전이라 하였고, 옛 재료를 이용하여 중수한 사실과 1694년 명흡을 중심으로 중수하였는데 명부전으로 편액을 고쳤다는 것을 알 수 있다. 이 기록을 통해 지장전은 1614년 7월 묘전스님의 주도 하에 최공(崔公)에 의해 완성되었고, 1658년 중창 당시 이건하여 지장전이라 명명한 사실을 알 수 있다. 또한 1694년 지장전에서 명부전으로 명칭이 바뀌고 1891년 양화대사에 의해 다시 중건되었음을 알 수 있다. 현재의 지장전은 1988년 소실 이후 1990년 현재 자리로 옮기면서 다시 지장전으로 바뀌었다.

| 중단의 건물 |

미륵전 미륵전은 미륵불의 회상(會上), 곧 그 세계가 용화(龍華)세계이므로 용화전(龍華殿)이라고도 부른다. 현재 항마촉지인의 목조 미륵 불상을 모시고, 전면과 좌우 벽면에는 진영을 봉안하였다.

「고적」과 「범어사창건사적」에 따르면 창건 당시 이층의 미륵전이 건립되었다고 기록하고 있어 범어사에서 미륵전이 가장 중요한 불전이었음을 알 수 있다. 이 후 자세한 내력은 확인할 수 없으나 〈선찰대본산범어사안내〉(1947)의 기록에 따르면 묘전스님이 334년 전(1613) 창건하였고 310년 전(1637) 인흡 스님에 의해 중건되었다고 적고 있다.[36] 기록 중 미륵전의 연혁을 살펴볼 수 있는 것은 1714년 〈미륵조상중수기(彌勒雕像重修記)〉와 1889년 〈미륵전중수기(彌勒殿重修記)〉이다.

먼저 〈미륵조상중수기〉의 내용을 살펴보면 다음과 같다.

……雕造四彌勒肖像以來……初玆寺以報師恩其南西北像階是石雕現有……壬寅

有子遺僧数箇結茆而居忽佛半向露出庭左除土出之卽謂東彌勒也背倭人而坐之至

戊寅有印洽蔭閣辛巳善覺改金云噫是木雕之佛日月火不燒而埋塵不
梯者有十餘年之久淂非天護神守歟鎮壤福國歟直待龍華歟其他佛殿
無力起癈天……[37]

기사를 통해 확인할 수 있는 내용은 범어사에는 초창 당시부터 4구
의 미륵상이 있으며 남, 서, 북의 상은 재료가 석재였던 것을 알 수 있
다. 그리고 1602년 뜰에서 발견된 미륵상을 동(東)미륵상으로 불렀고
1638년 이 상을 안치하기 위해 전각을 세우고 1641년 개금을 하였다고
적고 있다. 1638년 조성된 이 전각이 현재 미륵전으로 추정된다.

다음 1889년 〈미륵전중수기(彌勒殿重修記)〉의 내용은 다음과 같다.

……本寺龍華殿誠不知何年創建何年重修而見今棟……殘欲以重修

범어사 미륵전

沒有良策去丙戌年正月日渾寺合席別有重新之……光緒十五年己丑正月　義龍體訓
記……[38]

〈미륵조상중수기〉 기록과 관련하여 살펴본다면 1638년 조성이 된 후 1646년 중수가 있었으며, 1889년 의룡(義龍)스님에 의해 다시 중건되었음을 알 수 있다.

현재의 미륵전은 이 당시의 건물로 생각되는데 건물이 지니고 있는 조선 후기 양식적 특징이 이를 뒷받침해준다. 정면 세 칸, 측면 두 칸의 주심포식 건축물로 조선 후기의 전형적인 모습을 보여주며, 건축수법이 심검당과 흡사하여 두 건물의 건립이 서로 연관되어 있음을 추정할 수 있다.[39]

비로전　　비로전(毘盧殿) 역시 미륵전과 마찬가지로 창건 당시부터 조성되었던 전각으로 「고적」과 「범어사창건사적」에 미륵전 서쪽에 세 칸 건물로 건립되었다고 기록하고 있다. 화엄십찰의 하나로 창건된 만큼 화엄종(華嚴宗)의 주존인 비로자나불을 모신 건물이 건립된 것은 당연하다 하겠다. 그 뒤의 내력은 알 수 없으나 〈선찰대본산범어사안내〉(1947)의 기록에 따르면 한참 뒤인 숙종 9년(1683)에 해민(海敏)스님이 중창하였다고 기술하고 있다. 이와 관련된 구체적인 기록은 1714년 〈미륵조상중수기 (彌勒雕像重修記)〉와 1720년 〈범어사석통기〉에 보인다. 먼저 〈미륵조상중수기〉의 내용을 살펴보면 다음과 같다.

　　……辛巳善覺改金云噫是木雕之佛日月火不燒而埋塵不梯者有十餘年之久淂非天護神守歟鎮壞福國歟直待龍華歟其他佛殿無力起癈天遺大福人海敏募緣成毘盧佛三尊以法堂之主佛三尊及毘盧殿三間皆以自財成……[40]

위의 내용을 통해서는 정확한 연대를 확인할 수 없지만 1641년 이후 십여년이 지난 후 해민스님이 자신의 재물로 3칸의 비로전을 조성한 것을 알 수 있다.

그리고 연대를 추정할 수 있는 기록은 다음에 인용한 〈범어사석통기〉의 내용에서 확인할 수 있다.

1장 범어사의 역사와 건축, 석조유물과 공예

……甲子年間老德海敏公與弟子嘉善大夫贊心謀曰經云人生丈夫出
家……則造佛造寺有何不可人生百世來日無多如羊入屠步步趨死良
可悲也即日盡傾所儲造大雄殿所安佛像金佛三尊又創毘盧殿而同造
毘盧金佛三尊……[41]

위의 내용에 따르면 해민스님과 찬심(贊心)스님을 중심으로 1683년
비로전이 중창되었음을 확인할 수 있다. 이후 경종 원년(1721)에 진열
(進悅), 관성(寬性), 청우(淸愚) 스님등이 양공(良工)으로 참여하여 중수하였
다고 한다.

조선 후기의 양식적 특성을 갖고 있으므로 1721년 이후로도 몇 차
례의 중건이 있었던 것으로 추정된다. 정면 세 칸, 측면 세 칸의 평면
에 겹처마의 맞배지붕을 올리고 내부에는 비로자나 삼존을 봉안하였

범어사 비로전

다. 창방 뺄목을 초익공으로 하고 그 위에 행공 첨차와 이익공을 겹쳐 1출목을 짧게 내어서 장혀와 외목도리를 받게 하였다. 공포의 형상만을 두고 볼 때 보제루의 경우와 흡사하다. 기단은 최근에 수리하면서 미륵전과 같은 형식으로 축조하였으며, 그 밖에는 『조선고적도보』에서 보이는 것과 아무런 차이가 없다. 창호는 미륵전과 같은 형식인데, 미륵전과의 사이에는 쌍여닫이의 격자살문을 달아서 뒤쪽의 금어선원으로 통하게 하였으니 비로전 오른쪽 영주선재(瀛洲禪齋)라 현액한 솟을삼문이 그 정문이다.[42]

심검당　심검당(尋劍堂)은 '심검'이란 당호에서 알 수 있듯이 원래 선방이었다. 사찰 규모가 커지면서 선방의 기능을 금어선원으로 옮기고 지금은 신참 납자들의 강학을 위한 건물로 사용되고 있다. 일제강점기 때에는 영각(影閣)이란 이름으로 의상대사 등의 조사(祖師)진영을 봉안하기도 하였다. 숙종 25년(1613)에 묘전 스님이 대웅전 등을 중건할 때 처음으로 건립하였다고 하며 그 뒤로도 빈번한 중건, 중수가 있었겠지만 확인할 길이 없다.

보제루　보제루(普濟樓)는 중단구역의 첫 번째 건물로 널리 중생을 제도한다는 '보제(普濟)'의 뜻에 부합되게 이 건물에서는 예불(禮佛)과 법요식(法要式)이 거행된다. 범어사의 보제루는 현재 정면 다섯 칸, 측면 세 칸의 평면으로 사찰 안에서 규모가 가장 크다. 일부 사찰처럼 누각 밑을 직접 통과하게 되는 형태가 아니라 좌우로 우회하여 진입하는 구조이다. 현재는 중정 쪽으로 네 짝의 창을 단 모습을 보이고 있지만 1904년 『조선고적도보』에서의 모습은 중정 쪽을 개방하고 있음이 확인된다. 수리전과 별 다른 차이가 없는 익공식 공포는 전형적인 조선 후기의 양식을 보여준다.[43]

보제루의 창건에 대해서는 1700년 〈동래부북령금정산범어사보제루창건기(東萊府北嶺金井山梵魚寺普濟樓創建記, 이하 보제루창건기라 칭함)〉와 1702년 〈동래부북령금정산범어사보제루단확기(東萊府北嶺金井山梵魚寺普濟樓丹艧記, 이하 보제루단확기라 칭함)〉에서 확인할 수 있다.

1700년 〈보제루창건기〉에 의하면 보제루는 기묘년(己卯年, 1699) 말에 공사를 시작하여 강희(康熙) 39년 경진년(庚辰年, 1700) 가을에 완공되었음을 알 수 있다. 그리고 자수장로(自修長老) 명학(明學), 최선(最善) 등의 스님들이 합심하여 조성하였다고 기록하고 있다.[44] 또한 1702년 〈보제루단확기〉에서는 경진년(庚辰年, 1700)에 본사의 누각이 창건되었다고 기록하였다.[45]

「사적기」에는 1699년에 자수(自修)스님의 주관으로 조헌(祖軒), 회영(懷英)스님들이 편수가 되어 창건했다고 한다. 이후 1813년 신정(信定)스님 주관 하에 만잠(萬岑), 관식(寬式) 스님과 민간공장(民間工匠)인 김성대(金成大) 등이 도목수(都木手)가 되어 중수하였으며, 다시 1827년에도 중건하였다고 적고 있다.[46]

지금의 건물처럼 대웅전을 향해 개방된 형태로, 법요식 및 예불 거행용도로 전환된 것은 1813년 중수 이후로 추정된다. 또한 공포의 형태에서 전형적인 조선 후기의 양식이 나타나는 것 등으로 보아 현재 보제루는 1813년 또는 1827년에 중건한 것으로 보는 것이 타당할 듯하다.[47]

범어사 보제루

종루 종루는 이층 누각으로 정면 세 칸, 측면 세 칸의 건물이며, 현재 범종(梵鐘), 법고(法鼓), 운판(雲版), 목어(木魚) 등 사법물(四法物)을 갖추고 있다. 원래의 위치는 심검당(尋劍堂)의 오른쪽 전면 그리고 삼층석탑 맞은편 중정에 있었는데 일제강점기 초기 지금의 자리에 이건하였다.[48]

종루의 조성과 관련된 기록은 1714년 〈미륵조상중수기〉에 잠시 언급하고 있는데 명학스님이 경진년(庚辰年, 1700) 종각을 건립하였다고 기술하고 있다.[49]

공포의 양식이 미륵전과 흡사하여 1889년 경 중수하였던 것으로 추정된다. 창방 뺄목을 돌출시켜서 양봉(樑奉) 형상으로 주두를 감싸고 살미는 끝을 만곡시켜서 연꽃을 초각하였다. 다시 행공 첨차와 제 2첨차를 첩놓아서 봉두 형상을 초각한 보 뺄목과 장혀 및 도리와 결구하고 내부는 한 몸처럼 보아지를 틀었다. 원래 일층은 전부 개방하였으나 지금은 간벽을 설치하였다. 한편 최근 승가대학(僧伽大學) 일곽에 세운 또 하나의 종루가 있는데 정면, 측면 세 칸의 누각형 건물로서 1층 누하주와 바닥을 콘크리트로 만들었다.[50]

| 하단의 건물 |

일주문 일주문은 기둥 셋을 한 줄로 나란히 세워 지붕을 받친 세 칸의 다포식 건축물로 사역(寺域)으로 들어가는 첫 번째 문에 해당한다. 일주문은 일반적으로 사찰에서 쉽게 볼 수 있지만 범어사 일주문(부산광역시 지정 유형문화재 제2호)은 그 모습 매우 독특하다. 석주(石柱)를 두고 그 위로 두리기둥을 세워 지붕을 받친 모습인데, 석주의 형태는 배흘림의 원통형이며, 높이는 약 1.45m정도이다.

어칸에 '조계문(曹溪門)'이라 편액하고 좌우 협칸에는 각기 '금정산범어사(金井山梵魚寺)'와 '선찰대본산(禪刹大本山)'이라 편액하였다. 이 편액을 통해 범어사가 조계선종(曹溪禪宗)의 원류로서 선종 사찰로 변화하였음을 알 수 있다.

조계문은 1720년 〈범어사석통기〉에 기록이 보이는데 갑자연간(甲子年間, 1684) 명흡스님과 홍보스님에 의해 조계문 네 개의 원통형 석주가 조성된 것을 확인할 수 있다.[51] 그리고 1694년 〈조계문상량묵서(曹溪門上樑墨書)〉에는 자수(自修)와 김□자, 혜우(惠佑)가 화주(化主)가 되어 조계문을 중창하였다는 내용이 있으며, 1718년 〈조계문중창량

범어사 일주문

범어사 천왕문

범어사의 불교문화

범어사 불이문

문록(曹溪門重創樑門錄)〉에도 자수가 시창(始創)하였다고 기록하고 있다.[52] 혹
은 1718년에 명흡 스님이 주관하고 대준(大俊), 우화(祐和), 처운(處雲) 스님
들이 편수가 되어 석주(石柱)를 개조하였으며, 1781년에 백암(白巖) 스님
의 주관 하에 다시 중건했다고 한다. 현재의 일주문 석주는 1718년의
것으로 보지만 그 이외는 조선 후기 다포식 가구의 전형적인 수법을 지
니고 있어 1781년 조성된 것으로 추정된다. 대웅전과 함께 목조 건축양
식을 연구하는데 중요한 사료적 가치가 있는 건물이다.[53]

　　천왕문　　천왕문은 삼문 가운데 두 번째 통과하는 문으로 사천왕
상을 봉안하였다. 정면 세 칸, 측면 두 칸의 건축물로 좌우 협칸에 각
각 2구씩 사천왕상 4구를 모시고 어칸은 통로로 두었다. 천왕문에 대
해서는 1964년 천왕문 4차 중수 공사 때 옮겨 쓴 천왕문 조영기문이

있는데 1694년 창건 기록, 1718년 〈천왕문무술중창상량등(天王門戊戌重創上樑謄)〉, 1755년 〈천왕문중창상량문(天王門重創上樑文)〉 등이 그것이다. 기록에 의하면 1694년 자수가 창건한 것이라 한다.[54] 이후 중수가 더 있었을 것으로 추정되나 확인되지 않는다. 전형적인 조선 후기의 익공식 가구의 특징을 보이며 1694년 중수되었던 천왕문은 최근 화재로 전소되었다.

불이문 범어사에 이르는 삼문 가운데 세 번째 문으로 불이문을 지나면 부처님의 세계, 정토(淨土)로 들어서는 의미를 지닌다. 현재 정면 세 칸, 측면 한 칸의 건축물로 낮은 기단 위에 원통형 초석을 놓고 기둥을 세워서 쌍여닫이의 문을 달았으나 항상 열어 둔다. 어칸의 좌우 기둥에는 동산(東山) 선사가 쓴 '신광불매만고휘유(神光不昧萬古輝猷)'와 '입차문래막존지해(入此門來莫存知解)'라는 주련(柱聯)이 각각 걸려 있다. 불이문과 관련된 조영기록은 현재까지 발견되지 않았지만, 일주문·천왕문과 같은 해 건립된 것으로 추정된다. 이로 미루어 자수는 세 산문을 조성할 당시 처음부터 대웅전을 중심으로 하여 이들을 통한 진입방식의 가람을 계획한 것으로 추정된다.[55]

범어사의 석조유물과 공예

| 석조유물 |

삼층석탑 미륵전 앞에 위치하고 있는 삼층석탑은 1963년 보물 제250호로 지정되었다.

1947년 〈선찰대본산범어사안내〉의 보물(寶物)과 고물(古物)에 따르면 이 탑은 1273년 전인 674년에 조성되었다고 기술하고 있다. 하지만 양식적 특징으로 볼 때 〈고적〉과 〈창건사적〉에 범어사 창건연대로 기록한 흥덕왕 10년(835) 이후에 해당하는 9세기대에 건립된 것으로 추정된다.

범어사 삼층석탑 통일신라 9세기

1장 범어사의 역사와 건축, 석조유물과 공예

일제강점기에 하층기단 밑에 석재를 추가하고 주위에 석재난간을 설치하는 등의 변화가 있었으나 2010년 다시 원형으로 복원되었다. 복원당시 사리공에 봉안되었던 원래의 사리기는 사라진 상태였고, 일제강점기에 넣어둔 유리함이 발견되었다.

기단은 이중기단으로 상층과 하층기단 모두 탱주(撐柱)를 생략하고 안상(眼象)을 조식하였다. 이렇게 탱주를 모각하지 않고 기단에 안상만 조식한 예로 지금까지 가장 이른 시기는 8세기 후반으로 추정되는 경주 무장사지 삼층석탑에서 나타난다. 그 밖에 창녕 술정리 서삼층석탑 등에서도 이러한 장식 요소가 확인되어 기단에 안상을 조각하는 특징은 9세기 석탑에 나타나는 양식으로 볼 수 있다. 그리고 상층기단이 탑 전체 비율에 비해 높고, 반대로 이층탑신부터는 높이가 초층탑신에 비해 급감하여 굉장히 고준(高峻)한 석탑의 모습을 보이지만 안정감은 다소 결여되었다. 이러한 탑의 체감률과 균형감 역시 9세기 석탑의 특징이라 할 수 있다.

탑신부의 탑신(塔身)과 옥개석(屋蓋石)은 각각 하나의 돌로 구성되었으며, 옥개석의 층급받침은 4단으로 이루어져 있다. 보통 이른 시기의 석탑일수록 탑을 구성하는 부재수는 많으며 층급받침 또한 5단으로 나타나는 것이 일반적이다.

상륜부(相輪部)는 거의 대부분이 결실되고 노반과 보주만 잔존해 있는데 보주는 후대에 추가된 것이다.

석등(石燈)   심검당 앞에 위치한 석등은 부산광역시 지정 유형문화재 제16호로 높이는 262cm이다. 1947년 〈선찰대본산범어사안내〉에 따르면 석등은 1270년 전인 677년에 조성되었다. 하지만 석탑과 마찬가지로 이 석등은 9세기의 양식적 특징을 보인다.

8엽의 복련(伏蓮)의 형태를 한 하대석 위에 8각의 간주석(竿柱石)을 세우고 앙련(仰蓮)의 상대석과 받침을 마련한 뒤 화사석(火舍石)과 옥개석(屋蓋石)을 얹었다. 화사석의 네 곳에는 화창(火窓)을 뚫었는데 화창 주위로 한 줄의 음각선 틀을 두고 10개의 작은 구멍이 뚫려 있는 것으로 보아 원래 창을 달았을 것으로 추정된다. 옥개석의 하부는 편평하며 전각은 반전하고 있다. 낙수면의 합각(合角)이 매우 뚜렷하고, 상륜부는 현재 노반(露盤)과 연봉형의 보주만 잔존하고 있다.

전체적으로 하대석과 간주석에 비해 상대석과 화사석이 둔중한
느낌을 주어 균형과 조화가 맞지 않다.

1904년 『한국건축조사보고』에 실린 범어사 가람배치도를 살펴보

범어사 석등
통일신라 9세기

면 석등은 이 당시 미륵전과 삼층석탑 사이에 위치하였던 것으로 확인되어 현 위치가 원래의 위치가 아니었음을 알 수 있다. 이는 종루가 보제루 북측으로 옮겨지면서 석등은 종루 자리로 이건되어 지금의 배치를 이루게 되었다.

팔각연화대좌　하대석만 잔존하는 팔각연화대좌의 현재높이는 35cm, 총폭은 147cm로 삼층석탑 및 석등과 함께 9세기 통일신라시대 조성된 것으로 추정된다. 대좌의 일부분이 결실되고 마모되었지만 비교적 상태는 양호하다. 현재 미륵전 주존불인 미륵불좌상의 목조연화대좌 아래에 두어 하대석으로 전용되었다.

이 대좌는 비록 하대석만 남아 있지만 원형은 하대석 위에 팔각 중대석과 앙련의 상대석으로 구성된 통일신라시대 전형적인 연화대좌로 추정된다.

이러한 대좌 형식은 통일신라시대 8, 9세기에 주로 유행하는데 9세기가 되면 하대석 아래 8각의 하대받침을 두는 유형이 등장하게 된다. 이 하대받침 8면에는 각각 안상을 두고 다시 사자 일곱 마리와 화문 혹은 사자 여덟 마리를 조식하는 양식적 특징을 보인다. 9세기 후반에서 말이 되면 하대받침과 하대석을 구분하여 만들지 않고 이처럼 한 돌에 같이 조성하는 예가 나타난다. 그리고 이 대좌에서 조각한 16판의 복련은 양감이 줄고 편평한 모습으로 조각하고 있다. 따라서 대좌의 형식과 양식적 특징으로 보아 이 대좌의 조성시기는 9세기 말로 추정된다.

대좌에서는 불에 탄 자국이 확인되는데 이는 임진왜란 당시 범어사가 소실되면서 남은 흔적인 것으로 추정된다. 이 대좌 위에 안치되었던 석불좌상은 범어사 창건기부터 존재하였던 세 구의 석조미륵상 가운데 한 구일 것으로 추정된다.

당간지주　부산광역시 유형문화재 제15호로 지정되었다. 당간지주(幢竿支柱)란 사찰에서 번(幡)을 달아 올리는 깃대를 고정하는 장치로 주로 사찰의 입구에 세워진다. 기를 달아서 사찰의 소속 종파, 사찰의 경계를 알리거나 불보살을 장엄한다. 당간지주는 대개 기단석과 간대로 구성되며 기단석 각 면에는 안상(眼象)을 새기고 위에는 간구(竿溝)를 마련한다. 그러나 범어사 당간지주는 사찰 입구 석축 위에 지주만 남아 있을 뿐이다. 장방형의 돌을 거칠게 다듬고 아무런 장식도 하지 않은 소박

팔각연화대좌
통일신라 9세기

범어사 당간지주
고려

1장 범어사의 역사와 건축, 석조유물과 공예

한 형태이며, 지주 상단에는 당간을 고정시키기 위한 구멍이 뚫려있다.

이 당간지주의 건립시기에 대해서는 대체로 고려 말 또는 조선 초로 추정되고 있으나 「고적」의 '사문 밖의 철당(鐵幢) 33층을 조성하고 33천을 표현한다.'라는 기록으로 미루어 고려시대에 건립된 것으로 추정된다. 이 기록을 통해 지금은 남아있지 않은 깃대의 구조와 재질은 33칸으로 구성된 철제였음을 알 수 있다.

괘불대   미륵전 앞에 서 있는 이 괘불대(掛佛臺)는 당간지주를 연상시킬 만큼 크게 만들어졌다. 아랫부분을 넓게 하여 'ㅗ'자형을 이루어 대를 지탱하게 했으며, 위아래로는 구멍을 뚫어서 대를 지탱하게 했음을 알 수 있다. 우리나라에 괘불이 출현하는 시기는 임진왜란 이후이기 때문에 이 괘불대의 건립시기 역시 17세기로 추정되며, 현재 남아있지는 않지만 원래 범어사에도 괘불이 제작되었음을 알 수 있다.

석제수조   사찰 입구에 있는 이 석제수조(石製水槽)는 기다란 타원형으로 구연부의 한쪽 턱을 높게 하여 마치 배와 같은 형상을 하고 있다. 현재 물이 가득 차 있는 이 석조는 몸통과 구연 일부만 깨어졌을 뿐 거보존 상태는 양호한 편이다. 「고적」의 기록에 '3칸의 목욕원(沐浴院) 및 석조(石槽)'라는 내용에서 지목한 석조가 바로 이 석조로 추정되며, 석조의 용도를 보여주는 중요한 사례이다. 제작 시기는 대략 당간지주와 같은 고려시대로 추정된다.

| 공예 |

범종   현재 종루에 있는 이 청동종은 조선시대의 종으로 높이 127cm, 입지름 92cm로 비교적 큰 편이다. 종의 입부문은 사다리꼴로 벌어져 있으며 정상에는 두 마리 용으로 구성된 용뉴(龍鈕)가 달려 있다. 아무런 장식이 없는 종신(鐘身) 어깨에는 범어(梵語)가 둘러져 있고 배 부분에는 방형 유곽이 마련되어 있는데 빗금무늬로 테두리를 장식하고 그 내부에는 각 아홉 개씩의 꼭지를 돌출시켰다. 그리고 유곽 사이 네 곳에는 매우 섬약한 보살상이 조각되어 있기도 하지만 종의 몸체는 별다른 문양이 없으며, 횡대의 띠만 둘러져 있다. 대신 범종의 조성과 관련된 내용과 시주

범어사 범종 조선 1728년, 높이 127cm

1장 범어사의 역사와 건축, 석조유물과 공예

자 들을 기록한 명문대가 곳곳에 배치되어 있다. 한국 종의 특징과 중국 종의 특징이 혼합된 독특한 형식의 범어사 범종은 조선시대 범종의 변천과정을 살피는데 중요한 자료가 된다. 몸체에 새겨진 명문에는 이 종은 옹정(擁正) 무신년(戊申年)인 영조 4년(1728) 11월에 조성되었으며, 무게는 800근이라고 밝히고 있다.

금고 부산광역시 문화재자료 제5호로 지정되었다. 대웅전 오른쪽 문틀에 걸려 있는 이 금고는 바깥 지름 90cm, 안지름 71cm, 두께 15cm 크기의 대형 금고로서 좌우측면에 점각으로 글씨가 새겨져 있다. 기형(器形)은 뒷면이 뚫려 있는 징 모양으로 고리가 세 개 달려 있고, 앞면에는 두 가닥의 선으로 원을 둘렀을 뿐 아무런 장식이 없다. 좌측 면의 명문을 통해 이 금고는 대웅전 금구(金口)로서 동치(同治) 원년(元年)인 1862년 5월에 조성되었으며, 그 무게가 252근 7량임을 알 수 있다. 또한 오른쪽의 명문에 이 금고가 "갑인생 윤성희 양주(甲寅生 尹性禧 兩主)"의 시주로 조성되었다고 하였다. 이 금고는 비록 문양은 없지만 조선시대 대형 금고로서 조성 연대를 정확하게 알 수 있는 매우 중요한 자료 가운데 하나이다.

〈명문〉

左 : 梵魚寺大雄殿金口

　　同治元年壬戌五月日重二百五十二斤七兩

右 : 施主甲寅生尹性禧兩主保體

　　　丁未生英佑

　　卒子　　　　　本府西下里

　　庚戌生英秀

범어사 동치원년명 금고 조선 1862년, 바깥지름 90cm

1장 범어사의 역사와 건축, 석조유물과 공예

1) 선찰대본산 범어사, 『선찰대본산 금정산 범어사』, 2005, p.6.

2) 『세종실록』권150 地理志 東萊縣條
　　"在縣西北山頂有岩高可三丈上有井圓十餘尺深七寸許有水常滿雖旱不渴色
　　如黃金其下有梵魚寺世傳昔有一金色魚乘五色雲從梵天而下遊泳其中以此
　　得名."

3) 『新增東國輿地勝覽』권23 東萊縣 山川條
　　"在縣北二十里山頂有石高可三丈上有井圓十餘尺深七寸許有水常滿旱不渴
　　色如黃金世傳 '有一金色魚乘五色雲從天而下遊泳其中' 以此名其山因創寺
　　名梵魚."

4) 『삼국유사』 의상전교條

5) 『梵魚寺誌』, 1989, pp.3~22에 걸쳐 전문이 실려 있음.

6) 『梵魚寺誌』, p.266.
　　……신라 제30세 문무왕 18년 무인(戊寅, 서기 678년) 대성원교국사 의
　　상조사의 창건한 바이니 고사적기에……

7) 한국불교연구원, 『범어사』, 일지사, 1979, p.12.

8) 채상식 · 서치상 · 김창균, 앞의 책, 1994, p.7; 『범어사대웅전수리공사보
　　고서』, 부산광역시 금정구청, 2004, p.63.

9) 정무룡, 「금정과 범어사 관련 설화 연구」, 『동양한문학연구』26, 동양한문
　　학회, 2008, p.382.

10) 『梵魚寺誌』, 1989, p.10.

11) 정무룡, 앞의 논문 p.381의 내용을 기초로 일부 보완.

12) 『梵魚寺誌』, 1989, p.266, 〈선찰대본산금정산범어사안내〉 중 금정산 범어
　　사 초창과 중건

13) 성보문화재연구원, 『한국의 불화32-범어사 본말사편』, 2004, p.223.

14) 채상식 · 서치상 · 김창균, 앞의 책, 1994, p.35; 한국불교연구원, 『범어
　　사』, 1979, p.15; 『선찰대본산 금정산 범어사』, 선찰대본산 범어사,
　　2005, p.6 등

15) 『三國遺事』권제4 義解 제5 義湘傳敎
　　"……湘乃令十刹傳敎 太白山浮石寺 原州毗摩羅 伽倻之海印 毗瑟之玉泉
　　金井之梵魚 南嶽華嚴寺等是也……"

16) 「唐代薦福寺故寺主翻經大德法藏和尙傳」, 『崔文昌侯全集』
　　"……海東華嚴大學之所有十山焉中岳公山美理寺南岳智異山華嚴寺北岳
　　浮石寺康州迦倻山海印寺普光寺熊州迦倻峽普願寺鷄龍山岬寺括地志所云
　　磎藍山是朔州華山寺良州金井山梵語寺琵瑟山玉泉寺全州母岳山國神寺更
　　有如漢州負兒山靑潭寺也此十餘所……"

17) 남동신, 「미술사의 과제와 역사학」, 『미술사학연구』, 2010, p.102.

18) 부산광역시 금정구청, 『범어사대웅전수리공사보고서』, 2004,

pp.95~96.

19) 부산광역시 금정구청, 앞의 책, 2004, p.98.

20) 김숙경·김순일, 「조선초기 범어사의 중창에 관한 연구」, 『학술발표대회논문집』19, 대한건축학회, 1999, p.577

21) 부산광역시 금정구청, 앞의 책, 2004, p.71 [표 2]범어사 연혁을 참조하여 내용을 수정 및 첨가하였다.

22) 채상식·서치상·김창균, 앞의 책, 1994, pp.49~55.

23) 채상식·서치상·김창균, 앞의 책, 1994, p.49.

24) 부산광역시 금정구청, 앞의 책, 2004, p.187.

25) 한정호, 「통도사 대웅전의 제문제에 대한 고찰」, 『불교고고학』3, 위덕대학교 박물관, 2003.

26) 부산광역시 금정구청, 앞의 책, 2004, p.76.

27) 『梵魚寺誌』, 1989, pp.177~178.

28) 『梵魚寺誌』, 1989, pp.40~45.

29) "康熙十九年庚申四月日造成"

30) 이희정, 「부산 범어사 대웅전 목조석가여래삼존불좌상과 희장의 조상」, 『문물연구』12, 동아시아문물연구학술재단, 2007, p.171.

31) 『梵魚寺誌』, 1989, p.270.

32) 『梵魚寺誌』, 1989, p.48.

33) 채상식·서치상·김창균, 앞의 책, 1994, p.57.

34) 채상식·서치상·김창균, 앞의 책, 1994, p.59; 부산광역시 금정구청, 앞의 책, 2004, p.208.

35) 『梵魚寺誌』, 1989, pp.177~178.

36) 『梵魚寺誌』, 1989, p.270.

37) 『梵魚寺誌』, 1989, pp.47~48.

38) 『梵魚寺誌』, 1989, pp.194~195.

39) 채상식·서치상·김창균, 앞의 책, p.64; 부산광역시 금정구청, 앞의 책, 2004, p.211.

40) 『梵魚寺誌』, 1989, pp.47~48.

41) 『梵魚寺誌』, 1989, p.51.

42) 채상식·서치상·김창균, 앞의 책, p.65; 부산광역시 금정구청, 앞의 책, 2004, p.212.

43) 채상식·서치상·김창균, 앞의 책, p.61; 부산광역시 금정구청, 앞의 책, 2004, p.209.

44) 『梵魚寺誌』, 1989, p.27.

45) 『梵魚寺誌』, 1989, p.32.

46) 채상식·서치상·김창균, 앞의 책, p.63; 부산광역시 금정구청, 앞의 책,

2004, p.209.

47) 김숙경 · 김순일, 앞의 논문, 1999, p.578; 채상식 · 서치상 · 김창균, 앞의 책, p.63; 부산광역시 금정구청, 앞의 책, 2004, p.209.

48) 채상식 · 서치상 · 김창균, 앞의 책, p.68; 부산광역시 금정구청, 앞의 책, 2004, p.213.

49) 『梵魚寺誌』, 1989, p.48.
……又遺一善士明學庚辰建鐘閣癸未修水陸大法會丙戌成八相殿八相天帝等像……

50) 채상식 · 서치상 · 김창균, 앞의 책, p.68; 부산광역시 금정구청, 앞의 책, 2004, p.213.

51) 『梵魚寺誌』, 1989, p.52.

52) 김숙경 · 김순일, 앞의 논문, 1999, p.578.

53) 채상식 · 서치상 · 김창균, 앞의 책, p.71; 부산광역시 금정구청, 앞의 책, 2004, p.215.

54) 김숙경 · 김순일, 앞의 논문, 1999, p.578.

55) 김숙경 · 김순일, 앞의 논문, 1999, p.578.

범어사의 불교조각

사찰 전각에 봉안된 상을 우리는 일반적으로 불상(佛像)이라고 부른다. 불(佛)은 Buddha이니 여래(如來) 즉 깨달은 자라는 의미의 각자(覺者)로서 진리에 이른 자를 가리킨다. 상(像)은 물상이니 작품을 말한다. 따라서 불상이라 하면 작게는 석가모니를 가리키며 넓게는 인간 세상에 나지 않은 아미타, 비로자나, 약사불 등 대승불교에서 말하는 다양한 모든 부처의 상 그리고 보살을 비롯한 모든 권속을 지칭하는 단어로도 쓰인다.

사찰에는 다양한 전각에 여러 불상들이 봉안되어 있다. 대웅전(大雄殿)에는 석가불이나 삼세불을 모시며, 무량수전(無量壽殿 또는 極樂殿)의 아미타불, 대적광전(大寂光殿)의 비로자나불, 약사전(藥師殿)의 약사불 그리고 관음보살을 모시는 원통전(圓通殿 또는 觀音殿)을 비롯하여 나한전(羅漢殿), 조사전(祖師殿), 명부전(冥府殿) 등 많은 전각에는 거의 모두 본존에 해당하는 불상들이 봉안되어 있다. 고승을 모시는 조사전은 사제지간의 관계를 중시하는 선종의 영향으로 조각이나 영정을 봉안하며, 죽은 뒤의 명부의 세계와 관련된 명부전은 지장보살과 도명존자, 무독귀왕의 삼존과 10왕을 모시는 전각이다. 이외에 조선후기 불교가 쇠퇴하면서 민간신앙에서의 토착신이 모셔지기도 한다. 노인의 모습으로 호랑이와 함께 나타나는 산신각의 산신, 스승없이 혼자 도를 깨우친 독각의 성자를 모시는 독성각, 북두칠성으로 인간의 수명을 담당하는 칠성은 칠성각에 모셔진다. 삼성각은 인간의 수명과 재물, 복을 주는 산신, 칠성, 독성을 함께 모시는 전각이다.

불상은 불교의 사상과 교리, 신앙을 추상적으로 표현하게 된다. 불상은 인간과 다른 초인간적인 모습을 띠는데 이를 32상 80종호라고 한다. 여래는 희고 부드러운 털인 백호, 머리 위에 살 처럼 솟은 육계, 신체 주위의 빛을 표현한 광배 그리고 수인 또는 인계라 부르는 손의 자세(무드라) 등을 통해 구체적으로 표현된다. 특히 불상은 손과 손가락 만으로 많은 의미를 전한다. 이를 통해 우리는 석가모니불을 비롯해서 아미타불, 비로자나불, 미륵불, 약사불 등 부처의 존명을 알 수 있으며 그 이름에 따라 봉안된 전각의 이름도 달라진다.

현재 범어사에 남아 있는 전각은 대웅전, 관음전, 미륵전, 비로전, 나한전, 팔상전 등이 있으며 그 안에는 각각을 대표하는 본존불상이 봉안되어 있다. 대웅전에는

1661년에 제작된 목조석가삼존불좌상이 있으며 이 불상의 몸 안에서 다량의 복장물이 발견되어 그 중요성이 더욱 커지는 계기가 되었다. 이에 범어사에 전하는 불상 중 유일하게 보물 1526호로 지정되었다. 미륵전과 비로전의 본존불들은 모두 목조로서 비록 제작연대를 알 수는 없지만 『범어사사적기』를 통해 대략 17~18세기경의 작품으로 알려졌다. 관음전 보살상은 대좌 밑에서 묵서가 발견되었으며 이를 통해 진열에 의해 1722년에 제작된 상임이 밝혀졌다. 나한전과 팔상전에도 모두 20세기에 제작된 불상이 모셔져 있는데 드물게 불석이라는 경상도 지역에서 유행했던 석재를 사용하고 있어 주목된다.

예배대상인 불상은 신앙의 결정체이다. 불상을 보면 그 사찰의 내력 및 역사, 성격, 사상, 신앙을 추정 할 수 있다. 범어사에는 가장 이른 작품인 17세기부터 20세기에 해당하는 다양한 불상이 전한다. 이 불상들을 시대순으로 정리하여 소개하고 그 특징 및 의미, 중요성 등을 살펴 보고자 한다.

1661년 대웅전 목조석가여래삼존좌상

17세기에 해당하는 범어사의 정확한 절대연대를 가진 불상은 현재 대웅전에 봉안되어 있는 목조석가삼존불좌상 1점뿐이다. 이 삼존불상의 도상 및 양식적 특징 그리고 일반적으로 조선후기 사찰의 대웅전에 봉안되는 불상의 유형과 불상을 만든 장인, 그 중요성 등을 살펴 보고자 한다.

| 목조석가여래삼존좌상의 도상 및 특징 |

대웅전의 목조석가여래삼존좌상은 중앙의 석가좌상과 좌·우 제화갈라, 미륵으로 구성된 삼존불로서 1661년 희장과 6명의 조각승 들에 의해 제작되었다. 이 삼존불상은 당당한 체구와 균형 잡힌 신체비례가 특징이며 무표정하면서도 미소띤

친근한 얼굴 표정, 부피감 있는 신체 표현, 무릎 밑으로 넓게 펼쳐진 듯 표현한 옷자락, 그리고 그 옷자락을 높고 뭉툭하게 처리한 점 등이 특징이다. 이는 조각가 희장 만의 독특한 특색이라 할 수 있다. 먼저 석가불상은 방형의 얼굴형에 뭉툭한 코, 온화한 미소를 띠고 있다. 머리에는 낮고 편평한 육계와 정상계주, 중앙계주가 보이며 나발은 뾰족하게 처리되었다. 굵고 짧은 목과 신체는 거의 방형에 가깝다. 착의법은 오른쪽 어깨에 대의를 걸친 전형적인 변형편단우견이며 옷자락이 왼쪽으로 넘어 가면서 각을 이루는 형상 때문에 전체적으로 방형의 모습을 이루고 있다. 편편한 가슴에 수평으로 가로 지른

범어사 대웅전 목조석가여래삼존좌상 조선 1661년, 부산

승각기와 오른팔에서 넘어가는 대의가 보이는데 매우 형식적인 모습
이다. 양 무릎은 넓은 편이며 역시 방형을 이루고 있는데 옷주름을 사
선으로 가지런히 정리하였으며 중앙의 앞 자락은 편편하면서도 넓고
굵직하게 처리하여 강한 힘이 느껴진다.

범어사 대웅전 목조석가여래좌상 조선 1661년, 부산

수인은 오른손은 무릎 밑으로 내려 항마촉지를 하였으며 왼손은 역시 무릎에 올려 놓고 엄지와 중지를 구부려 설법인을 하고 있다. 이러한 항마촉지인 형식은 고려말기부터 시작되어 오랫동안 제작된 전통적인 수인이다.

범어사 대웅전 목조석가여래삼존좌상 조선 1661년, 부산

좌우 협시보살상은 제화갈라와 미륵이다. 이 두 상의 명칭인 제화
갈라와 미륵은 조성기문에 쓰인 "提花葛羅……慈氏彌勒"에 근거한
것이다. 이는 시간적 개념을 가진 부처로서 『법화경』의 수기사상과
관련되는 도상이다. 착화갈라(提花葛羅)는 제화갈라를 말하며 연등불 혹

범어사 대웅전 목조석가여래삼존좌상 조선 1661년, 부산

은 정광불로 부르는 과거 부처의 보살 이름이다. 그리고 미륵은 미래의 부처를 말한다. 제화갈라와 미륵이 모두 보살의 모습으로 표현된 사례는 중국에서는 거의 볼수 없으며 우리나라의 경우에도 조선후기에만 나타나는 특징이다.

이 좌우협시보살상은 수인만 반대일 뿐 거의 똑같은 형상인데 전체적으로 방형을 이루고 있다. 두 보살상 모두 머리에는 밑으로 관대가 늘어진 목조보관을 썼으며 관에 붙은 여러 장식들은 별도의 금속으로 만든 다음 관에 구멍을 내고 안쪽으로 고정한 상태이다. 보관에 의해 가려져 앞에서는 보이지 않지만 머리의 보계는 따로 만들어 끼웠다. 이마 위로 머리카락이 보이며 양쪽의 귀 뒤로 가는 한 가닥의 머리카락이 내려와 어깨 위에 늘어져 있다. 방형의 얼굴 형태에 미소 진 얼굴 모습 역시 본존불의 모습과 매우 비슷하다. 착의법은 오른쪽 팔에 편삼을 걸쳐 여래와 다른 모습이지만 옷주름 등은 거의 유사성을 보인다. 두 손에는 기다란 연꽃 가지를 서로 대칭으로 들고 있는데 이 역시 조선후기 보살상에서 많이 볼 수 있는 지물이다. 연꽃가지는 원래 관음보살이나 미륵의 지물로 고려시대부터 사용된 것으로 알려져 있으며, 조선후기부터는 일반적인 보살상의 지물로 보편화된다. 예를 들어 관음과 대세지, 문수와 보현, 제화갈라와 미륵 등 보살의 모습을 한 상의 경우 모두 연꽃가지를 들고 있는 정형화된 모습을 보인다.

다음은 석가삼존불상의 제작기법적인 특징이다. 불상의 표면은 현재 개금이 되어 있어 육안으로의 확인은 어려운 편이다. 재료는 모두 목재인데 정확한 재질은 잘 알 수 없으나 무거움의 정도로 볼 때 느티나무 계통이 아닐까 생각된다. 일반적으로 조선후기 불상의 나무 재료는 은행나무이며, 밑판은 소나무를 즐겨 사용한 것으로 알려져 있다. 석가불상의 내부를 보면 붙힌 자국이 거의 없어 하나의 나무를 이용한 통목조로 추정되며 넓은 무릎 부분은 따로 만들어 붙였음이 확인된다. 대부분의 조선후기 목조불상이 그렇듯 이 불상 역시 나무 표면에는 흙을 붙여 정리하고 다듬었을 것으로 보인다. 머리의 나발은 흙에 여러 종류의 물질을 섞은 재료를 이용하여 각각 낱개로 만들어 접착제를 사용하여 붙인 것으로 생각된다.[1]

좌우협시보살상은 석가와 약간 다른 특징을 보이는데 하나의 나무가 아닌 여러 나무를 접합한 접목조기법으로 제작되었다. 보살상의 몸체 자체는 모두 나무로 만들어졌지만 어깨에 늘어진 보발은 토분에 송진 등을 섞어 만든 부드러운 성질의 다른 물질로 만들어 붙였다. 보관에 장식된 수식은 구리와 같은 금속판으로 제작하여 하나씩 구멍을 내고 나무 보관 판에 끼워 고정하는 수법으로 제작되었다. 이러한 보살상의 다양한 재료와 제작기법은 이 시기에 조성된 목조불상의 가장 일반적이고 보편적인 방식이다.

이상에서 살펴 본 바와 같이 대웅전 석가삼존불좌상의 주요 재질은 나무이며 부분의 성질에 따라 흙이나 금속 등을 이용하여 제작하였음을 알 수 있다. 이러한 제작기법은 조선시대 목조불의 일반적인 특징이다. 조선시대의 목조불은 이어 붙일 때 주로 못을 이용하여 고정하게 된다. 이로 인해 표면이 매끄럽지 못한 경우도 많으며 못이 바깥 표면에 그대로 드러나는데, 이를 수정하거나, 또는 얼굴이나 신체의 양감을 살리기 위해 흙이나 다른 물질을 이용하여 표면을 바르게 되는 것이다. 제작 당시만이 아니라 이후 개금할 때도 벌어진 부분이나 손상된 부분을 고치게 되는데 이때도 역시 흙이나 못을 이용하기 때문에 여러 차례 수정 할 수 있다. 불상을 다시 개금하면서 쓰는 발원문에는 '개금(改金)'이라는 단어를 쓰는 경우도 있지만 '중수(重修)', '보수(補修)', '수보(修補)'라는 명칭을 쓴다. 이는 손상된 부분을 고치는 데서 붙여 명칭으로 보이며 개금이나 보수라는 명칭은 같은 개념으로 이해할 수 있다.

| 조선후기 대웅전의 봉안불상 유형 |

대웅전은 일반적으로 석가불을 모시는 전각을 말하는데 주로 삼세불이나 석가, 문수, 보현의 삼존불을 모시는 것이 일반적이다. 범어사 대웅전의 경우처럼 석가, 제화갈라, 미륵을 모시는 경우는 매우 드문 예에 속한다. 이에 조선후기 대웅전에 봉안되는 불상들의 몇가지 유형을 소개하고자 한다. 일반적으로 조선후기의 대웅전에 봉안되는 본존불 형식은 다양한 편으로 크게 4가지 유형으로 구분된다.

첫째, 석가, 아미타, 약사불의 3여래를 모시는 삼세불상으로 가장 보편적이고 많은 사례가 남아 있는 유형이다. 부산시 기장 장안사 대웅전의 석조삼세불상을[2] 비롯하여 1639년 수덕사 대웅전 목조삼세불상, 1727년 동화사 목조삼세불상 등이 대표적인 작품이다. 이 경우 석가여래를 주존으로 하며 좌, 우에 아미타와 약사가

장안사 석조석가여래삼불좌상 조선, 부산시 기장군

협시한다. 예외적으로 1633년의 낙성문이 발견된 귀신사 소조비로자
나삼불좌상과 1634년의 선운사 소조비로자나삼불좌상의 경우 비로
자나불이 주불로 봉안된 사례도 전한다.

　두 번째는 삼신불이다. 삼신불은 법신 비로자나불, 보신 노사나불,
응신(화신) 석가모니불 등을 말한다. 1697년에 간행된 『화엄사사적기』에
1636년 청헌, 영이, 인균, 응원 등이 함께 제작하였다고 쓰여 있는 화
엄사 대웅전의 목조삼신불상이 우리나라에서는 유일한 예이다.

　세 번째는 범어사 대웅전과 같은 석가, 미륵, 제화갈라로 구성된
삼존불이다. 이 삼존불은 석가는 여래형이지만 미륵과 제화갈라는
일반적인 보살의 모습을 하고 있어 다음에 살펴볼 문수, 보현보살을
협시로 하는 석가삼존불과 구별이 힘들다. 대웅전에 봉안된 석가, 미

동화사 목조석가여래삼불좌상 조선 1727년, 경상북도 대구
회엄사 목조삼신불좌상 조선 1636년, 전라남도 구례

륵, 제화갈라의 삼존불은 명문이 없는 경우에는 문수, 보현을 협시로
하는 석가삼존상으로 이해될 정도로 구별하기 어렵다. 석가, 제화갈
라, 미륵으로 구성된 석가삼존이 대웅전에 봉안된 사례는 전라남도
여수 흥국사 대웅전의 목조석가삼존상으로 석가 140cm, 제화갈라
144cm, 미륵보살 147cm로 이루어진 큰 규모의 상이다. 현재로서는
대웅전에 모셔진 석가삼존상의 경우 존명이 제화갈라와 미륵으로 밝
혀진 유일한 사례인 점에서 주목되는데, 좌상의 범어사 좌우협시와
달리 입상으로 제작되었다. 이 삼존불은 좌우협시보살상의 보관에
"提花菩薩大明崇禎", "慈氏菩薩大明崇禎"이라는 명문이 얕게 새겨
져 있어 존명과 더불어 숭정연간인 1628~1644년 사이에 조성된 상
임이 확인된 중요한 자료이다. 원래 석가, 제화갈라, 미륵의 삼존불은

나한전(또는 영산전)의 본존불인 석가삼존으로 봉안되는 것이 일반적이며, 이는 내부에서 발견되는 발원문을 통해 명확하게 알 수 있다.

　네 번째 대웅전에 봉안되는 유형은 석가불과 그 협시인 문수, 보현보살상이다. 협시보살상은 일반적인 보살의 모습인 점에서 앞서 살펴 본 제화갈라, 미륵상과 구별하기 어렵다. 1657년 조각승 도우를 비롯한 13명의 장인에 의해 제작된 277cm에 이르는 경상북도 칠곡 송림사 목조석가여래삼존불상이 대표적인 예로서 발원문을 통해 존

흥국사 목조석가여래삼존상 조선 숭정연간(1628~1644년), 전라남도 여수

명이 정확하게 밝혀진 사례이다. 그러나 발원문에서 존명이 밝혀지지 않은 경우 석가와 협시보살상이면 일반적으로는 문수, 보현보살로 분류한다.

마지막은 1650년 군산 동국사의 삼존불로서 주존인 150cm의 석가여래좌상과 아난, 가섭입상이 협시한 상으로 유일한 사례인데, 원래는 전라북도 김제 금산사 대장전에 봉안되었던 상이다.

이상에서 살펴본 바와 같이 대웅전에는 다양한 도상의 불상들이

송림사 목조석가여래삼존좌상 조선, 277cm, 경상북도 칠곡

봉안된다. 그러나 삼신불을 제외하면 그 공통점은 석가여래를 주존으로 봉안하는 점이 특징이라 할 수 있다. 즉 석가여래를 주존으로 그 좌우에 약사와 아미타의 삼세불, 문수와 보현 또는 미륵과 제화갈라를 협시로 하는 삼존상이 특징이다.

다만 문수와 보현보살을 협시로 하는 석가삼존상의 경우 제화갈라, 미륵을 협시로 하는 석가삼존상과 외형이 거의 비슷하여 형상만으로 구별하기는 매우 어려운 문제점을 보인다. 대체적으로 나한전(또는 영산전)에 모시는 석가삼존의 경우 발원문에 의하면 제화갈라와 미륵을 협시로 하는 석가삼존이 대부분이다. 반대로 대웅전에 모시는 석가삼존의 경우에는 문수, 보현을 협시로 하는 석가삼존상으로 이해되어 왔다. 대웅전에 봉안되는 제화갈라와 미륵을 협시로 하는 석가삼존상의 경우 아직은 그 사례가 매우 적어 시원적 특징 및 제작 배경에 대해 연구는 어려운 편으로 앞으로 새로운 사례와 문헌 기록이 나오길 기대해 본다.

| 17세기 조각승과 희장의 역할 |

앞서 설명한 바와 같이 범어사 대웅전의 본존불상은 조각승 희장의 작품이다. 이는 불상 몸 안에서 나온 복장발원문을 통해 밝혀 졌다. 이 장에서는 조선후기의 복장발원문과 조선후기 조각승들에 대해 설명하고 이어서 조각승 희장의 작품 및 특징을 중심으로 살펴보고자 한다.

| 조선후기 불상발원문과 조각승 |

우리나라 불교조각 가운데 상을 만든 장인의 이름을 밝히기 시작하는 시기는 조선시대 부터이다. 고려시대까지 불상을 만든 장인의 이름이 있는 경우는 매우 드물다. 고려시대에는 1024년(현종15) 승가대사상의 광배 뒷면에 새겨진 "마탁자석광유(磨琢者釋光儒)"라든지 14세기의 천은사 금동불감 뒷면에 선각된 "조상(造像) 신승(信勝)" 등 몇 예에 불과하다. 그러나 조선시대인 15세기 부터는 점차 그 수가 많아지기 시작한다. 영주 흑석사 목조아미타불상을 만든 화원 이중선은 관에 속한 사장(私匠)이나 관에 속해 있던 화원 일 가능성이 높다. 이외에 16세기에는 목포 달성사 목조지장보살상과 제주 서산사 목조보살상을 만든 향엄(香嚴)은 승려의 법명으로 추정

되므로 승려였을 가능성이 높다. 이와 같이 고려시대부터 조선전기까지는 몇 명 정도의 장인 이름이 알려져 있을 뿐이다.

그러나 조선후기인 17세기에 이르면 거의 모든 불상에 이를 만든 장인의 이름이 남아 있다.[3] 그리고 장인에 대한 명칭도 다양해져 화원(畵員), 양공(良工), 편수(邊首), 화수(畵首), 반두(班頭), 수두(首頭), 재장(梓匠) 등으로 불리웠다. 따라서 이 시기 장인에 대한 연구는 매우 중요하다. 조각을 만든 장인의 이름은 복장물에 있는 발원문에 가장 많이 남아 있다.[4]

불상 발원문은 쓰는 위치나 재료적인 면에서 매우 다양하다. 백지에 묵서로 써서 불상의 몸 안에 넣는 경우가 가장 많은 편이며 드물게는 비단에 묵서나 붉은색의 주서로 적기도 한다. 왕실에서 발원한 불상 안에서 나오는 발원문의 경우 비단에 주서로 쓴 경우가 좀 더 많은 편이다. 또 다른 예는 복장물 중의 하나인 옷 안에 묵서를 남기는 경우이다. 이 역시 매우 드문 경우로서 최근 전라남도 순천 송광사 관음전에 봉안된 1662년의 목조보살좌상에서 나온 옷과 그 안에 쓰여진 묵서발원문이 대표적인 사례이다. 다음은 범어사 관음전 목조보살좌상과 같이 대좌에 묵서로 쓰여 있는 경우로서 이 역시 몇 사례가 남아 있다.

조선후기의 조각승에 대한 연구는 이미 많이 이루어진 상태이다. 이를 종합해 보면 17세기 초반에 활동한 조각승은 원오(元悟, 1599~1615년경 활동), 현진(玄真, 1612~1637년경 활동), 수연(守衍, 1615~1639년경 활동), 청헌(淸憲, 1626~1656년경 활동) 등이다. 이들은 한 사찰의 불상을 만들면서 혼자가 아닌 서너 명에서 때로는 수십 명에 이르는 조각승들과 함께 작업하였다. 그리고 한 지역이나 사찰에 머물면서 작업한 것이 아니라 전국적으로 이동하면서 제작하였다. 예를 들어 현진의 경우 전라남도 구례 천은사 (1614년), 충청북도 법주사 대웅전 소조삼불상(1626년), 충청남도 무량사 극락전 소조아미타삼존불상(1633년)등의 작품을 남기고 있어 전라남도, 충청남도, 충청북도의 각 지역에서 활동하였음을 알 수 있다. 희장의 스승으로 볼 수 있는 청헌 역시 전라남도 구례 화엄사 대웅전 목조삼신불좌상(1636년) 경상남도 하동 쌍계사 대웅전 목조삼세불좌상(1639년), 전라남도 고흥 능가사 목조삼세불좌상(1639년), 전라북도 완주 송광사 소조삼세불좌상(1641년) 경상북도 진주 응석사 목조석가여래좌상(1643년) 등의 작품을 남겨 전라도와 경상도의 각 지역에서 활동하였음을 알 수 있다. 이는 다른 조각승려들의 경우도 마찬가지이며 희장이 활동했던 17세기 후반 이후에도 같은 현상을 보인다.

당시 활동한 조각가들은 일반인은 거의 없이 승려들로 이루어진 점이 특징이다. 조선전기에는 흑석사 목조여래좌상을 만든 화원 이중선(李重善)처럼 승려와 더불어 일반 조각가들이 함께 활동하였던 듯 하다. 그러나 16세기 이후 사찰 조각은 거의 승려들이 전담한 듯한 상황으로 바뀌는데 이는 왕실 불사가 급격하게 적어진 점 그리고 경제적으로 어려워진 사찰에서 자체 수공업을 발달 시킨 점 등과 관련된 듯하다. 또한 불교미술은 의궤상 알아야 될 규범이 많아 일정한 신앙심을 필요로 하기 때문에 승려 장인들에게는 가장 적합한 분야였던 점도 작용했을 것으로 짐작된다. 이 시기 사찰 조각승들에 의해 제작된 작품들은 몇 백점이 남아 있는데 착의법이나 수인 등 형식면에서는 시대적 공통점을 보이면서도 얼굴이라든지 옷주름 등 세부적인 측면에서는 작가들만의 개성을 드러낸다.

| 조각승 희장 |

범어사 대웅전 석가삼존불좌상의 몸 안에서는 2건의 복장발원문(pp.222~225)이 발견되었다. 한 장은 백지에 묵서로 쓴 불상기문이며, 또 하나는 같은 재질의 축원과 시주질이다. 두 원문 모두 순치(順治)18년에 쓰여진 것으로 이를 통해 대웅전 석가삼존상은 1661년에 제작되었음을 알 수 있다.

원문의 말미에는 "首頭 熙莊 寶海 敬信 雙默 雷影 神學 淸彦" 등 희장을 비롯해서 6명의 조각승들에 의해 이루어졌음을 밝혔다. 수두란 단순히 우두머리라는 뜻으로 대웅전 석가삼존불상 제작에 총괄을 담당했던 대표적인 장인을 말한다. 장인의 우두머리는 수두 이외에도 상화원(上畵員), 수화원(首畵員), 대화사(大畵士), 대화사(大畵師) 등으로 불렸다. 즉 희장을 우두머리로 보해 경신, 쌍묵, 뇌영, 신학, 청언이 참여하였음을 알 수 있다.

희장은 17세기 중반경에 활동한 승려이자 조각가로서 1639년 경상남도 하동 쌍계사 목조여래좌상을 비롯하여 1649년의 경상북도 구미 수다사 목조여래좌상 등 주로 경상도 지역을 중심으로 활동한 17세기의 대표적인 조각가 중 한 명이다(표 1 참조).

표1. 회장 작품목록

연대	지역	봉안처	작업내용	작업내용	작업내용
1638	경남	하동 쌍계사	목조삼세불 · 보살입상	清憲, 勝日, 法玄, 英頤, 賢徹, 應惠, 希藏, 尙安, 懈欽, 靈湜	腹藏發願文
1646	전남	구례 천은사	목조아미타상	勝日, 熙藏, 太元, 性照, 戒贊, 天學, 寶海	腹藏發願文
1649	경북	구미 수다사	목조아미타불좌상	熙藏, 天頤, 敬玉, 太林, 敬湖, 信元, 寶海, 寬元, 敬先	腹藏發願文
1649	경북	구미 원각사	목조대세지보살좌상	熙藏, 天頤, 敬玉, 太林, 敬湖, 信元, 寶海, 寬元, 敬先	腹藏發願文
1650	전북	진안 금당사	목조아미타삼존불좌상	熙莊, 信囧, 敬玉, 敬浩, 信元, 寶海, 双默, 惠正, 覺元	腹藏發願文
1653	전남	고흥 능가사 (원 불대사)	목조아미타상과 약사상	熙藏, 性明, 寶海, 雙默, 覺元, 戒祐, 淸眼	腹藏發願文 석가불: 서울 지장암
1654	경북	청도 대운암	목조보살좌상	熙莊, 性明, 慧瑞, 太澄, 普海, 双嘿, 覺元, 戒愚, 淸眼	腹藏發願文
1658	부산	부산 선암사	아미타불	熙藏, 寶海, 太澄, 瓛仁, 智寬, 敬哲	腹藏發願文
1661	부산	부산 범어사	목조석가삼존불좌상	熙莊, 寶海, 敬信, 雙默, 雷影, 神學, 淸彦	腹藏發願文
1678	경남	남해·용문사 명부전	목조지장상 · 시왕상	智玄, 寶海, 虛垣, 神學, 義英, 楚行, 靜璘, 覺明, 敬謨, 坦英, 敏英, 勝還, 義堅, 信惠, 印戒	腹藏發願文
1680	전남	고흥 송광암	극락전목조아미타불좌상	寶海, 雪坦	腹藏發願文

수다사 **목조여래좌상** 조선 1649년, 경상북도 구미

　발원문은 없지만 통도사 영산전에 봉안된 본존불 역시 범어사 석
가불과 거의 흡사하여 희장의 작품으로 볼 수 있다. 가장 이른 작품
인 하동 쌍계사 목조여래좌상은 현재 작품은 없고 발원문만 소개된
정도인데 장인 청헌의 이름이 가장 먼저 있고 거의 끝에 희장이 있어
적극적인 장인으로 활동하기 이전 수련했던 시기로 추정된다. 1646
년의 전라남도 구례 천은사 목조불상(아미타, 대세지보살상)의 발원문에도
"장주열차(匠主列次) 승일(勝日)" 다음에 희장의 이름이 있어 좀 더 주도

통도사 목조석가여래좌상 조선 17세기, 경상남도 양산

적인 역할을 담당했던 시기로 추정해 볼 수 있다.

　그러나 1649년의 수다사 불상의 발원문에는 재장(梓匠), 희장(熙藏), 천신(天頤), 경옥(敬玉)이 제작하였음을 밝혀 이 때부터 불상제작의 우두머리로서 본격적인 작품 활동을 했던 것으로 추정된다.[5] 즉 이로 보면 개인적인 역량에 따라 다소의 차이는 있겠지만 조각승들은 스승 밑에서 활동하면서 약 10년 정도의 수련과정을 거쳐 차화사로 승격하고 3~4년 뒤 부터는 주도화사로서 활동했던 것이 아닌가 추정된다.

이는 희장의 스승으로 알려진 승일의 경우에서도 확인된다. 승일은 1629년 창원 관룡사 불상을 스승인 현진 밑에서 배웠으며 1637년 경상북도 성주 명적암 불상에서부터는 두 번째인 차화승으로, 수화사로서 활동한 작품은 1646년 쌍계사 불상을 제작하면서 부터이다. 즉 승일 역시 10여년의 비슷한 수련기간을 거쳤던 것이다.[6]

그런데 희장과 함께 불상 제작에 참여한 조각승들을 살펴 보면, 수다사 불상은 천신, 경옥이며 범어사 대웅전 불상은 보해, 경신, 뇌영, 신학, 청언 등이다. 즉 두 불상을 만든 조각승은 우두머리 조각승인 희장만 같을 뿐 전혀 다른 조각승들로 구성되어 있다. 그럼에도 두 불상은 매우 유사한 양식적 특징을 보인다. 특히 전체적인 비례는 물론 미소있는 밝은 얼굴 표정, 넓고 편편하게 무릎 밑으로 흘러 내린 옷자락과 주름 표현 등은 희장의 특징으로 두 불상에서 모두 보이는 공통점이다. 이는 우두머리 조각승인 희장이 불상 제작에 기본이 되는 밑그림을 담당하였기 때문으로 해석된다.

희장이 활동했던 17세기중반은 임진왜란과 병자호란이 끝난 이후로 전국적인 재건불사가 이루어졌던 시기이다. 중반 이전인 17세기 전기에는 현진, 인균, 수연을 비롯해서 무염, 희장의 스승 청헌 등 이 시기를 대표하는 많은 조각가들이 배출되었다.[7] 이들은 어느 한 지역 보다는 전국을 중심으로 활동한 듯 하다. 현진 또한 법주사, 무량사, 천은사, 성주 명적암 등 충청도, 전라도, 경상도 지역에 고르게 작품이 남아 있다. 무염의 경우 현존하는 작례로 보면 전라북도 고창 선운사, 전라남도 영광 불갑사, 대전시 비래사, 강원도 속초 신흥사, 전라북도 전주 송광사 등 전라도, 충청도, 강원도 등 각 지역에 고르게 작품들이 남아 있다. 이는 조선후기의 불상 재료와도 관련되는데, 이 시기의 불상은 소조와 목조 등이 많은 편이다. 즉 사찰의 주변에서 쉽게 구할 수 있고 운반이 가능한 경제적 측면이 고려된 재료로서 재료와 공구의 이동이 아닌 조각가의 이동 만으로 불상을 만들 수 있는 장점이 있기 때문인 것이다.

능가사 **목조삼세불좌상** 조선 1639년, 전라남도 고흥 쌍계사 **목조삼세불상** 조선 1639년, 경상남도 하동
응석사 **목조석가여래좌상** 조선 1643년, 경상남도 진주

희장이 활동한 17세기 중엽경에는 무염, 청헌 등 조각승 현진이나 무염의 제자인 2세대들이 활동했던 시기이다. 이 시기의 조각가들은 그 수도 많아지고 전국적으로 분포되어 있어 점차 출신과 활동 지역이 겹치는 특징을 보인다. 희장의 스승은 청헌과 승일이다. 청헌은 현진과 함께 법주사 대웅전 소조대불을 제작하였고 수화원으로서 고흥 능가사 목조삼세불좌상(1639년), 완주 송광사 소조삼세불상(1641년), 하동 쌍계사 목조삼세불상(1639년), 진주 응석사 목조석가여래좌상(1643년)을 조성하였으며, 경상도, 충청도, 전라도 지역 등 전 지역에 사례가 남아 있다.[8] 승일은 경상도와 전라도를 중심으로 현진, 무염, 청헌과 함께 작업을 하였으며 수화사가 된 후에는 전라도 지역에서 주로 활동하였는데 경상북도 김천 고방사 목조아미타불상(1670년)이 경상도 지역에 남아 있는 유일한 작품이다. 희장은 스승인 청헌과 승일의 뒤를 이어 많은 활동을 하였다. 현재 남아 있는 기록이나 작품을 통해 보면 17구 정도 되며 지역도 부산을 비롯하여 경상남·북도와 전라남·북도에 분포되어 있다.(표1 참조) 그러나 주 활동 지역은 경상도였다.[9] 즉 희장은 17세기중반 경상도 지역을 중심으로 활동한 대표적인 조각승인 것이다.

이상 희장의 작품과 활동 지역 그리고 그의 스승으로 알려진 청헌과 승일의 작품과 지역성을 보면 사승관계나 지역과의 관련성은 매우 약하다. 그리고 승일의 경우 17세기 전반기에 활동했던 여러 조각가들과 함께 작업하고 있어 이를 스승의 개념인 사제지간으로 봐야 되는지에 대한 의문도 든다. 그리고 양식적인 관련성도 약한 편이다. 따라서 조선후기의 조각승들은 스승에게서 배운 기술이나 양식을 계승한 지역이나 유파보다는 독자성이 뚜렷한 장인적 성향이 매우 강하게 나타난다고 할 수 있다.

예를 들어 목조를 제작하는 기법적 측면에서 볼 때, 유파나 작가적 성향은 크게 눈에 띄지 않는다. 최근의 연구 결과에 따르면 조선후기 전라도 지역의 불상들의 경우 좌불은 은행나무가, 입불은 소나무가 많은 편이다. 또한 입불상의 경우 접목조가 많다고 한다. 이 결과는 아직 초기적 단계이고 좀 더 많은 사례와 지역의 작품들이

능가사 **목조여래좌상** 조선 1653년, 전라남도 고흥 **대운암 목조보살좌상** 조선 1654년, 청도
송광암 **목조여래좌상** 조선 1680년, 전라남도 고흥 **대원사 지장보살상** 조선, 전라북도 완주

분석되고 연구가 되어야만 좀 더 구체적이고 합리적인 결과가 나올 것으로 생각되지만 현재의 연구만으로 보면 지역적인 큰 차이는 없는것 같다.[10] 소조의 경우 불상 내부가 공개된 사례가 적어 기술적 측면이나 흙과 다른 물질과의 결합 및 농도, 비율, 내부의 목조틀의 형태와 기술 등을 확실하게 알 수 없다.[11] 다만 속이 빈 두꺼운 나무판을 이용하여 형상을 잡은 다음 팔부분은 별도의 나무로 이어 'ㄷ'자 꺽쇠로 고정하며, 사찰이 있는 근처의 흙을 여러 층 발라 마무리하는 것으로 알려져 있다.

범어사 대웅전 불상 제작에 희장과 함께 참여한 보해(寶海), 경신(敬信), 쌍묵(雙默), 뇌영(雷影), 신학(神學), 청헌(淸彦) 등 6명의 조각승들은 희장이 제작한 다른 불상에도 보인다. 이 중 보해는 희장의 작품인 1649년 구미 수다사 목조아미타불상, 1649년 구미 원각사 목조대세지보살좌상, 1650년 전북 진안 금당사 목조아미타삼존불, 1653년 고흥 능가사 목조불상(원 소재지 불대사),[12] 1654년 청도 대운암 목조보살상 등의 작품에 참여하여 희장에게 수련을 거친 중요한 조각승임을 알 수 있다. 이들 불상에서는 엄격하면서도 부드러운 얼굴 표정과 비교적 넓고 높은 무릎, 그 밑으로 흘러 내린 편편하고 넓은 옷자락 등이 동일하여 희장과의 공통된 특징임을 확인할 수 있다. 이상의 표현들은 보해의 작품인 1680년 고흥 송광암 목조여래좌상에서도 보여 희장의 영향이 느껴진다. 그리고 완주 대원사 지장보살상 등 장인의 이름을 알 수 없는 작품에도 비슷하게 나타나 희장 또는 그 제자들에 의한 작품으로 추정해 볼 수 있다.

1722년 관음전 목조관음보살좌상

범어사 관음전에는 목조보살좌상이 한 구 봉안되어 있다. 이 보살상의 대좌면에는 묵서가 적혀 있어 보살상과 대좌와 함께 제작되었음을 알 수 있으며 1722년이라는 제작연대 및 상을 만든 장인의 이름도 정확하게 밝혀진 중요한 작품이다. 따라서 보살상의 특징 및 묵서 그리고 상을 만든 장인들을 중심으로 살펴보고자 한다.

| 특징 |

목조관음보살상은 범어사 대웅전의 좌측에 위치한 관음전에 본존으로 봉안되어 있으며, 1999년에 개금이 이뤄져 현재 매우 양호한 상태이다. 보관에 화불이 있어 관음보살임을 알 수 있으며 높이는 102.8cm로 비교적 큰 규모에 속한다. 관음상의 우측에는 정병이, 좌측에는 작은 선재동자상이 관음을 우러러 보는 자세로 앉아 있는데 이는 모두 후대에 다시 만든 작품으로 생각된다. 그러나 용왕과 선재동자가 관음과 함께 조각되는 사례는 17세기부터 보인다. 이는 고려에서 조선전기에 유행한 수월관음과 결합된 도상이다. 1655년의 속리산 법주사 원통전의 관음보살상이 대표적인 사례로서[13] 선재동자와 용왕이 꿇어 앉은 자세로 앉아 있다. 이외에 크기 39cm의 작은 불감이지만 남해 보리암에 있는 목조불감도 비슷한 사례로서 중앙에 관음보살좌상이 봉안되어 있으며 그 양 측면감실에 선재동자와 용왕이 각기 서 있다. 이 불감은 약 17세기경의 작품으로 추정하고 있다. 이외에 안성 칠장사 원통보전에는 1718년에 제작된 관음보살상 측면에 제석천(또는 범천과 제석천)으로 추정되는 삼존이 있는 예외적인 경우도 보인다. 그러나 이 역시 원래의 조합이 아닐 가능성이 높다고 본다.

조선시대에는 관음전 또는 원통전이라고 부르는 독립적인 전각이 유행하였으며 그 안에는 관음독존상을 모시는 것이 상례이다. 범어사 관음전과 관음보살상 역시 조선후기의 신앙적 경향이 반영되었다고 볼 수 있다. 관음전의 초창연대는 정확히 알 수 없으나, 범어사 대웅전 보수공사 보고서에 의하면 대웅전과 함께 관음전 전각도 광해군 5년(1613)에 묘전(妙全)이 중창하고, 1721년 흥보(興寶)에 의해 다시 중건하였다고 밝히고 있다. 즉 임진왜란 이전부터 있었던 관음전을 전쟁이 끝난 후 다시 중창하였던 것으로 추정되며, 현재의 보살상은 1721년 관음전 중건과 함께 만들어진 불상임을 알 수 있다.

이 목조보살좌상은 상체를 약간 내밀어 앞으로 숙인 자세로서, 이에 목이 짧아 보인다. 머리에는 화염보주 등이 화려하게 장식된 보관을 썼다. 보관의 틀은 나무이며 상단부터 촘촘하게 화염보주를 금속제로 만들어 구멍을 뚫어 고정하였다. 그 밑으로 화불을 중심으로 그 좌우에 한 쌍의 봉황을 배치하고 그 사이에 구름문을

범어사 관음전 목조관음보살좌상 조선 1722년, 102.8cm, 부산

범어사의 불교문화

장식하였으며 하단부에는 꽃 장식을 병렬로 수식하여 매우 화려한 모습이다. 양 측면에는 여러 겹의 관대가 위로 솟구쳐 올라가듯 처리하여 장식적 느낌을 자아 낸다. 보관에 가려져 앞에서는 잘 보이지 않지만 머리카락을 묶은 보계는 중간이 갈라져 있으며 낮은 형상이다. 보관 밑으로는 머리카락이 보이는데 한 가닥의 머리카락은 두 가닥으로 나뉘면서 귀 중간을 감아 돌며 다시 중첩된 세 겹의 원을 만들고 세 가닥으로 나뉘어 어깨 위에 구불거리면서 늘어져 있다.

정방형에 가까운 얼굴은 위로 살짝 올라간 눈꼬리, 직사각형에 가까운 뭉툭한 코, 미소를 머금은 입 등으로 전체적으로 밝은 모습이다. 수인은 무릎에 두어 오른손은 손바닥을 위로 들고 왼손은 밑으로 놓아 엄지와 중지를 맞대었다. 신체에는 양 어깨를 감싼 마치 숄과 같은 천의를 걸쳤는데 양 어깨 부위에서 삼각형을 이루며 길게 밑으로 흘러 내려 팔을 감싸면서 양 손목을 거쳐 대좌 밑으로 흘러 내렸다. 가슴에는 단순한 형태의 목걸이를 걸쳤으며 그 양 끝 부분에 불꽃무늬의 화패(火佩) 장식이 늘어져 있고 팔에는 팔뚝지와 팔찌를 차고 있다. 특이한 점은 목걸이의 양 끝을 장식한 화패의 윗부분이 보관 윗부분을 장식한 화염문과 모양이나 재료면에서 거의 같다. 가슴에는 수평으로 된 군의자락과 매듭이 보이며 그 밑으로 둥근 장식의 복갑이 장식되었다. 무릎에는 천의와 군의자락이 S자로 흘러 내렸으며 무릎 밑으로 모아진 옷자락 역시 S형의 회오리바람처럼 복잡하게 늘어져 있다. 양 다리 밑의 복잡한 옷자락, 천의자락, 관대 등이 모두 S형을 이루고 있는 점도 매우 흥미롭다. 이상과 같이 관음전 보살상은 매우 장식적이고 화려한 점이 특징이다. 보관은 장식과 더불어 U형으로 구부러진 여러 겹의 관대들로 이루어졌으며, 신체의 화패장식과 복갑도 화려한 면을 부각시킨다. 더욱이 천의와 군의자락은 서로 교차하고 S형과 원으로 얽히면서 복잡하면서도 역동적인 느낌을 자아낸다.

복갑과 갑대 등을 착용한 보살상이 처음 나타나기 시작한 시기는 17세기 전반부터이며 역동성이 강한 표현의 보살상의 등장도 이때부터이다. 복갑은 1629년 제작된 전라북도 군산시 은적사의 목조보현보살좌상에서 처음 등장하였으며, 1655년 충청북도 보은 법주사 원통전의 목조관음보살좌상은 가장 대표적인 작품이다.[14] 법주사 보살상은 수평을 이루면서 역동적으로 구부러지는 관대의 표현, 역시 옆으로 날리는 가슴의 화패장식 등이 보다 자연스럽게 표현되어 법당에 들어 선 순간 바람이 부는 듯한 시각적 효과가 느껴지는 대작이다. 또 가슴과 배 부분에는 복갑과 갑대를 착용하여 위엄 있는 강인한 모습을 연출한다. 1687년 강원도 영월군의 보덕사 극락보전 목조관음보살좌상도 복갑과 갑대를 착용한 사례이다. 이후 18세기에는 좀 더 보편화되기 시작하여 좀 더 많은 작품이 남아 있지만 17세기의 사례들과는 그 표현에서 차이를 보인다. 즉 범어사 관음전의 목조보살좌상처럼 S형을 기본으로 수평이 아닌 위로 솟는 형상인 점과 자연스러움보다는 복잡하면서도 딱딱하고 형식화된 점에서 차별된다. 이러한 관

법주사 목조관음보살좌상 조선 1655년, 충청북도 보은

대의 표현은 진열이 같은 시기에 만든 밀양 여여정사의 목조보살좌상에서도 보인다. 이외에도 18세기 작품인 1718년의 일기 작 목조보살좌상이라든가 좀 더 단순해진 형태이지만 강릉 백운사 목조보살좌상에서도 보여 18세기 보살상의 시기적 특징이라 할 수 있다.

| 대좌와 묵서명 |

이 보살상은 낮은 목조대좌 위에 결가부좌의 자세로 앉아 있다. 대좌는 일반적인 조선후기의 목조대좌 형식대로 앙련과 복련으로 이루어진 연꽃받침과 이를 받치는 삼단구조에 팔각을 이루는 불대좌 형식인 이중구조로 이루어져 있다. 삼단구조의 불대좌는 중간부분이 팔각을 이루며 앞면에는 연꽃문양이 조각되었다. 그 위는 난간 형식에 연잎이 각 면을 감싸고 있는 아름다운 모습인데, 조선시대 일반 건축물에도 보이는 보편적인 특징이다.

범어사 목조관음보살좌상 밑면 묵서 조선 1722년, 부산

저부는 3개의 판재를 감잡이로 연결하여 제작되었다. 상 저부의 앞쪽에서부터 약 35cm 정도 들어간 곳에 가로 14cm, 세로 15cm 크기의 복장공이 마련되어 있다. 팔각대좌 위 앙련좌 상면의 전면에는 묵서로 다음과 같은 내용이 적혀 있다.

「康熙六十一年壬寅季夏東萊梵魚寺
毘盧佛三尊重修補安于毘盧殿
觀音菩薩二位新造成奉安於觀音 殿
　　　緣化秩
　　　證明比丘 宗敏
　　　持殿比丘 仁淑
　　　　比丘 坦日
　　　　比丘 懶軒
　　金魚畵員
　　嘉善大夫 進悅
　　　　　清雨
　　　　　清徽
　　　　　貫性
　　　　　玉摠
大功德化主嘉善大夫 興寶
　　　摠令都監通政大夫　祖眼
　　　引勸大功德化主　　思訖
　　　察□別座通政大夫　彦聰
　　　　　　　　張碩只
　　供養主 時敏
　　　　信行
　　　　哲文
　　　　香雲
　　　　本性」

즉 이 발원문에는 강희(康熙) 61년 여름 동래 범어사의 비로불3존을 보수하여 비로전에 안치한 사실과 관음보살 2구를 새롭게 조성하여 관음전에 봉안한다는 내용이 적혀 있다. 이를 통해 1722년에 현재 남아 있는 비로전의 비로자나불상을 새롭게 중수하였음을 알 수 있으며 관음보살상 2구도 다시 조성하였음이 확인된다.

앞에서 언급하였듯이 범어사 관음전은 범어사 대웅전과 함께 광해군 5년(1613)에 묘전이 중창하고, 1721년 흥보에 의해 다시 중건하였음이 대웅전 보수공사 보고서에 의해 밝혀졌다. 즉 흥보에 의해 1721년부터 1722년 까지 관음전이 중수되고 강희 61年(1722) 본존불인 관음보살상도 대공덕주로서 가선대부(嘉善大夫) 흥보(興寶)가 제작 봉안하였음을 알 수 있다. 흥보는 관음전 중건과 관음보살상 제작에 가장 중추적인 인물이었던 것이다. 상을 만든 조각승은 비로자나삼존불의 중수와 도금을 담당한 진열(進悅)을 비롯하여 청우(淸雨), 청휘(淸徽), 관성(貫性), 옥홀(玉捻)이 관여하였음도 발원문에서 밝히고 있다.

| 조각승 진열 |

관음전의 본존인 관음보살상을 조성한 진열은 범어사 관음보살상 이외에도 1695년 전라북도 흥양의 백련사 보처보살과 나한상을 조각하였음이 현재 전주 서고사에 소장된 작품의 발원문을 통해 밝혀진바 있다.[15] 이 불상에는 성심 다음에 이름이 있어 주도적인 역할은 아니었던 것 같으나 그 이후의 작품들에서는 모두 수화승에 이름이 올려 있다. 이를 통해 진열은 1695년부터 1722년까지 활동했음이 밝혀진 바 있다.[16] 현재 전라남도 곡성 서산사에 있는 관음사 대은암의 1706년 관음보살좌상, 고양 상운사 소장 1713년 노적사 극락보전 아미타삼존불상 등이 그의 작품으로 알려져 있다. 함양 안국사 목조보살좌상도 그의 작품으로 추정된다. 이외에도 현재 목포 달성사에 있는 1719년 전라남도 남평 운흥사 지장보살상과 시왕상 개금과 나한상 개채를 맡았으며, 1722년 범어사 극락전 비로자나불좌상의 개금을

여여정사 목조보살좌상 조선 1722년, 경상남도 밀양 삼랑진
관음사 대은암 관음보살좌상 조선 1706년, 72.4cm(현 곡성 서산사) 상원사 목조관음보살좌상 조선, 41.0cm, 경기도 고양

하였음이 개금발원문과 『범어사지』를 통해 밝혀졌다. 사실 목포 달성사 지장보살상은 1565년 향엄에 의해 제작되었음이 밝혀진 사례이지만 1719년 진열에 의해 중수된 작품으로 진열의 얼굴 특징을 그대로 남아 있다. 이에 대해서는 비로전 불상 설명에서 다시 한번 살펴 보고자 한다.

현재까지 알려진 진열의 작품은 개금불사에 참여한 불상을 제외하면 범어사 보살상을 포함하여 모두 네 점이다. 그 중 화원질 앞 부분에 이름이 올려진 작품으로 그의 특징이 보다 잘 드러난 상은 세 점으로, 1706년 곡성 서산사 소장 목조관음보살좌상, 1713년 고양 상운사 소장 목조아미타삼존불좌상(관음보살상 제외) 그리고 범어사 관음전 목조관음보살좌상 등이다. 상운사 삼존상의 명문은 대좌의 상단과 하단 면에 묵서로 적혀 있으며, 곡성 서산사 보살상도 상 밑면 바닥에 역시 묵서로 발원문이 쓰여 있다. 범어사 관음상 역시 상 바닥면에 묵서로 쓰여 있어 이는 진열의 묵서 방식이었음을 알 수 있다.

그런데 진열의 작품으로 매우 유사한 목조관음보살좌상이 경상남도 밀양 삼랑진에 있는 여여정사에 소장되어 있다. 현재 여여정사 법당 내부 불단에 안치되어 있는 이 목조관음보살좌상은 범어사 관음전 보살상에 비해 다소 작은 42.5cm의 크기에 얼굴 일부에 채색이 되어 있는 상태이다. 복장에서 나온 발원문을 통해 수화승 진열(進悅)을 비롯한 청우(淸雨), 청휘(淸徽), 관성(貫性), 옥홀(玉揔) 등이 1722년에 제작하였음이 확인되었다. 청우, 청휘, 관성, 옥홀은 범어사 관음전 목조관음보살좌상을 조성한 장인이며 제작연대 또한 같은 1722년으로 범어사 관음상을 조성하면서 함께 만들었을 것으로 추정된다. 불상의 특징 또한 범어사 관음전 보살상과 매우 흡사한데 다만 크기라든지 수인, 여래식 착의법 등에서 약간 차이점을 보인다. 즉 두 손은 따로 만들어 끼운 형식으로 오른손은 무릎에 가깝게 대고 손바닥을 아래로 한 상태로 중지와 엄지를 구부려 맞대고 약지를 구부린 모습이며, 왼손은 손등을 무릎에 대고 역시 중지와 엄지를 구부려 맞대고 약지를 구부렸다. 착의법은 천의를 걸친 범어사 보살상과 달리 대의를 걸치고 있어 역시 차이점을 보인다.

비로전과 미륵전의 불교조각과 제작시기

대웅전과 관음전 이외 범어사에 있는 중요한 다른 전각으로 미륵전과 비로전이 있다. 미륵전에는 169.0cm 크기의 목조여래좌상 한 구가 있으며, 비로전에는 본존 크기가 124.6cm 되는 비로자나불좌상과 양 협시보살좌상이 봉안되어 있다. 두 전각의 불상들은 모두 복장물이 없어 정확한 제작연대는 알 수 없다. 그러나 비로전의 불상들은 『중수개금기』에 대략 언급되어 있어 추정이 가능하며 미륵전 또한 양식적인 추정이 가능한데 대략 대웅전이나 관음전 불상과 비슷한 시기에 제작되고 개금된 것으로 추정된다.

먼저 이 두 전각의 불상들을 소개하고 이어서 특징 및 중요성 등을 살펴 보고자 한다.

| 비로전 목조비로자나불삼존좌상 |

본 작품은 비로전 전각 내에 중앙의 124.6cm 비로자나불상과 108.1cm와 102.2cm의 양협시보살상인 문수와 보현보살로 구성되어 있다. 비로자나삼존불상 모두 전반적인 상태는 매우 좋은 편이다. 다만 좌협시상의 경우, 불상 저부의 오른쪽 뒤편이 균열로 인해 틀어진 흔적이 보인다. 세 상 모두 목조이며 얼굴, 가슴, 배 등 볼록한 볼륨감을 주기 위해 그 표면에 흙을 붙여 마무리한 상태이다. 상의 밑바닥에는 가로 18.0cm, 세로 11.0cm의 복장공이 있으며, 불상을 받치고 있는 목조대좌는 후대의 것으로 보인다.

조선시대의 비로자나불상은 독존상으로 제작되거나 문수와 보현보살상을 협시로 둔 삼존불 형식으로 제작된다. 전각은 비로전이나 대적광전에 주로 모셔지며 혹은 대웅보전에 봉안된 예도 있다. 청도 운문사 목조비로자나불좌상은 대웅보전에 단독상으로 봉안된 예이다. 그러나 조선후기 비로전은 그렇게 많지 않으며 특히 1m 이상 되는 비로자나불상은 극히 적은 편으로 범어사 비로전과 비로자나불상은 중요한 자료라 할 수 있다.

목조비로자나삼존불상은 방형의 큰 얼굴에 전체적으로 신체의 비례가 큰 편이

범어사 비로전 목조비로자나삼존불좌상 조선, 124.6cm, 부산

범어사의 불교문화

다. 재료는 나무이며 전체 면에 소조를 덧붙여 표면을 정리하였는데, 개금 중수 당시 약간의 손질을 가하였던 것으로 생각된다. 얼굴은 신체에 비해 큰 편이며 이마가 넓고 턱으로 올수록 좁고 둥근 모습에 입 꼬리가 살짝 올라가 미소가 있는 부드러운 표정을 짓고 있다. 조선후기의 보편적인 특징인 낮고 편편한 육계와 다른 재질을 이용하여 붙인 나발, 목조로 만든 정상계주와 중간계주가 보인다. 목은 짧은 편이며 넓지 않은 어깨와 길죽한 신체에는 편삼을 입고 오른쪽어깨를 두른 대의를 입었으며 배 밑으로 편삼이 대의 속으로 들어가면서 생긴 U형의 옷자락 역시 조선후기적 특징을 반영하고 있다. 편편한 가슴에는 수평의 승각기가 보인다.

양협시보살상은 문수와 보현보살상으로 거의 같은 형식과 특징을 보인다. 신체 비례에 있어서 앞서 기술한 진열의 작품인 관음전 목조관음좌상과 차이가 있으나 얼굴모습은 매우 흡사하다.

비로전 삼존상의 제작시기는 정확하지 않다. 다만 사찰에 비로자나삼존불의 『중수도금기(重修塗金記)』 가운데 불상과 관련된 내용이 있다.

"범어사 법당 왼쪽에 모신 비로자나삼존불은 바로 崇禎 십일 무인년 봄이다. 禪德 海敏이 존경하고 사모하는 마음을 발하여 시주를 모아 만들었다면 어찌 열 집의 돈만 들었겠는가 힘씀을 부지런히 하고 마음을 수고롭게 한 노력임을 대충 알 수 있다. 하지만 해는 깊어지고 세월은 오래되어 금·은 부처님의 얼굴에서 날아가고 채색은 미간에 탈색되어 드나들 적마다 가여운 생각을 가진 것이 몇 년이 지났다. 마침 옛 신도 몇 사람으로부터 재물을 얻었지만 일은 크고 돈은 작아 항상 이루지 못할 염려가 있었다. 여러 사람이 의논하고 꾀하였으나 주재할 사람도 없었다. 이에 가선 홍덕은 이 절의 큰 스님으로 그 책임권을 주어 덕관으로 하여금 두 번째 모연의 주인으로 삼고 통정 언총은 해민의 손자로 선사의 공덕을

애석히 여길 뿐 아니라 또한 인파가 능히 입증됨을 알았다. 별좌 산인 사흘은 일찍이 통도사 사천왕상을 조성할 때 장인과 잘 알아 그를 불러 맡음을 청하고, 무위 간선 통정 조안은 사리를 밝게 통하고 방정하고 도리가 있어 감역의 주재로 삼고, 가선 진열은 응신 호남인으로 부처를 만드는 재주가 특별하여 청하여 중수의 장인으로 삼았다 康熙육십일 임인년 봄 삼월에 시작하여 같은 해 여름 유월에 일을 다 마쳤다 …… 그리고 미륵불 일존의 개금도 동시에 한 까닭은 가선 명학이 시주하였기 때문이다"

즉 이를 종합해 보면 이 불상은 숭정(崇禎)11년(1638) 선덕(禪德)과 해민(海敏)이 비로전을 중창하면서 조성하였음을 알 수 있다. 해민은 1661년 대웅전 석가삼존상의 원문에도 화주인 간선도인(幹善道人)으로 다시 한번 등장하며 이에 대해서는 『범어사지』에도 같은 내용이 적혀 있다. 즉 해민은 17세기 범어사의 재건 불사와 관련된 주요 승려였음이 다시 한번 확인된다. 이후 관음전 관음보살상의 대좌 밑면에 쓰여진 기록인

康熙六十一年壬寅季夏東萊梵魚寺
毘盧佛三尊重修補安于毘盧殿
觀音菩薩二位新造成奉安於觀音殿

을 통해 강희(康熙)61년(1722) 다시 한번 중수되었음을 알 수 있다. 이 보수 작업에는 앞서 언급한 바와 같이 범어사 관음전 불상을 제작한 진열 외에 청우, 청휘, 관성, 옥홀 등이 관여하였다. 이 『중수도금기』의 내용은 『범어사지』에도 비로전 불상의 중수와 조각승에 대해 거의 동일한 내용이 쓰여 있어 기록에 대한 신빙성을 높여준다.
즉, 진열은 관음전 보살상을 제작할 당시 다른 전각의 개금 중수를 담당하였음을 알 수 있다. 비로전의 문수 보현 양협시보살상의 얼굴에 보이는 특징이나 인상이 관음전 보살상과 유사함은 개금당시 어느 정도의 보수가 이루어지면서 가능했

음을 알 수 있다. 즉 진열의 관음상 제작과 비로전 불상의 중수 개금
은 이 시기 조각승들의 역할 그리고 중수 내용 등을 연구하는 중요한
자료라 할 수 있다.

진열의 또 다른 중수 작품은 목포 달성사 지장보살상으로 1565년
향엄(香嚴)이 제작한 작품으로 알려져 있다. 그런데 향엄의 작품은 제주
서산사에 있는 1534년 목조보살좌상에도 남아 있는데 현재 달성사 지
장상의 얼굴과는 다른 치켜진 눈꼬리와 각이 진 눈, 코, 입의 표현에서
다른 모습임을 알 수 있다. 달성사 지장보살상의 얼굴은 오히려 진열
의 작품인 범어사 관음전 보살상의 얼굴과 부드러운 얼굴 윤곽이라든
지 부드러운 눈매, 각이 진 인중, 얇은 입술 등에서 많이 닮아 있다. 즉
중수 또는 개금이란 작업에 대한 의미를 다시 생각해 봐야 되는 사례
로서 개금이나 중수시 목조불상인 경우에도 흙을 이용하여 얼굴이나
신체의 일부를 바꾸는 작업이 이루어졌음을 알 수 있다.

범어사 관음전 목조관음보살좌상 조선 1722년, 부산
달성사 목조지장보살좌상 조선 1565년, 전라남도 목포
서산사 목조보살좌상 조선 1534년, 제주도 서귀포

범어사 미륵전 목조미륵여래좌상. 조선, 부산

범어사의 불교문화

| 미륵전 목조여래좌상 |

범어사 미륵전에 단독불로 봉안되어 있는 목조여래좌상은 전각 내부 향 우측에 마련된 불단 후면에서 향 좌측을 바라보고 있다. 즉 불단 후면에 따로 공간을 마련한 후 상중하 3단으로 구성된 대좌 위에 결가부좌하고 있다.

이 목조여래좌상은 높이가 169cm에 이르는 거구의 불상이며, 무릎 폭에 비해 상체가 길어 전체적으로 이등변삼각형을 이루고 있다. 자세는 등을 곧추 세우고 고개를 약간 앞으로 숙이고 있으나 짧은 목으로 인해 다소 움츠러든 듯한 느낌을 준다. 별조된 양손은 엄지와 중지를 결하고 있다. 불상 전면에는 도금이 두텁게 입혀져 있으며, 결손이 거의 없어 보존 상태는 좋은 편이다. 수인만으로 보면 미륵전 여래좌상은 아미타여래상으로 추정된다. 이 불상이 언제부터 미륵전에 모셔졌는지 그리고 원래부터 미륵전 본존불상으로 제작되었는지에 대해서는 정확하게 밝힐 수 없다.

그런데 범어사현판기문(梵魚寺懸板記文) 중 강희(康熙) 53년(1714) 갑오(甲午)에 문인(門人) 봉상(鳳祥) 스님이 쓴 『미륵조상중수기(彌勒雕像重修記)』에 의하면 미륵불이 목조불임에도 불구하고 임진왜란 후 임인(壬寅) 1602년에 절 마당 좌측 흙 속에서 화를 면한 채 발견되었고, 1638년에 인흡(印洽) 스님이 전각에 모셨으며(蔭閣) 1641년에는 선각(善覺) 스님이 개금하였다고 기록하였다. 이 기문을 그대로 해석하면 현재 미륵전의 미륵여래상은 1602년 이전의 작품으로 16세기 작품일 가능성이 높게 된다.

조선후기 미륵전과 미륵여래상 조성은 그 사례가 매우 적은 편으로 금산사 미륵전의 협시보살상 2구가 대표적이지만 역시 본존불은 후대의 작품이다. 잘 알려져 있듯이 미륵은 미래불을 말하며 여래와 보살 등 다양한 모습으로 제작된다. 고려시대에는 미륵을 주존불로 모시는 법상종의 유행이나 전쟁과 내란이 많았던 혼란한 사회상과 함께 미륵불의 조성이 활발하게 이루어졌다. 그리고 야외에서 신앙하거나 돌을 재료로 하는 대형석조불 조성으로 이어졌다. 조선전기에도 그 전통은 이어져 1412년의 보령 금강암 석조미륵여래좌상의 예는 남아 있지만 그 수는 줄어들게 된다. 조선후기에는 야외용 석조불상의 사례가 더욱 줄어들게 되며 미륵불 또한 다른 도상에 비해 그 수는 매우 적게 남아 있다. 서울 관악산의 1630년 마애미륵불좌상(335cm)이나 1666년의 문경 봉암사 마애미륵불좌상(450cm)은 17세기의 대표적인 미륵불 사례이다. 특히 문경 봉암사 뒷산 암벽에 새겨진 대형 미륵불은 제작연대가 확실하지 않은 작품이다. 다만 『환적당대사행장(幻迹堂大師行狀)』에 의하면 환적(幻迹) 의천(義天)(1603~1690)이 60세 때(1663)문경현 봉암사에 와서 겨울을 지냈는데 일찍이 최치원이 유상(遊賞)하던 곳으로 알려져 있던 절 서쪽 백운대의 맑은 천변에 오장(五丈) 가량 되는 바위 면에 미륵상을 새겼다고 한다. 따라서 이 불상은 1663년 환적 의천스님에 의해 미륵불로 조성된 바로 그 불상으로 추정해 볼 수 있다.[17] 그런데 이 미륵불의 수인은 엄지와 중지를 맞댄 설법인으로 범어사 미륵전의 중품하생 수인 형식과 매우 유사함을 알 수 있다. 따라서 이 수인은 17세기경 경상도 지역에서 제작된 미륵상의 형식을 알 수 있는 중요한 자료가 된다.

봉암사 마애미륵불좌상 조선 1666년경, 450cm, 경상북도 문경

범어사 미륵전 석조대좌 통일신라, 부산

현재 정면에서 보면 잘 안보이지만 불상 밑에는 석조대좌가 놓여 있다. 불상의 하대석 대좌는 통일신라시대 조성된 석조대좌로 추정된다. 상, 중, 하단석으로 이루어져 있으며 모서리부분과 측면 일부가 파손되었으나 대체로 상태는 좋은 편이다. 연화좌 측면에는 능화형 안상이 새겨져 있다. 원래 대좌 위에 있었던 불상은 없어졌지만 범어사에 남아 있는 가장 이른 시기의 작품이며 하대석의 폭이 147cm정도의 큰 대좌로서 원래 불상의 크기도 가늠해 볼 수 있다.

20세기의 범어사 불교조각

범어사는 대웅전의 불상들을 제작하고 그 뒤를 이어 비로전, 관음전의 불상들이 17세기부터 18세기를 거치면서 계속적으로 조성되었다. 범어사의 마지막 재건은 20세기 초반경에 다시 한번 이루어졌다. 즉 나한전의 본존인 석가삼존불좌상과 나한상 그리고 지장전의 목조지장보살삼존상과 시왕상들이 이 시기에 제작되었다.

| 나한전 석가여래삼존좌상과 나한상 |

나한전에는 1905년 석가영산회상도 앞에 석가삼존상이 있으며 그 좌우로 두 구의 입상과 16나한상, 제석천 두 구와 사자 두 구가 둘러싸고 있는 모습이다. 이 25구에 해당하는 존상들은 모두 불석으로 제작되었으며 재질의 특징상 자비롭고 부드러운 모습이다. 먼저 본존불에 해당하는 삼존불에서부터 그 좌우에 있는 존상의 명칭과 특징들을 소개하고 그 특징을 살펴보고자 한다.

본존인 석가삼존상은 중앙의 석가여래를 중심으로 그 좌우에 협시보살인 제화갈라와 미륵좌상이 앉아 있다. 나한전의 석가삼존은 일반적인 삼존인 석가, 문수, 보현보살로 구성되지 않고 제화갈라와 미륵으로 제작되는 것이 일반적이다. 제화갈라와 미륵은 과거와 미래불의 이름으로 제화갈라는 과거 연등불(정광불)의 성도 이전

범어사 석조석가삼존상과 나한상 20세기, 부산

보살의 이름으로 석가와 더불어 삼세불이 된다. 앞서 언급한바와 같이 이들은 여래가 아닌 보살의 모습으로 조형되기 때문에 몸 안에서 발원문이 나오지 않는 경우 이를 확인하기는 어려운 편이다. 조선후기 나한전의 석가삼존의 발원문이 공개 된 경우 문수, 보현은 거의 없고 제화갈라와 미륵으로 적혀 있는 것이 일반적이어서 이 경우에도 제화갈라와 미륵으로 추정해 볼 수 있다.

석가불상은 조선후기의 작풍을 계승한 모습이다. 방형의 얼굴에 정상계주와 중앙계주가 있으며 착의법은 변형편단우견이다. 오른손은 밑으로 내려 항마촉지를 하였으며 왼손은 무릎에서 손바닥을 위로 하여 엄지와 중지를 구부린 설법인이다. 꽃잎 모양으로 접은 승각기는 가슴에서 수평을 이루며 그 밑으로 군의가 보인다.

좌우협시인 제화갈라와 미륵은 보관을 쓴 보살형인데 일반적으로는 좌 제화갈라, 우 미륵으로 구성된다. 이로 보면 좌측에 있는 상이 제화갈라인데 편삼을 입고 그 위에 변형편단우견식 대의를 입었다. 얼굴은 거의 방형에 위로 치켜 올려진 눈에 짧은 코 그리고 도드라진 인중에 얇은 입술에서 본존불과 거의 비슷한 모습이다. 두 손은 무릎 위에 놓은 상태에서 오른손은 위로, 왼손은 밑으로 향해 손가락 전체를 구부렸다. 우측의 미륵은 천의를 입은 점에서 제화갈라와 다른 착의법을 하였다. 양 어깨를 감싸는 숄 형태의 천의를 걸쳤으며 한 자락이 흘러 내려 뒤에서 반원형으로 접히면서 다시 양 손목을 걸쳐 흘러 내린 모습이다. 두 손은 제화갈라와 같은 형식에 반대로 대칭을 이루고 있다. 두 협시상 모두 머리에는 나무로 된 보관을 썼는데 장식이 없이 윗부분만 당초문 장식을 새겼다. 보관 밑으로 머리카락이 있으며 낮은 보계와 어깨에는 여러 가닥의 보발이 보인다. 이와 같이 좌우협시보살상이 각기 달리 대의와 천의식으로 입는 방식은 조선후기 17세기부터 많이 보이는 형식적인 특징으로 이 삼존의 협시보살상 역시 이를 따른 것으로 볼 수 있다.

제화갈라와 미륵의 좌우에는 서 있는 입상 두 구가 보인다. 삼존불의 좌측에는 수염이 있는 나이 든 제자상이 보이며 우측에는 젊은 승려의 모습을 한 아름다운 승려 형상의 제자가 보인다. 이는 가섭과 아난으로 추정된다. 그 좌우에는 각각 8구씩 16나한상이 병렬로 앉아 있으며 그 옆으로 제석천과 판관이 서 있다. 16나한의 각 형상들은 거의 비슷한데 방형의 얼굴에 웃음 띈 유머러스한 분위기를 자아

낸다. 16나한의 배치는 일반적으로 좌측에 홀수, 우측에 짝수의 배치로 이루어지는 것이 보편적이다. 따라서 좌측으로부터 제1, 3, 5, 7, 9, 11, 13, 15존자가 앉게 되며 우측에는 제2, 4, 6, 8, 10, 12, 14, 16존자가 배치된다. 이로 보면 가섭 옆의 머리에 두건을 쓴 나한이 제1존자가 된다. 이 존자는 손에 사자를 잡고 있다. 그 옆의 3존자는 같은 두건에 두 손은 무릎 위에 올려 놓은 자세의 나한이다. 5존자는 역시 두건을 썼으며 오른쪽 무릎을 구부려 손으로 잡고 있는 포슬나한이다. 그 옆의 7존자는 민머리에 옷자락 속에 손을 넣어 감춘 나한이다. 9존자는 손에 천도복숭아를 들고 옷이 늘어져 볼록한 배가 나온 나한이다. 11존자는 역시 배가 나왔으며 손에 호랑이 비슷한 동물을 무릎에 놓은 나한이다. 13존자는 편단우견으로 가사를 입었으며 두 손은 무릎에 놓은 자세이다. 15존자는 민머리에 옷자락 속으로 손을 넣어 감춘 자세의 나한이다. 그 옆으로 제석천이 입상으로 서 있으며 그 옆의 판관은 특이하게 머리에 두건 비슷한 모자를 쓰고 손에는 무엇을 들었던 듯 하나 현재는 없어진 상태이다. 아난다의 옆에있는 제2존자는 웃옷을 완전히 벗은 모습으로 두 손을 무릎에 놓은 자세로 앉아 있다. 4존자는 역시 앉은 자세에 손으로 사자를 잡고 있는 존자이다. 6존자는 머리에 두건을 쓰고 오른쪽 무릎을 구부려 잡고 있는 포슬나한이다. 8존자는 역시 같은 두건을 머리에 썼으며 오른손으로 학을 잡고 있는 나한이다. 10존자는 역시 머리에 두건을 썼으며 손에 호랑이를 어루만지고 있는 복호나한이다. 12존자는 머리에 두건을 쓴 복두의 나한으로 두 손을 무릎에 놓은 자세를 하고 있다. 14존자는 가사 위에 장삼을 입었으며 두 손은 무릎 위에 놓고 한 손은 손가락을 구부려 잡은 민머리를 한 나한이다. 그 옆의 마지막 16존자는 두 손을 옷 속에 넣어 감춘 자세인데 젊은 승려로서 웃는 모습이다. 그 옆의 두 상은 입상으로 제석천과 사자로 제15와 16존자의 옆에 배치된다. 제석천은 머리에 보관을 썼으며 합장 한 자세로 서 있다. 판관 역시 같은 자세인데 얼굴에 비해 신체의 비례가 매우 짧아 어색한 모습이다.

제석천과 사자(使者), 판관 그리고 신장상이 함께 있는 경우도 있는데 이들은 호법신중이므로 불법을 수호하는 나한과 함께 등장하지만 위계는 나한의 뒤 이므로 가장 바깥쪽에 배치된다. 조선후기에는 사자의 경우 감재나 직부사자로 명기된다.

사자는 원래 명부전(지장전)의 지장상에 등장하는 권속인데 죽음까지도 포괄하는 나한신앙의 성격에서 차용된 도상이다.

이상에서 16나한상의 현상을 소개하였다. 각 나한들은 손에 사자나 호랑이, 학과 같은 동물을 잡고 있는 예가 많았으며 천도복숭아를 든 나한도 보인다. 사자나 호랑이 등의 맹수들을 손으로 잡거나 쓰다듬고 있는 모습의 나한은 무서운 짐승을 굴복시킨 나한의 위력을 상징적으로 표현한 것이다. 원래 16나한의 제1존자는 빈도로존자로서 신통력이 뛰어난 제자로 알려져 있다. 제11 라후라존자는 석가모니의 아들로 알려져 있는데 매우 박식하고 경(經)과 율(律)에 뛰어 났다고 한다.[18] 그러나 각 존자의 순서와 배치는 일정하지 않아 정확한 이름들은 확인하기 어렵다.

이와 같이 범어사 나한전의 나한상은 입상의 아난과 가섭 그리고 그 좌우에 있는 16나한 등 18명으로 구성되었다. 아난다와 가섭은 원래 석가불의 2대제자로서 부처 좌우에 서 있는 모습으로 많이 제작된다. 18나한은 『불조통기』의 기록을 근거로 한다.[19] 16나한 외에 가섭과 군도발탄을 포함하여 18나한이라는 것이다. 가섭은 석가 보다 나이가 많았던 노비구로서 석가의 열반시 의발을 전수받고 결집을 주관했던 제자이다. 또한 미륵이 도래할 때 석가의 의발을 전해주는 수기를 받은 존자이기도 하다. 군도발탄 역시 몸을 변화하는 능력이 한량없는 존자로 알려져 있다. 그러나 범어사 나한전의 입상 제자는 가섭과 군도발탄 보다는 가장 일반적으로 표현되는 석가의 제자 가섭과 아난으로 추정된다.

16나한이란 현장(602~664)에 의해 654년 한역된 법주기에 처음 등장한 이래 각 나한들이 가진 신통력과 공덕심에 의해 가뭄이나 재난 시 이를 구제해 줄 것이라는 믿음과 더불어 대중적인 신앙으로 널리 유행하게 된 도상이다. 나한은 Arhat의 줄인 말인데 부처님의 제자들 중 깨달음을 얻은 자로서 열반에 들지 않고 이 땅에서 불법을 수호하고 중생을 이롭게 하는 자들을 말한다. 일반 승려와 같은 인간적인 면모를 지녔으면서도 오랜 수행으로 깨달음을 얻어 신통력이 많은 점이 특징이다. 이런 점이 반영되어 나한상은 구속이 강한 불보살과는 달리 신통력과 인간적인 면모가 강조되면서 각 시대 국적에 따른 독특한 특징들은 물론 다양한 표현력을 가지는 장점이 있다.

중국의 경우 오대 이후 16나한에 대한 신앙이 증폭되면서 그림이나 조각으로 제작된 많은 사례가 남아 있다. 전각에 그대로 남아 있는 경우에는 대체로 석가여래 삼세불이나 석가삼존불이 중앙에 있고 그 좌우에 각 8구씩의 나한상이 병렬로 앉아 있게 된다.

우리나라에서는 통일신라부터 제작되었을 것이나 현존하는 작품은 거의 없다. 고려 이후 좀 더 적극적으로 나한제라든가 오백나한제가 국가적인 대사찰에서 자주 열리면서 나한신앙이 더욱 유행하였다. 조선시대에는 나한신앙이 크게 성행함에 따라 이에 따라 이를 모신 응진전이나 나한전도 독립된 주요 전각으로 자리잡게 된다. 조선 후기의 나한상은 매우 많은데 그 중 전라남도 구례 송광사 응진전의 1624년에 제작된 목조석가삼존상과 16나한상이 대표적인 작품이다. 송광사 목조석가삼존상은 좌상의 석가와 입상으로 서 있는 제화갈라, 미륵으로 구성되었다. 그 측면에는 바위에 앉거나 서서 수행하는 모습의 16나한상이 각각 8구씩 양 옆에 병렬로 앉아 있다. 살이 없는

송광사 목조석가여래삼존상 조선 1624년, 전라남도 순천

마른 얼굴에 희고 긴 눈썹, 푸른색의 장삼을 걸친 모습에서 공통적이며 생각에 잠기거나 등을 긁기도 하며 머리를 기대는 등 자유로운 모습이다. 지물들의 표현도 다양한데 무릎 꿇은 호랑이, 용과 화염, 향로와 합, 금강령과 금강저, 반에 담겨진 천도 등을 들고 있다. 질감이 살아 있는 암좌의 표현과 자유로운 자세에 우수한 표현력이 돋보인다. 이상과 같이 우리나라의 나한전 도상은 중국과는 다른 석가, 제화갈라, 미륵의 시간적 삼세불인 삼존불을 본존으로 모시는 점에서 차별성을 보인다.

이상과 같이 범어사 나한전의 16나한상도 전반적으로 우리나라 나한상의 특징을 따르고 있음을 알 수 있다. 다만 불석이라는 재료 때문인지 원만한 얼굴에 좀 더 부드러운 양감이 돋보인다. 조선후기의 나한상들과 비교하면 복두의 나한이 유난히 많다든가 지물이 적은 점 등에서 전통을 그대로 따르지는 않은 것으로 보인다.

| 재료와 기법 |

범어사 나한전과 팔상전에 봉안되어 있는 불교조상들은 모두 불석을 재료로 한 작품들이다. 불석은 변성암으로 수억 년전의 화산재가 쌓여서 굳어 돌이 된 것으로 흰색을 띠며 때로는 푸른빛을 발하므로 옥석(玉石)이라고도 부른다.[20] 경주지역에 산지가 있어 경주옥석이라고도 부른다. 불석은 물에 2개월 이상 담가 두었다가 조각을 하며 다시 마르면 원래의 색으로 환원된다고 한다.[21] 돌이 물러 화강암을 조각할 때 처럼 장을 이용하여 쪼는 것이 아니라 밀어 벗겨내듯이 조각하기 때문에 표면이 매끄럽고 부드러운 점이 특징이다.

불석을 재료로 한 불상들은 명문불상에서 볼 때 가장 이른 작품이 1684년의 전라남도 순천 송광사 불조전의 석조여래상과 나한상으로 조선후기 17세기부터 제작하기 시작하였던 것으로 생각된다. 이 석조상들은 전라도의 10여점, 충청도 2점, 강원도 1점을 제외하면 거의 경상도 지역에 밀집되어 있는 점이 특징으로 약 100여 구 정도 남아 있다.[22] 즉 이는 재료의 산지와 관련 된다고 본다. 현재까지도 불석은 경주 불석으로 통용되는데 이는 경주 기림사 일대에서 채취되는 돌로 알려져 있다. 불석은 비석(沸石) 또는 부처를 만든다는 의미의 불석(佛石)으로 쓰이며 산지에서는 돌

복천사 석조여래좌상 1922년, 부산 영도구

2장 범어사의 불교조각

천마사 석조여래좌상 20세기, 충청남도 계룡

범어사의 불교문화

도 아니다 라는 의미에서 불석(不石)으로 쓴다고 한다.

경상도 지역에서 발견되는 가장 시대가 떨어지는 작품은 1922년 영도 복천사에 전하는 석조여래좌상이다. 영도 복천사 석조여래좌상 상의 저면에 "應化二九四九 造成比丘玩虎"라는 명문이 적혀 있어 완호라는 조각승에 의해 1922년에 조성되었음을 알 수 있다.[23] 충청남도 계룡시 천마사에 있는 석조여래좌상도 부산시 구포에 거주하는 장인이 만들었다고 전하는데 같은 재료로서 비슷한 장소와 시기에 조성된 것으로 추정된다.

즉 이를 종합해 보면 불석은 처음 경상북도를 중심으로 유행하였던 불상 재료였으며 이후 이 지역을 중심으로 계승되면서 발전해 왔던 것을 알 수 있다. 이러한 전통은 20세기 초반 까지 이어져 부산 지역을 중심으로 불상의 재료로 계속 쓰였음을 알 수 있어 다른 지역과 구별되는 지역적 성격이 강한 재료임을 알 수 있다.

범어사 불상조각의 특징 및 중요성

범어사의 대웅전, 비로전, 미륵전, 관음전에는 17세기에서 18세기에 해당하는 불상들이 봉안되어 있다. 대웅전 불상을 제작한 화사는 희장이며, 관음전은 진열을 비롯한 조각승들이 참여하였다. 진열은 비로전의 개금 중수 등도 맡아 범어사 재건에 깊이 관여했던 승려였음을 알 수 있다. 대웅전 석가삼존상을 조성한 희장은 청헌과 승일 밑에서 불상 제작에 대한 일을 배웠지만 이후 부산과 경상도 지역을 중심으로 자신만의 독특한 특징을 만들었다. 넓은 어깨와 무릎에서 오는 안정감있는 장대한 체구, 방형의 얼굴이지만 미소가 있는 부드러운 얼굴 모습, 단순하면서도 내려올수록 넓게 퍼지면서 흘러 내린 옷자락과 주름은 같은 시기 무염이 만든 강원도 속초 신흥사 목조아미타여래좌상과도 비교되지만 온화하면서도 속도감 있는 조형성에서 차별되는 희장만의 색다른 특징들이다.

관음전은 광해군 5년(1613)에 묘전(妙全)이 중창하고, 1721년 흥보(興寶)에 의해 다시 중건하였으며 1722년 관음보살상이 진열에 의해 제작되었다. 진열은 범어사 관음전 보살상 이외에도 18세기 전반기에 해당하는 1706년 곡성 서산사 목조관음보살좌상, 1713년 노적사 극락보전(현재 고양 상운사 소장)의 목조아미타삼존상 등이 발견되었다. 범어사 관음보살상은 기존의 상들에 비해 복잡하면서도 화려한 장식들이 돋보이며 특히 옷자락의 흘러 내림이나 주름 등에서 새로운 특징이 발견된다. 가슴의 화패장식이나 복갑 등은 17세기부터 계승되는 특징으로 두 팔의 천의자락과 무릎 앞에서 S형으로 흘러 내린 옷주름은 매우 독특한 모습이다. 무릎 밑 옷자락의 표현은 이후 상정이나 봉현 등 18세기 후반기에 활동한 작가들에게 까지 크게 영향을 미치게 된다.[24]

범어사 나한전과 팔상전 등에 모셔진 불상들은 20세기를 대표하는 불상들이다. 이 불상의 재료는 불석으로 경상도 지역에서 특히 유행한 재료이다. 불석은 조선후기 17세기 이후 유행하였으며 약 100여점 정도의 상들이 남아 있다.[25] 이 전통은 20세기 까지도 이어지는데 이 시기에 제작된 범어사 불상들이 남아 있어 재료에 따른 경상도의 지역적 특징은 20세기까지 계승되었음을 알 수 있다.

현재 범어사의 대웅전, 나한전, 팔상전에 모셔진 본존불은 모두 석가삼존상이다. 대웅전에는 석가불과 제화갈라, 미륵보살로 이루어진 석가삼존이며, 나한전 역시 석가, 제화갈라, 미륵으로 추정된다. 팔상전 역시 석가불이지만 이 경우 복장물이 없어 정확한 존명을 알기는 어렵지만 문수와 보현보살을 협시로 하는 석가삼존일 가능성이 높다고 본다. 이와 같이 범어사의 각 전각에 모셔진 석가삼존은 각기 다른 시대에 제작된 작품들이다. 17세기인 1661년 대웅전 석가삼존, 20세기의 나한전과 팔상전 석가삼존 들은 각기 몇 백년의 차이가 나지만 대웅전 석가불과 나한전 석가불좌상은 같은 형식을 보인다. 대웅전 석가불상은 전형적인 조선후기의 항마촉지인 형식을 따르고 있다. 오른손은 무릎 밑으로 내렸으며 왼손은 무릎에 대고 손바닥을 위로 하여 엄지와 중지를 댄 설법인이다. 이러한 항마촉지인 수인 형식은 고려말기부터 시작하여 조선전기에 정형화되었으며 조선후기 역시 이를 계승하여 정착된다. 이는 고려말 원을 통해 새롭게 들어 온 항마촉지인의 석가불 형식에 왼손을 결하며 아미타불로 새롭게 조형화시킨 것에서 시작되었다. 이후 다시 석가불로 제작되는 항마촉지인 불상이 이를 따르면서 보편화된 것이다.[26]

팔상전의 석가삼존상 역시 같은 수인 형식을 보인다. 그러나 오른손은 내리지 않고 무릎에 대었으며 왼손은 위의 석가불상의 수인과 위치는 같지만 엄지와 중지를 대지 않고 단순히 다섯 손가락을 모두 구부린 형상에서 차이를 보인다. 이는 수인에 대한 이해 없이 단순하게 모방하면서 나타나는 현상이 아닐까 생각된다.

대웅전 양협시보살은 제화갈라와 미륵보살이다. 제화갈라와 미륵을 협시로 한 석가삼존상이 대웅전에 봉안되는 경우는 숭정연간의 여수 흥국사 석가삼존상과 더불어 범어사 대웅전 석가삼존상이 거의 유일한 사례가 아닌가 생각된다. 양 협시보살인 제화갈라, 미륵의 석가삼존상은 나한전 석가삼존상에서도 보인다. 그러나 제화갈라, 미륵의 형식은 시기적인 차이 때문인지 다르다.

이와 같이 제화갈라와 미륵은 도상적으로 뚜렷하지 않은 점이 특징이다. 입상이나 좌상 등 자세도 자유로우며 잡고 있는 지물도 연화가지 등 일반적인 형식을 따르고 있어 역시 뚜렷하지 않다. 그 존명은 발원문이나 명문을 통해 확인할 수 있을 뿐이다.

나한전의 16나한상은 정확한 제작연대는 알 수 없다. 다만 같은 전각에 있는 1905년의 나한도가 있어 비슷한 시기에 제작되지 않았을까 생각된다. 특히 나한전 존상들의 재료가 불석이며, 복천사의 불상과 불화를 제작한 완호스님이 범어사에 머물렀고 불석을 잘 다루었던 사실과 함께 앞으로 복장물의 출현이 기대되는 작품이다.

나한상은 17세기 이후 제작된 많은 작품이 남아 있어 풍부한 자료를 제공해준다. 나한은 자신의 신체를 변화시키거나 수명을 연장하기도 하는 등 신통력을 발휘함으로서 다양한 모습으로 나타난다. 처음에는 승려들에 대한 존경심에서 존상들이 제작되지만 점차 경전이나 도상집들이 만들어지면서 조직적이고 획일화된 도상으로 조성된다. 우리나라에서는 통일신라부터 제작되었을 것이나 현존하는 작품은 거의 없다. 고려 이후 좀 더 적극적으로 나한제라든가 오백나한제가 국가적인 대사찰에서 자주 열리면서 나한신앙은 더욱 유행하게 된다. 조선시대에는 나한신앙의 유행과 더불어 이를 모신 응진전이나 나한전도 주요 전각으로 자리잡게 된다.

다음은 재료적 특징이다. 대웅전의 석가삼존불상을 비롯해서 17~18세기에 제작된 작품들은 대부분 나무이다. 반면 20세기에 들어 와서 조성된 작품들은 모두 불석으로 뚜렷한 특징을 보인다. 나무는 소나무, 은행나무 등을 사용하며 통목조나 접목조기법으로 만드는 것이 일반적인 방법이다. 불석은 경상도 지역의 특성을 반영한 대표적인 재료이다.

마지막으로 현재 범어사 성보박물관에 소장되어 있는 목조불감 한 구를 소개하고자 한다. 현재 본존불은 없어졌으며 양 측면의 내면에 인왕상만 남아 있는 불감으로 원래의 봉안처는 정확하게 알 수 없다. 불감의 전체 높이는 44.2cm이며 폭 33.5cm, 측면너비 23cm로서 불감의 외면은 고르게 흑칠하였고 전면부에는 금박을 입힌 자국이 남아 있다. 불감의 문을 열면 내면에는 옻칠과 주칠로 덧칠되었고 상은 개금된 상태이다.

불감의 전체 모습은 팔각에 다리가 달린 기단부와 문비가 달린 몸체부분 그리고 뚜껑 등 세 부분으로 나뉘어 있다. 몸체부분은 중앙에 불상을 모시는 감과 인왕상이 있는 측면으로 구성되었으며 상하 두 개의 경첩을 달아 여닫을 수 있는 구조이다. 우측 윗 경첩은 소실되어 근래에 새로 보강한 것인데, 사각의 장석을 부착하고 고리를 달아 열수 있게 하였다.

지붕은 편평한 팔각으로 둘레를 깎아 약간 솟아 있는 형태이며 팔각의 꼭지점을 따라 지붕선이 각 모서리에서 대각선으로 내려와 끝에서 약간의 반전을 보인다. 지붕의 중간 부분에는 돌대를 둘러 입체감을 살렸다. 불감의 내부 천정은 앞으로 나올듯한 자세로 고개를 내민 운룡을 조각하고 화려하게 채색하였는데 실제 전각의 닫집을 연상케 한다. 현재 중앙감실에 봉안되었던 본존불상은 남아 있지 않으며 양 측면 감실에 좌우대칭으로 서 있는 인왕상만 남아 있다. 인왕상은 반원형 기단위에 정면을 바라보는 입상으로 권법 자세에 머리는 상투를 틀어 연화형으로 장식하여 묶었으며 벗은 상체에 밑으로 군의와 묶은 띠매듭이 길게 흘러내렸다. 표면에는 채색과 개금 흔적이 남아 있다.

이러한 목제 불감은 조선후기인 17세기에 크게 유행하는 형식이다. 명문이 있

목조불감 조선, 범어사 성보박물관
목조불감의 천정 용조각 조선, 범어사 성보박물관

는 불감으로는 1637년의 현윤(玄允)에 의해 제작된 동국대학교박물관 소장 목조불감, 광양 상백운암 소장이었으나 현재는 소장처가 확실하지 않은 1644년 목조불감 그리고 색난(色難)과 득우(得牛)가 제작한 1689년 한국불교미술박물관 소장 목조불감 그리고 일본 고려미술관 소장 목조불감 등이 남아 있다. 그리고 범어사 불감을 포함한 정확한 제작연대가 없는 10점 정도의 목조불감이 전한다. 이 불감들은 거의 모두 아미타불상을 본존불로 모신 예가 대부분이며 예외적으로 17세기의 국립중앙박물관 소장 불감은 관음과 용왕, 선재동자를, 월정사 목조불감의 경우 지장과 도명존자, 무독귀왕을 모신 사례가 전할 뿐이다.

이 가운데 44cm의 범어사 불감과 가장 비슷한 전각형의 불감형식은 1689년 제작의 일본 교토 고려미술관 소장(48.5cm)과 구인사 소장의 목조불감(31cm)이며, 인왕상은 1684년의 흥국사 인왕상과 날리는 천의자락에서 비교된다. 따라서 범어사 불감 역시 비슷한 시기인 17~18세기경의 작품으로 추정된다.

1) 이 불상의 경우 나발의 성분은 육안으로 정확하게 파악하기 어렵다. 다만 조선후기에는 고려시대에 사용된 송진이나 밀납 보다는 흙(토분)을 더 많이 사용하였을 것으로 추정된다. 정은우, 「용문사 목조아미타여래좌상의 특징과 원문분석」, 『미술사연구』22, 2008, pp.107~109.

2) 이희정, 「기장 장안사 대웅전 석조삼세불좌상과 조선후기 석조불상」, 『문물연구』14호, 동아시아문물연구재단, 2008, pp.137~160.

3) 시기별 조각승에 대해서는 정은우, 「불교조각의 제작과 후원」, 『불교미술, 상징과 염원의 세계』, 국사편찬위원회, 두산동아, 2007, pp.187~190.

4) 조선시대 조각승들에 대한 이름 목록과 발원문에 대해서는 최선일, 『朝鮮後期僧匠 人名辭典 -佛敎彫塑』, 양사재, 2007 ; 송은석, 「17세기 조선왕조의 조각승과 불상」, 서울대학교 박사학위논문, 2007 참조.

5) 최선일, 『조선후기 조각상의 활동과 불상 연구』, 홍익대학교 박사학위논문, 2006. 6, pp.91~92.

6) 승일에 대해서는 이분희, 「조각승 승일파 불상조각의 연구」, 『강좌 미술사』26, 2006, pp.83~110

7) Kim, Lena, *Buddhist Sculpture of Korea*. Elizabeth, N.J. & Seoul: Hollym, 2007, pp.161~184.

8) 이희정, 「조선 17세기 불교조각과 조각승 청헌」, 『불교미술사학』3, 2005, pp.159~180.

9) 이희정, 「부산 범어사 대웅전 목조석가여래삼존불좌상과 희장의 조상」, 『문물연구』12, 동아시아문물연구재단, 2007, pp.186~187.

10) 이는 박원구·김요정 외, 「목조불상 수종의 변천: 전라도 지역을 중심으로」라는 주제로 2009년 연륜연대와 미술사 학술대회에서 발표된 내용이다.

11) 소조상의 제작기법에 대해서는 전경미, 「조선후기 호남 북서부지역 소조상 제작기법 및 보존에 대하여」, 『강좌미술사』32, 2009, pp.179~205.

12) 불대사 삼세불상 중 석가불은 현재 서울 지장암에 봉안되어 있다. 문명대, 「서울 지장암 장 불대사 목석가불상과 희장작 불대사 석가삼세불상의 복원」, 『강좌 미술사』31, 2008, pp.231~246.

13) 정은우, 「17세기 조각가 혜희와 불상의 특징」, 『미술사의 정립과 확산』, 2006, pp.152~175 참조.

14) 혜희의 작품과 그 특징에 대해서는 정은우, 위의 논문, 『미술사의 정립과 확산』, 2006, pp.152~175 참조.

15) 진열에 대해서는 최선일, 「고양 상운사 목조아미타삼존불좌상과 조각승 진열」, 『미술사학연구』244, 2004. 12, pp.171~193을 참조하였다.

16) 최선일, 위의 논문, 『미술사학연구』244, 2004.12, pp.177~180.

17) 손영문, 「고려시대 용화수인 미륵도상의 연구」, 『미술사학연구』252, 2006. 12, pp.146~147.

18) 16나한의 성격에 대해서는 신광희, 『한국의 나한도 연구』, 동국대학교박 사학위논문, 2010.

19) 신광희, 위의 논문, 동국대학교박사학위논문, 2010.

20) 이희정, 「기장 장안사 석조삼세불좌상과 조선후기 석조불상」, 『문물연 구』14, 2008, pp.153~161.

21) 문년순, 『금어당완호의 예술세계와 영도 복천사』, 동국대학교 문화예술 대학원 석사학위논문, 2007, pp.85~86.

22) 이희정, 앞의 논문, 『문물연구』14, 2008, pp.153~161 참조.

23) 문년순, 앞의 논문, pp.86~92; 이성혜, 「복천사, 불모와 불화소에 대한 기억과 흔적」, 『복천사의 역사와 문화』, 경성대학교 부설 한국학연구소, 2008, pp.71~76.

24) 최선일, 앞의 논문, 『미술사학연구』244, 2004.12, pp.188~189 참조.

25) 이희정, 「기장 장안사 대웅전 석조삼세불좌상과 조선후기 석조불상」, 『문물연구』14, 동아시아 문물연구재단, 2008, pp.137~160.

26) 정은우, 「조선후반기 조각의 대외교섭」, 『조선후반기 대외교섭』, 2007, 예경, pp.190~192.

범어사의 불교회화

금정산을 배경으로 입지한 고찰 범어사는 화강암 돌기둥의 독특한 일주문을 들어서기 전에 고졸하고 낭만적인 분위기를 자아낸다. 경내에는 고대 석조유물을 비롯해 근대에 이르는 다양한 불교문화재가 전해 오고 있다. 그 중에서도 주불전인 대웅전 전각의 네 벽면과 천정에는 부처님을 그린 퇴락한 벽화와 단청들이 온전하게 남아 있어 고색창연한 분위기를 더해주고 있다. 이같은 벽화 외에도 각 전각 안에는 족자나 액자 형태로 걸려있는 불화를 만날 수 있다. 그리고 사찰내 성보박물관에도 전시되어 있는 불화를 접할 수 있다.

불화는 부처님의 가르침이나 경전의 내용을 상징적으로 표현하거나 압축된 내용을 담고 있다. 불화는 용도에 따라 수미단에 안치된 불상의 뒷면에 예배의 대상으로 현괘된 예배용, 전각의 천정이나 포벽에 그려진 장엄용, 의식을 행하기 위해 사용된 의식용, 가르침을 주는 교화용 등으로 나누기도 하나[1] 엄격하게 구분되는 것은 아니며 서로 관련성을 지닌다.

그리고 불화 가운데 예배자를 향해 본존상을 크게 부각시켜 그린 예배화 성격이 강한 그림이 있는 반면, 시간의 축에 따라 스토리가 전개되는 도해적 성격이 강한 불교설화 그림도 있다.

불화 그림 속의 주체는 존상에 따라 여래, 보살, 천부, 나한, 그 외 권속들이 있다. 이 존상들은 단독으로 그려지는 경우도 있으나 그룹으로 등장하는 경우도 많다. 범어사 불화들은 대개 18~20세기에 제작된 작품들로, 석가 · 약사 · 아미타여래를 비롯하여 관음 · 심장보살, 신중, 나한 등이 주류를 이룬다. 이같은 불화들을 먼저 전각별로 살펴보고, 이어 성보박물관에 소장된 대표적인 불화들을 살펴보기로 한다.

대웅전의 벽화

벽화의 분포 현황과 특징[2]

범어사 대웅전은 불교문화재의 보고(寶庫)로, 수미단 위에는 조각승 희장(熙藏)이 1661년에 조성한 목조 석가삼존불좌상이 봉안되어 있고, 그 뒤 벽체에 1882년작 기전(琪銓)의 영산회상도, 좌우측벽에 삼장보살도와 신중도가 각각 걸려 있다. 전각 내 좌우 측벽(동서측)과 전후 벽면(남북측), 천정부에는 다양한 도상이 그려져 있다.[3] 2009년 7월에 단청 모사 작업이 진행되어 다행히 근거리에서나마 벽면을 구체적으로 살필 수 있었다. 벽체는 먼지가 많이 낀 상태로 오랜 세월동안 채색의 퇴락과 박락이 보이며, 심지어 벽체에 균열자국이 진행되고 있었다. 그럼에도 불구하고 벽화의 도상은 비교적 양호한 상태로 잘 남아 있었다.

대웅전 벽화는 전각의 내부와 외부의 벽체 위에 그림을 그린 토벽화와 천정의 목조 부재에 그린 판벽화 등 총 66면의 벽화가 존재한다. 전각내 벽면의 위치에 따라 좌우 측벽(동서측), 전후 벽면(남북측)의 포벽 및 내목도리 윗벽 등에 그려져 있으며, 외부에는 좌우측면에 그려져 있다. 수미단 좌측벽의 경우, 벽체의 균열이 약사불의 두부 위쪽부터 연화좌 아래쪽까지 진행되었으며, 우측 벽은 아미타불과 백의관음상의 안면부 채색이 대부분 박락되어 벽체의 황색 바닥면이 노출된 상태였다.

| 전각내 동서측 여래삼존도 |

수미단의 좌측면(동측)과 우측면(서측) 벽화는 각각 7점이 상호 대칭을 이루며 마주 배치되어 있다(표1 참조). 좌측면은 중앙 칸의 상단에 약사삼존도 1점, 그 위쪽에 천녀탄주비파도 1점이 그려져 있고, 앞쪽 퇴칸의 포벽에 백의관음도 1점, 그 위쪽 상벽에 여래도 1점, 뒤쪽 퇴칸의 포벽에 여래도 1점, 그 위쪽 상벽에 여래도 1점, 퇴칸 아래 창방에 운룡도 1점이 배치되어 있다. 맞은편 우측면에는 중앙 칸의 상단에 아미타삼존도 1점, 그 위쪽에 천녀헌주도 1점이 그려져 있고, 앞쪽 퇴칸의 포벽에 혜가단비도 1점, 그 위쪽 상벽에 여래도 1점, 뒤쪽 퇴칸의 포벽에 여래도 1점, 그 위쪽 상벽에 여래도 1점, 퇴칸 아래 창방에 운룡도 1점이 배치되어 있다.

범어사 대웅전 좌측벽(동측)

범어사 대웅전 우측벽(서측)

범어사의 불교문화

표1. 범어사 대웅전내 좌우측(동서측) 벽화 현황 및 배치

위치	좌측벽(동측)	우측벽(서측)
중앙칸 상단 위쪽	天女彈奏琵琶圖	天女獻珠圖
중앙칸 상단	藥師三尊圖	阿彌陀三尊圖
앞쪽 퇴칸의 포벽	白衣觀音圖	慧可斷臂圖
앞쪽 퇴칸의 포벽위 상벽	如來圖	如來圖
뒤쪽 퇴칸의 포벽	如來圖	如來圖
뒤쪽 퇴칸의 포벽위 상벽	如來圖	如來圖
뒤쪽 퇴칸 아래 창방	雲龍圖	雲龍圖

먼저, 좌측벽(동측)의 약사삼존도는 약사유리광 정토세계의 주존인 약사여래가 벽면 중앙에 오색 방광으로 표현된 연판형 광배를 배경으로 연화좌에 결가좌한 모습이다. 오른손은 가슴 위로 올려 제1지와

범어사 대웅전 **약사삼존도** 조선 18세기, 토벽채색, 264×440cm, 부산

4지를 구부렸으며, 왼손은 복부 앞에서 약함을 쥐고 있다. 좌우협시 모두 연화좌에 결가좌한 모습으로 중앙 본존을 향하여 몸을 살짝 안쪽으로 틀어 앉은 모습이다. 좌협시는 붉은 태양을 상징하는 원반을 얹은 백련가지를 쥔 일광보살이고, 우협시는 달을 상징하는 백색 원반을 얹은 붉은 연화가지를 쥔 월광보살이 배치되었다. 채색은 주로 적색과 녹색을 사용하였는데, 부분적으로 백색과 황색을 활용하여 전반적으로 안정감을 주고 있다. 그리고 본존 및 좌우 협시보살의 상호 부분은 첨부벽화 형식처럼 되어 있으나,[4] 이것은 후대에 벽체에 종이를 붙이고 상호를 그린 것으로 첨부벽화와는 그 성격이 다르다.

다음 뒤쪽 퇴칸 포벽에는 여래상 삼존을, 그 위 상벽에는 여래 단독상을 각각 배치하고, 앞쪽 퇴칸 포벽위 상벽에는 여래상을 배치하였다. 여래도는 연화좌에 정면을 향해 앉은 여래상으로, 편삼 위에 가사를 걸친 이중착의에 두 손을 모은 공수인(供手印)과 중품하생인(中品下生印)이 각각 보인다. 법의의 채색은 녹색 복견의에 단색 혹은 주색

범어사 대웅전 **좌측벽 여래도** 조선후기, 165.0×152.0cm, 부산
범어사 대웅전 **좌측벽 여래도** 조선후기, 72.5×63.0cm, 부산

범어사의 불교문화

대의가 보이는데, 부분적으로 후대에 보필·보채한 흔적이 역력하다.

다음 앞쪽 퇴칸 포벽은 길이 171센티 정도의 벽면으로, 여기에는 수월관음도가 그려져 있다. 관음상은 바위에 깔린 부들자리에 한쪽 다리를 푼 반가좌 자세로, 착의는 녹색 승각기와 편삼, 주색 군의를 착용하고, 그 위에 두부로부터 백색 가사를 걸친 백의관음상을 상징적으로 표현하였다. 관음의 시선이 머무는 화면 하단 향우측에는 해수면 위로 솟은 연화 위에 관음을 경배하는 선재동자의 모습이 그려져 있다. 관음의 등쪽 뒤로 뻗어있는 바위에는 버들가지가 꽂힌 정병이 놓여있고, 버들가지 위에는 청조 한

범어사 대웅전 좌측벽 백의관음도 조선후기, 171.0×148.5cm, 부산

마리가 앉아 있다. 화면 하단 암벽 아래쪽에는 해수면의 물결과 포말을 묘사하였고, 암벽은 백록 바탕에 담먹선으로 각지게 그리고, 그 위에 조금 더 짙은 먹선으로 태점을 찍어 표현하였다. 그리고 화면 배경의 한 칸에는 대나무, 다른 칸에는 노송을 좌우 대칭적으로 그렸는데, 관음상을 중심으로 주변을 에워싸듯 배치되어 안정감을 주고 있다.

천녀탄주도는 약사삼존도 위쪽에 길이 37센티, 너비 183센티 정도의 중량 판면에 그렸는데, 비파를 연주하며 천공을 나는 단독 비천상을 그린 것이다. 천인상은 사찰 벽화를 장엄하는데 유용한 도상이다. 특히 19세기 후반으로 보는 영월 보덕사 극락보전 벽화의 경우,

범어사 대웅전 좌측벽 중량 천녀탄주도 조선후기, 37.0×183.0cm, 부산

동서측면과 남측면의 빗반자에 각각 5면씩 15점이 그려져 있는데, 여성상이나 동자·동녀상 등 다양한 모습의 천인상이 등장하여 주목할 만하다.[5] 천녀탄주도에 보이는 천녀의 신체는 상반신과 하반신이 허리 부분에서 완전 꺾인 것처럼 'ㄴ'자 모양을 하고 있다. 양손에는 당비파를 껴안은 채 오른손 제3·4지를 구부려 현을 튕기며 연주하고 있다. 착의는 상반신에는 어깨를 감싼 녹청색 천의, 하반신에는 긴 백색 군의와 단색의 단상(短裳)을 겹쳐 입었다. 그리고 두발을 수식한 홍색 끈 장식과 어깨에 걸친 녹색 천의 자락, 군의 뒤로 뻗은 백색 천의 등의 긴 자락이 바람에 흩날리는 모습은 마치 악기의 연주음과 어우러져 리듬을 타는 듯 하다. 가슴 부분과 하반신의 군의는 후대에 개채한 흔적이 보인다. 화면 왼쪽 상반신 여백에는 여의두 형태의 구름무늬를 장식하고 있다.

범어사 대웅전 좌측벽 창방 운룡도 조선후기, 34.0×99.5cm, 부산

안쪽 퇴칸 아래의 창방에 위치한 운룡도는 발가락이 네 개인 용으로, 길게 뻗은 몸체의 나아가는 방향과는 달리 머리를 뒤로 돌려 꼬리 위쪽에 떠있는 여의보주를 향하고 있다. 녹색 바탕에 용의 뿔과 수염은 백색, 몸체는 자색이 가미된 분홍색, 여의보주와 등의 갈기는 홍색을 각각 발랐고, 윤곽은 먹선으로 처리하였다.

　　한편 좌측벽(동측)의 맞은편 우측벽(서측)을 보면, 중앙 칸 상단의 아미타삼존도 역시 오색 방광을 표현한 연판형 광배와 연화대좌, 도상의 표현과 채색 등은 앞서 언급한 약사삼존도와 거의 유사하다. 아미타 정토세계의 교주인 아미타 본존은 오른손은 가슴 위로 올리고, 왼손은 복부 앞에 두어 제1지와 3지를 구부린 중품하생인을 하고 있다. 좌협시 관음은 정면을 향해 오른쪽 다리를 살짝 푼 편안한 자세로 가부좌하였고, 무릎 위에는 오른손을 살짝 걸치고 있다. 착의는 승각기

범어사 대웅전 아미타삼존도 조선 18세기, 토벽채색, 260×440cm, 부산

와 적색 군의에 녹청색 편삼을 걸치고 보관 위에서부터 백군의 가사를 드리운 모습이다. 머리에 착용한 화려한 보관 중앙에는 공수(供手)를 취한 화불이 앉아 있다. 그 외 장신구로는 가슴의 영락과 무릎 아래에 치전장식이 보인다. 오른쪽 배경에는 승반을 갖춘 화려한 정병이 붉은 연꽃 위에 놓여 있다.

우협시인 대세지보살은 본존을 향해 상반신을 안쪽으로 약간 틀어 오른쪽 다리를 살짝 푼 편안한 자세로 가부좌한 모습이다. 오른손은 옥인(玉印)이 놓여진 연꽃줄기를 살짝 쥐고, 왼손바닥으로는 줄기 끝을 받치고 있다. 상반신은 녹청색 천의로 어깨를 감싸고, 하반신에는 적색 군의를 착용하였으며, 허리 부분에 연한 팥자주색의 단상을 걸친 상태이다. 머리에는 화려한 보관을 쓰고, 목과 팔에는 장신구를 착용하였다. 채색은 역시 적색과 녹색을 주로 사용하였고, 부분적으로 백색과 황색을 활용하였다. 안면부 표현은 아미타 본존과 관음상의 경우 거의 박락된 상태인 반면 대세지의 상호는 온전하게 남아 있다. 앞서 언급한 좌측 벽의 약사삼존상처럼 종이를 덧댄 상태는 아니며, 벽체에 직접 그렸다.

다음 여래도는 좌측벽과 거의 동일하다. 뒤쪽 퇴칸 포벽에는 여래상 삼존, 그 위쪽 상벽에는 단독 여래상을 각각 배치하였다. 여래상은 이중착의로 두 손을 모은 공수인과 중품하생인을 하고 있고, 법의는 녹색 복견의에 단색 혹은 주색 대의를 걸쳤는데, 좌측 벽과 마찬가지로 후대에 육신부에 녹색으로 개채한 흔적이 보인다.

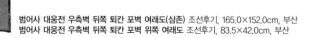

범어사 대웅전 우측벽 뒤쪽 퇴칸 포벽 여래도(삼존) 조선후기, 165.0×152.0cm, 부산
범어사 대웅전 우측벽 뒤쪽 퇴칸 포벽 위쪽 여래도 조선후기, 83.5×42.0cm, 부산

범어사 대웅전 우측 포벽 혜가단비도 조선후기, 171.0×148.0cm, 부산

　그리고 앞쪽 퇴칸 포벽에 그려진 혜가단비도는 암굴을 배경으로
앉은 달마상 앞에 혜가가 자신의 왼쪽 팔을 잘라 건네 바치는 장면이
다. 이 극적인 장면은 달마가 혜가에게 선법을 전하는 상징적인 장면
으로 이외 운문사 비로전, 대원사 극락전, 신륵사 극락전에서 확인되
며, 앞서 좌측벽면의 백의관음도와 대칭을 이루는 혜가단비도 사례
는 범어사 사례 외 운문사 비로전[구 대웅전], 대원사 극락전의 경우를
들 수 있다.[6] 배경의 암벽은 녹색을 칠한 뒤 담먹으로 암벽의 윤곽을
그렸고, 달마와 혜가의 육신은 백색을 바르고 육신선은 단색 선으로
처리하였으며, 달마의 안면의 백색은 거의 박락되어 녹색 바탕이 노
출된 상태이다. 착의는 백색을 바르고 주름선은 꺽임이 강한 단색 선
으로 표현하였다.

　다음 아미타삼존도 위쪽 중량에 그려진 천녀헌주도는 구슬을 바치
는 천녀상을 그린 것이다. 상반신은 여인상이나 하반신은 비늘이 있
는 용의 몸체로 표현하였고, 왼손에 붉은색 여의보주를 쥐고 있어, 아

범어사 대웅전 우측 중량 천녀헌주도 조선후기, 37.5×183.0cm, 부산

마도 용녀의 이미지가 중첩된 것으로 보인다. 머리에는 조선시대 신
장상들이 즐겨 착용하는 깃털 장식의 털모자를 쓰고 있으며,[7] 상반신
에는 적색 상의를 걸치고, 그 위에 자색계 분홍색 천의를 양어깨에 둘
렀다. 특히 아래로 길게 뻗어 내린 천의 자락과 용 몸체의 굴곡이 서
로 어우러져 생동감을 주고 있다. 그리고 머리 위로 둥글게 휘날리는
천의자락 주변으로부터 적색 광염무늬가 발하고, 얼굴 앞쪽에는 여의
두 형태의 구름무늬를 장식하였다. 채색은 전체적으로 박락과 얼룩흔
이 보이나, 천녀의 육신은 백색, 용의 몸체는 황색을 발랐으며, 상반
신의 착의와 용 등 부분의 갈기는 주색을 발라 선명하게 처리하였다.

| 전각내 남북측 포벽화 |
대웅전 정면쪽 전벽(남측)과 반대편 후벽(북측)의 포벽 및 내목도리 위쪽
에 38점의 벽화가 배치되어 있다. 전벽에는 내목도리 위쪽 방형의 벽
체마다 여래도 1점씩 총 10점, 내목도리 아래쪽 포벽마다 역시 여래도
총 10점을 그려, 상하 나란히 여래상을 배치하였다. 수미단이 위치한
후벽에는 중앙 칸을 제외하고 좌우측 내목도리 위쪽 폭 45센티 정도
의 방형의 벽에 여래도 총 6점, 내목도리 아래쪽 포벽에는 여래도 총
10점을 배치하였고, 그 아래 평방에는 운룡도 3점을 배치하였다.

표2. 범어사 대웅전 내부 전후 벽(남북측) 벽화 배치

위치	전벽(남측)	후벽(북측)
내목도리 위쪽 벽체	여래도(공수)	여래도(공수)
내목도리 아래쪽 포벽	여래도(중품하생인)	여래도(중품하생인)
평방		운룡도

범어사 대웅전 내부 전벽(남측) 조선후기, 부산

범어사 대웅전 내부 후벽(북측) 조선후기, 부산

먼저, 전벽(남측) 내목도리 위쪽의 여래도는 폭 45센티 정도의 네모 칸 벽에 그려졌다. 정면향의 여래상이 연화좌에 결가좌한 모습으로 가슴 앞에 위치한 양손은 법의에 가려진 공수이다. 이 공수 여래상과 아래쪽 포벽에 위치한 여래도도 연화좌에 결가좌한 모습이나, 복부 앞에 위치한 왼손은 제1지와 3지를 구부리고, 가슴 위로 들어 올린 오른손은 제1지와 3·4지를 구부린 중품하생의 수인을 취한 모습이다.

수미단 뒤쪽 후벽(북측)의 벽화도 전벽의 벽화와 마찬가지로 동일한 표현 기법이나, 내목도리 위쪽의 여래도는 양손이 법의에 가려진 공수상이며, 아래쪽 포벽의 여래도는 중품하생인의 여래도이다. 이어 후벽 평방의 중앙 칸과 좌우 칸에 위치한 운룡도 3점을 보면, 중앙에 위치한 황룡을 중심으로 좌우 칸 운룡도의 용두와 용신이 중앙을 향해 배치되어 있다.

어칸의 용은 꼬리 위에 위치한 여의보주를 향해 용머리를 획 돌린 형상인데 용의 갈기와 뿜어져 나오는 서광은 주색으로 처리하였다. 용의 몸체는 황색을 발랐으나 비늘은 일체 생략하였다. 좌우 칸의 용역시 황룡으로 어칸의 용신과 표현 기법이 거의 동일하다. 다만 용신 전체가 어칸의 용을 향한 모습으로 용두와 몸체의 선이 굴곡을 이루며 생동감을 살리고 있다. 어칸의 왼쪽 용은 용머리 앞에 토해 놓은 여의보주를 뚫어보는 반면, 오른쪽 용은 여의보주를 왼쪽 발로 꽉 움

범어사 대웅전 북측 평방 어칸 운룡도 조선후기, 부산

켜진채 위쪽으로 치켜올린 형상으로, 변화를 주고 있다. 용 주변에는 여의두 형상의 구름무늬를 장식하여 상서로운 분위기를 자아내고 있다.

| 전각내 천정 부재 벽화 |

　　대웅전 내부 천정의 좌우측 대량의 황룡도 4점, 좌우측 중량의 천녀 및 용왕 그림 등 4점이 각각 그려져 있다. 전체적으로 채색이 바래고 벗겨진 상태로 먼지도 쌓여 도상이 선명하지 않으나, 그 형체는 파악할 수 있다. 각 대량의 좌우면 양측에 그려진 황룡 4점은 수미단 위의 천개부를 향해 용머리가 배치되었고, 용의 몸체는 목부분과 하반부분에 강한 굴곡을 이루며 율동적으로 표현되었다. 육신부는 황색을 바르되 다리 부분에만 먹선으로 비늘무늬를 나타내었다. 용 머리 앞쪽에는 입에서 토해낸 붉은 색의 여의보주가 서기를 뿜고 허공에 떠있으며, 그 외 용 머리와 꼬리 부분의 여백에는 여의두 형상의 붉은색 구름무늬가 어우러져 표현되었다.

범어사 대웅전 대량 운룡도 조선후기, 부산
범어사 대웅전 대량 운룡도 조선후기, 부산

종량의 4점은 천개를 향해, 향좌측 중량의 좌우면에는 천녀탄금도와 용녀헌주도, 향우측에는 천녀도와 현무도가 각각 그려져 있다. 중량도 대량과 마찬가지로 도상들의 두부가 수미단 위의 천개부를 향해 배치되었다. 천녀탄금도는 상반신과 하반신이 허리 부분에서 꺾여 'ㄴ'자상을 이룬 형상으로, 오른손으로 거문고의 현을 튕기며 연주하고 있다. 천녀의 육신부는 백색을 발랐는데 거의 박락되어 나무결이 노출된 상태이나 얼굴의 양쪽 눈 부분은 생경하게 살아있다. 착의는 어깨를 감싼 녹청색 천의에 하반신의 긴 백색의 군의와 단색의 짧은 치마를 겹쳐 입었다. 특히, 두발의 수식 백색 끈 장식과 어깨에 걸친 녹색 천의자락, 군의 뒤로 뻗은 주색 천의의 긴 자락이 리듬을 타고 바람에 흩날리고 있다. 군의 끝자락의 빈 여백에는 청색과 분홍색의 구름무늬를 첨가하여 상서로움을 더해 주고 있다.

반대편의 용녀헌주도는 상반신은 천인상 혹은 공양여인상의 모습으로 여의보주가 담긴 반을 양손으로 받쳐 들고 있고, 하반신은 용의 몸체를 하고 있어 아마도 용녀의 이미지를 표현한 것으로 보인다. 전체적으로 용 몸체의 굴곡과 율동적인 모습에 걸맞게 휘날리는 천의자락과 몸에서 뿜어나는 서기 등은 생동적인 분위기를 연출하고 있다. 천녀의 육신은 백색, 용의 몸체는 황색을 발랐으며, 윤곽은 먹선으로 처리하였다.

범어사 대웅전 중량 용녀헌주도 조선후기, 부산

향우측에 그려진 천녀도와 현무도를 보면, 먼저 천녀도는 채색의 심한 박락으로 인해 나무결이 노출된 상태여서 인물상의 전모는 파악하기 힘드나, 다른 천녀와 동일하게 신체가 'ㄴ'자상으로 꺾인 모습이며, 백색 군의에 녹색 단상을 걸쳤으며, 주색 천의 자락이 길게 나부끼는 모습을 파악할 수 있다. 치마 끝의 여백에는 붉은 색과 흰색으로 윤곽을 두른 여의두 형상의 상서로운 구름무늬가 장식되어 있다.

한편, 반대쪽 면에 거북이의 등과 용의 꼬리가 결합된 형상의 현무도를 연상케 하는 상서로운 동물이 표현되어 있으나, 머리 부분에는 흰 수염이 길게 뻗은 노인이 그려져 있으며, 양손에는 여의보주를 담은 반을 받들고 있는 독특한 도상이다. 용왕으로 판단할 수 있으나 마치 현무도와 같은 육신을 하고 있어 특이한 도상이다. 목에서부터 뻗은 천의 자락이 길게 뻗어 용미 부분까지 날리고 있다. 역시 머리와 꼬리 부분에 여의두 형상의 구름무늬가 장식되어 있다.

범어사 대웅전 중량 현무도 조선후기, 부산

| 전각외벽 동측면 벽화 |

대웅전의 동측면 외벽 평주 사이의 중방 윗벽에는 향좌측부터 백호도 · 매학도 · 송록도가 나란히 위치하고, 그 양쪽에는 문창선인도와 승려도가 위치한다. 대체로 벽체가 갈라지고 채색이 박락되거나 변한 상태로 양호하지 못하다.

범어사 대웅전 외부(동측벽) 조선후기, 부산

　　백호도는 조선후기 출산(出山) 호랑이 그림의 전통을 이은 것으로
소나무를 배경으로 꼬리를 치켜든 호랑이가 역S자상을 이루고 있다.
매학도는 매화를 배경으로 쌍학을 그린 것이며, 송록도는 화면 한쪽
으로 치우쳐 배치된 노송 밑둥 옆에 사슴을 그린 것이다.

　　선인도는 절벽 단애 아래의 해수면에 뜬 연잎에 3인이 그려져 있
다. 문운(文運)을 관장하는 문창성(文昌星)이 펼쳐진 두루마리를 오른손
에 쥐고 왼손에는 붓을 든 모습이며, 그 옆에 역시 한 손에 붓을 든
선인, 피리를 부는 동자상이 배치되어 있다. 착의는 담록 바탕에 비
교적 필치가 활달한 먹선을 사용하였다. 왼쪽 방향으로 확 펼쳐진 두
루마리와 함께 선인들의 의습 자락 역시 같은 방향으로 휘날리고 있
어, 활달한 의습선과 더불어 조화를 이루고 있다. 대칭되는 반대편에
는 둥근 달 아래 염주를 목에 건 민머리의 승려상이 옷깃을 흩날리며
해수면 위를 마치 달려가는 듯한 모습인데, 박락이 심하여 형태를 제
대로 파악하기가 어렵다.

동서측 여래삼존벽화의 조성시기

대웅전내 벽화는 벽체가 높아 구체적인 조사가 어려웠으나, 모두 후대에 여러 차례 진행되었을 단청 수리과정에서 개채 및 보필되었을 가능성이 크다. 조선시대 사찰 벽화는 전각 내 후불탱 혹은 중·하단탱과는 달리 화기를 보유하고 있는 경우가 드물어 정확한 조성시기를 알 수 없다. 범어사 벽화도 예외는 아니다. 그러나 벽화의 도상 및 양식적 특징과 전각의 중수기나 개와(改瓦), 단청 보수 등의 기록을 통해 그 제작 연대를 가늠할 수 있다.

| 범어사의 공역과 대웅전 불사 |

신라 화엄십찰의 하나로 알려진[8] 범어사는 태화(太和) 19년 을묘(乙卯) 신라 흥덕왕(826~836) 때 의상대사(625~702)가 창건하였다고 알려져 있으나,[9] 일반적으로 범어사 창건은 문무왕(661~681) 때 의상대사가 창건하고 흥덕왕 때 크게 중창하였다고 보고 있다.[10] 그러나 현재 범어사 경내에 이 시기에 해당하는 유물은 남아 있지 않다. 다만, 통일신라 양식을 보여주는 석조유물로 대웅전 앞뜰에 위치한 삼층석탑과 석등, 미륵전 전각의 목조불상을 받치고 있는 석조 팔각연화대좌, 원효암의 석탑 등이 남아 전하고 있다.[11] 이를 통해 적어도 범어사는 신라 하대에 존재하였음을 알 수 있다. 이후 그 법맥을 이어오다가 임진왜란으로 말미암아 전소가 되는 국면을 맞이하게 되었고, 복구공사가 이루어지게 되었다.

임란 이후 벽화가 정확하게 언제 조성되었는지 알 수 없으나, 19세기에 이르기까지 대웅전의 상량문과 단확기, 불상 조성기문, 명문기와 등을 통해 그 조성시기를 가늠해 볼 수 있다.

범어사는 임란시 360방사(房舍)가 완전히 불타버리고 이후 10여 년간 폐허로 방치되었다. 선조 35년(1602)에 일부 중건되었다가 다시 화재로 소실되었고, 광해군 5년(1613)에 묘전이 화주가 되어 1613년 가을에 먼저 해회당 3칸을 짓고 이듬해 1614년 7월에 법당 완성을 마쳤다.[12] 이때 사용되었던 만력 42년명(1614) 암막새 자료는 현재 범어사 성보박물관에 보관되어 있다.[13]

이어 숭덕(崇德) 8년명(1644) 암막새, 순치(順治) 7년명(1650) 및 순치 15년명(1658) 암

막새도 발견되어,[14] 1640~50년대에 걸쳐 전각의 개와(改瓦) 작업이 활발히 행해졌음을 짐작할 수 있다. 그런데 대웅전 종도리 묵서명에 의해 효종 9년(순치15, 1658)에 대웅전 공사를 시작하여 같은 해 10월 상량식을 거행한 사실을 알 수 있는데,[15] 이 시기에 이루어진 전각이 지금 대웅전 전각의 기본 틀이 되었을 가능성이 크다. 왜냐하면 이로부터 3년 후 1661년에 조각승 희장을 필두로 총 7인이 참여한 목조 석가삼존좌상이 완성되어[16] 대웅전 예배상으로 봉안되었기 때문이다. 이처럼 전각을 세우고 바로 3년 이내에 불상을 조성하여 안치한 경우도 있지만, 길게는 10~20년 장기간에 걸친 사례도 있다.[17]

이후 1660~90년대에 이르러 공역 사업이 더욱 활발하였다. 강희(康熙) 6년(1667)에 대웅전 전면, 후면 장여 및 박공에 단청기록으로 추정되는 묵서가 발견되었으나,[18] 아쉽게도 묵서 내용을 확인할 길이 없다. 역시 이 시기에도 강희 6년명(1667) 암막새를 비롯하여 강희 12년명(1673) 암막새가 범어사 성보박물관에 소장되어 있어, 전각의 개와 활동이 꾸준히 있었던 것으로 판단된다.[19] 이어 1680년(강희 19)에 중창 공사의 마무리 단계의 수리가 있었음을 대웅전 기단 면석에 새겨진 '강희십구년경신(康熙十九年庚申) 사월일조성(四月日造成)'이라는 조성 기록을 통해 추정할 수 있으며,[20] 1694년에는 해인사의 승인공장(僧人工匠) 출신인 자수(自修) 등이 천왕문을 창건하고, 이어 조계문을 중수하는 공역이 있었다.[21] 이처럼 범어사는 임란 이후 지속적인 공역을 통해 다양한 공사 경험을 축적한데다 승려의 수도 300명을 넘게 되어 공사 인력도 충분히 보유하게 되었다.[22]

1700년대 이후에도 활발한 불사가 이루어졌다. 먼저 1700년에 자수(自修), 명학(明學) 등이 보제루와 종루를 창건함으로써 불전과 요사, 문루 등을 갖춘 대가람의 면모를 갖추게 되었다.[23] 이후 단청과 관련된 불사로서는 대웅전 배면 좌우측 퇴칸 외 3출목 장여 내측면에서 발견된 강희52년(1713) 단확기(丹雘記)를 들 수 있으며,[24] 역시 『범어사지』에서도 1713년에 실시한 단청기록을 확인할 수 있다. 즉, 1658년 중창이 오래되어 부분적으로 중수하고, 서까래의 호화로웠던 단청이 가지런하지 못하여 중창한 것으로 보인다.[25] 이외 1749년에 대웅전 단청을 고친 사례, 1871년의 대웅전 단청 중수 등을 들 수 있다.[26]

이상과 같은 내용을 통해 17세기 전국에 걸쳐 재건 불사가 활발하게 진행되었을 때[27] 범어사도 그 흐름을 같이 하였음을 알 수 있다. 범어사 대웅전은 적어도 1658년에 그 면모를 갖추었고, 이어 1661년에 목조 삼존불좌상을 봉안하였다. 그러나 이 시기에 반드시 벽화도 갖추어 졌다고 보기 어렵다. 대체로 전각 건립 이후 오랜 기간 동안 불사가 이루어지는 경우가 많기 때문이다. 이어 1667년에 대웅전의 단청 공사가 있었던 것으로 보아 벽화 제작에 대한 가능성을 배제할 수 없으나, 당시 묵서 내용을 확인할 길이 없다. 그러나 1713년의 단확기(丹艧記), 1749년의 개단확(改丹艧) 사례 등으로 미루어 18세기 전반에는 벽화가 전각 내 존재하였을 것으로 보이며, 이후 1871년 대웅전 단청 중수를 비롯해 후대에 벽화 및 단청에 대한 개채가 이루어졌을 것이다. 그러나 대웅전 동서측 벽화의 제작 시기는 그 양식적 특징을 통해 보다 더 접근할 수 있을 것이다.

| 대웅전 전각내 도상 구성과 공간 배치 |

범어사 대웅전의 도상에 따른 공간 배치를 살펴보면, 현재 전각의 수미단 위에는 희장(熙藏) 작 목조석가삼존상(1661)이 봉안되어 있고, 그 뒤의 후불벽에는 1882년의 기전(琪銓) 작 영산회상도가 현괘되어 있다. 원래 이 후불벽에는 이전 시기의 석가영산회 벽화 혹은 후불화가 존재하였을 것이다. 그리고 지금 수미단의 좌측벽(동측)의 약사삼존도, 그 맞은 편 우측벽(서측)의 아미타삼존도와 더불어 당시 전각내 '석가-약사-아미타'로 구성된 삼세불회도(三世佛會圖)를 구현하였다고 본다.[28] 여래 3존으로 구성된 삼불회도는 조선 전기에 드물게 보이다가,[29] 조선 17~19세기에 이르러 '석가-약사-아미타'로 구성된 3폭1조 혹은 1폭의 삼세불회도가 괘불화 혹은 후불화로 다수 제작되었다.[30]

범어사 사례처럼 전각내 후불화(벽)와 좌우측벽으로 구성된 삼세불회도의 경우 보기 드문 경우이나, 인근 양산 신흥사에서 동일한 예를 확인할 수 있다. 대광전내 석가삼존상의 후불벽에는 벽체 위에 불화 초본이 발라져 있고,[31] 그 위에 후대에 그린 석가영산회 후불화가 걸려 있으며, 좌측 벽과 우측 벽의 상단에는 약사삼존도와 아미타삼존도 벽화가 그려져 있다.[32] 그리고 양산 통도사 약사전의 내부 동서측

벽에는 약사삼존도와 아미타삼존도가 각각 그려져 있다. 양산 신흥사 대광전의 좌우측벽화의 조성시기는, 대광전이 1657년에 중수되었다는 사실과 벽화의 양식적 특징으로 보아, 중수시기와 간극이 크게 벌어지지 않는 17세기 후반경에는 조성되었을 가능성이 크며,[33] 그렇지 않더라도 18세기 초반을 넘지 않는 것으로 본다. 통도사 약사전의 벽화는 1775년 지언(志言)·안봉(安奉) 등이 그린 약사전 후불화의 불사때 함께 조성된 것으로 추정하고 있어,[34] 사찰 전각내 삼세불회도는 조선 17~18세기 삼세불 후불화의 유행과 더불어 사찰 전각내 전통벽화로 수용되는데 큰 무리가 없었을 것이다.

그리고 삼세불회도 외에 범어사 대웅전 좌측벽 전퇴평방 위쪽 포벽에 백의관음도, 우측 전퇴평방 위쪽 포벽에 혜가단비도가 각각 그려져 서로 짝을 이루고 있다. 백의관음도와 혜가단비도가 대칭을 이루는 벽화 사례로는 18세기 전반에 조성된 것으로 보이는 운문사 비로전과 대원사 극락전의 벽화를 들 수 있다.[35] 한편 19세기 전반에 그려진 남장사 극락보전의 경우, 혜가단비도와 짝을 이루는 벽화는 관음보살도가 아니라 도석인물화이다. 이를 통해 시기가 내려오면서 대칭을 이루는 벽화의 도상에 변화를 엿볼 수 있다.

그 외 대웅전 전후벽면의 내목도리 윗벽과 아래쪽 포벽의 여래도, 좌우측벽 평방 상단 안쪽에 배치된 여래도는 아마도 시방세계의 도상을 표현한 것으로 보이며, 인근 신흥사 대광전내 전후벽면의 배치와 유사하다. 그리고 범어사 대웅전 천정의 대량과 중량의 운룡도, 천녀, 그리고 보상계 당초 길상화문 등은 성계(聖界)인 불전의 천공세계를 가리키는 것이기는 하나, 신흥사의 운룡과 천인도에 비해 장식적 요소와 생동감이 결여되며 다소 평면적인 경향을 보인다.

| 동서측 여래삼존벽화의 양식적 특징 |

대웅전 전각 내 벽화 중 대화면일 뿐만 아니라 충분히 예배화적인 구도와 구성을 갖춘 좌우측벽의 약사삼존도와 아미타삼존도를 중심으로 양식적 특징을 살펴보기로 한다.

먼저, 불보살상을 보면, 상·하반신의 균형적인 인체 표현으로 안정감이 있으

138
범어사의 불교문화

며, 작고 단정한 이목구비, 양감 있는 얼굴 윤곽, 긴장감을 잃지 않는 균일한 굵기의 필선, 다양한 문양의 장식적인 요소 등으로 보아 전체적으로 수준있는 작품이다. 그러나 앞서 도상 개요에서 언급하였듯이 약사삼존상 3존 모두 상호 부분은 벽체에 직접 그린 것이 아니고 벽면 위에 종이를 부착한 후에 그린 것으로 보이며, 반면 아미타삼존상의 경우는 벽체에 직접 그린 것이다.

이처럼 좌측 벽의 벽체에 종이를 첩부한 것은 아마도 벽화 제작 이후 시간이 흐르면서 약사여래와 협시보살의 두부 위쪽에서부터 하반신쪽 아래로 균열자국이 심하게 진행되어, 후대에 벽화 보수 과정에서 불보살상의 상호부분만을 종이로 보완하여 그린 것으로 보인다. 실제 약사여래상의 상호 중 코 부분을 중심으로 오른쪽에 비해 왼쪽 부분의 벽면이 내려앉은 상태이다. 한편 우측벽의 아미타삼존상의 경우에도 역시 벽체에 균열흔이 있으나 다행히 불보살상의 상호부분을 피한 위치여서, 후대에 보수 과정에서 동측벽처럼 불보살상의 상호부분에 종이를 보완하지 않은 것으로 생각한다. 아울러 현재 대세지보살상만 제외하고 안타깝게도 아미타와 관음상의 상호 중 눈·코·입은 물론 육신에 바른 백색안료도 거의 박락되어 밑바탕(下地)의 황벽이 노출된 상태이다. 그러나 10년 전의 벽화사진 자료에서는[36] 아미타와 관음상의 안면부가 살아있는 것으로 보아 아마도 2003년 대웅전 수리과정에서 손상되었을 가능성이 있다.

첫째 여래상의 상호는 면폭(面幅)과 면장(面長)의 비율이 1:1~1.2로 방형에 가까운 둥근 형태이며,[37] 어깨가 처져 내리거나 왜소하지 않고 비교적 넓고 건장한 편이다. 지발(地髮) 위로 비교적 급격하게 솟아오른 육계의 형태는 16세기 후반 불화에서 유사한 형태를 찾아볼 수 있으나,[38] 범어사본의 경우 완만하게 반원형을 이룬 중간계주와 둥근 정상계주를 갖추고 있으며, 일자형으로 정리된 발제선의 중앙에는 '∿' 상으로 장식되어 있다. 이같은 형태는 17세기 전반 불화와는 달리 후반부터 보이는 쌍계사 고법당 영산회상도(1688), 흥국사 영산회상도(1693)에 이어, 18세기 선석사 괘불화(1702), 봉정사 아미타불회도(1713), 기림사 대적광전 삼세불회도(1718), 정수사 영산회상도(1731) 등에 보이는 본존의 두부와 시기적으로 닮아 있다.

범어사 대웅전 약사여래 범어사 대웅전 아미타여래
정수사 영산회상도 조선, 1731년, 마본채색, 135.0×166.0cm, 경상북도 의성

그리고 불보살상의 상호 중 현재 온전하게 남아있는 대세지의 안면은 7~8분면의 측면향으로 백색을 바르고 주묵으로 윤곽을 잡았는데, 얼굴은 통통하게 표현하였다. 양쪽 눈은 윗 눈꺼풀은 짙게, 아래 눈꺼풀은 가늘고 연하게 그렸는데, 특히 윗눈꺼풀의 눈머리 부분을 둥글게 처리하였고, 세필로 속눈썹을 세세하게 그린 것이 특징적이다. 코는 엷은 주선으로 긋되 콧망울을 이중으로 겹치게 묘사하였다. 아래위 입술의 경계에는 수평선상으로 선을 길게 긋고, 양끝 부분은 살짝 곡선으로

범어사 대웅전 아미타삼존도 부분(대세지보살) 조선 18세기, 부산

처리하였다. 측면향의 얼굴은 이마와 뺨으로 연결되는 윤곽선을 1조의 선을 획일적으로 연결하지 않고, 눈두덩에서 옴폭 들어가게 경계를 지어 통통한 뺨을 강조하였다. 목과 삼도 표현에 있어서는 목선과 삼도 첫번째 선을 한 번에 연속적으로 그었다. 이처럼 안면 윤곽의 통통한 양감표현과 눈과 입술에서 보이는 곡선 처리 등이 특징적이다. 특히 둥근 측면향의 얼굴 윤곽과 양감처리, 삼도 표현 등은 적어도 17세기 화엄사 괘불화(1653), 흥국사 영산회상도(1693), 신흥사 대광전 여래 삼존 벽화(17세기)의 보살상의 동그란 상호와 양감 표현의 흐름을 이어받았으나,[39] 긴장감 있는 눈매와 약간 치켜 올라간 눈꼬리, 두 뺨의 팽창감에 있어서 범어사본이 다소 이완된 느낌을 준다. 오히려 18세기 용문사 괘불화(1705), 기림사 대적광전 삼세불회도(1718)에 등장하는 협시 보살상의 측면 얼굴과 그 시대성을 같이 한다. 반면

18세기 중후반경부터 얼굴 길이가 약간 더 길어지는 보살상의 형태와
는 차이를 보인다. 아울러 좌측 벽의 관음보살상과 운문사 관음상과

범어사 대웅전 아미타삼존도 부분(관음보살) 조선 18세기, 부산

매우 흡사하여 이들 벽화 역시 큰 시차를 두지 않고 근접한 시기에 조성되었을 가능성도 제시해 주고 있다.

운문사 비로전 관음보살도 조선후기, 토벽채색, 경상북도 청도

둘째 연판형 광배의 문양에서 시기적 특징을 살펴볼 수 있다. 여래상의 육신을 감싸고 있는 광배(도3·9참조)는 신광과 두광이 구분되지 않은 일체형으로, 커다란 단판계 연판 형태의 광배이다.[40] 내부에는 적색계의 난색과 청색계의 한색을 교대로 배치하여 뻗어나가는 오색 방광을 시각화하였고, 테두리에는 화문과 연주문을 장식하였으며, 가장 외곽에는 적색 바탕에 먹선으로 일렁이는 광염무늬를 묘사하였다. 이같은 일체형의 단독 연판형 광배는 15세기 쥬린지(十輪寺) 오불회도(1467), 무위사 극락전의 아미타삼존벽화(1476)를 비롯하여 동아대학교박물관 영산회상도(1565), 보광사 영산회상도(1569), 오오쿠라집고관(大倉集古館) 아미타불회도(1591) 등과 같은 이중 연판형 광배에 이은 형태로

무위사 극락전 아미타삼존벽화 부분(아미타여래) 조선 1476년, 토벽채색, 270.0×210.0cm, 전라남도 강진

17~18세기에 이르러 일체형의 연판형 광배가 보편적인 형태로 정착한다. 오색 방광 물결 역시 16세기에 이어 17~18세기에 유행한 광배 무늬이다. 그러나 범어사본에서 보듯이 일체형의 연판형 광배의 외곽에 광염무늬가 표현된 독특한 사례는 동화사 아미타불회도(1699), 봉정사 아미타불회도(1713), 정수사 영산회상도(1731)를 대표적으로 들 수 있으며, 일체형 광배가 아니더라도 기림사 대적광전 삼세불회도(1718), 통도사 영산전 영산회상도(1734), 석남사 영산회상도(1736) 등의 본존 신광의 방광 물결과 광

염무늬, 연주문 장식 등과도 매우 흡사하여, 범어사 본의 광배표현은
적어도 18세기 초~전반 작품사례와 공통점을 지닌다고 할 수 있다.

셋째 아미타의 좌협시 관음보살상, 좌측 포벽의 수월관음상의 정
병에서도 시기적인 특징이 간취된다. 정병의 견부가 둥글게 처진 형
태로 견부와 저부 폭의 체감률이 완만하고, 견부·통체부·저부에
각각 연주문 혹은 선조식의 띠 장식이 들어가 모두 삼단의 띠 장식을
이룬다. 주구부는 곡선을 이루며, 손잡이가 S자형에 가까우며, 저부
의 굽부분에는 소형의 승반 받침이 표현되어 있다. 이와 근접하는 정
병의 형태는 영수사 괘불화(1653), 수덕사 괘불화(1673), 봉정사 아미타
불회도(1713), 쌍계사 감로도(1728), 법주사 아미타불회도(1736), 신흥사
벽화(17세기), 운문사 벽화(18세기초)에 표현된 정병을 들 수 있다.[41] 이후
흥국사 수월관음도(1723)를 비롯하여 안국사 괘불화(1728), 도림사 아미

범어사 대웅전 아미타삼존도 부분(관음보살 정병) 조선 18세기, 부산
운문사 비로전 관음보살도 부분(정병) 조선후기, 경상북도 청도
흥국사 관음전 관음보살도 부분(정병) 조선 1723년, 전라남도 여수

타불회도(1730), 개암사 괘불화(1749) 등의 정병과 같이 18세기 전반기에 그 변화가 보인다.[42] 즉, 동체부 장식이 화려해지고 구부와 손잡이 부분에 장식이 첨가되며, 저부의 굽이 세발 받침으로 기존의 정병과는 큰 차이를 보이고 있다. 그러나 범어사본 정병은 17세기 후반~18세기 전반경의 기물과 닮았으나, 동체 견부의 벌어진 형태는 임한(任閑) 작 1723년 관음도의 정병 견부와도 일부 공통점이 보인다. 따라서 범어사본은 그 특징으로 보아 상한선은 17세기 후반, 하한선은 18세기 전반으로 볼 수 있다.[43]

넷째 법의에 그려진 장식 문양을 통해 시기성을 가늠할 수 있다. ①아미타와 약사의 적색 대의에 일정한 간격으로 흩뜨려 장식된 백색의 소형 국화문이다. 이 문양은 율곡사 괘불화(1684), 안정사 괘불화(1702) 등의 법의에 장식된 국화문보다 간략화된 문양이다. 범어사본과 동일한 문양은 적천사 괘불화(1695) 본존의 군의에도 보이며, 이후 선석사 괘불화(1702)의 본존 대의 안쪽 문양, 보살의 천의,[44] 봉정사 아미타불회도(1713) 보살상의 장식 문양, 흥국사 관음보살도(1723)의 선재동자상 천의 문양 등 약간 변형되어 18세기 불화의 문양으로 확산된다. ②법의에 시문된 당초화문과 초엽문이다. 당초화문은 아미타와 약사의 적색 대의의 가장자리에 백색으로 성글게 배치되어 있다. 초엽문은 아미타와 약사여래, 관음의 녹청색 편삼의 가장자리에 3색으로 그려진 무늬이다. 이같은 문양은 법의의 가장자리 장식무늬로서 보편적으로 사용된 모티브인데, 특히 당초화문은 조선 16세기 적색 법의에 금니 선묘로 그려진 경우도 있으며, 이후 붉은 색면에 백선으로 그려진 예도 다수 찾아볼 수 있다. 다만 꽃송이와 꽃잎으로 구성된 넝쿨이 탄력과 긴장감을 놓친 이완된 상태를 보여줘 시기적으로 떨어지는 현상을 보인다. ③아미타여래의 대의 이면의 청색 바탕에 그려진 '凹'형 무늬이다. 이 문양은 조선 16세기에 다수 보이다가 17세기에 이어 부석사 괘불화(1745)의 노사나불의 단상(短裳)에 장식된 무늬처럼 18세기에도 지속적으로 보인다. 이 문양은 원래 새의 날개 무늬에서 점차 형식화되어 나타나다가 변형된 문양으로 추정되며, 18세기에 이르러 보다 도식화된 형태를 보인다. ④약사여래의 대의 안쪽 자색계 분홍색 바탕에 백색의 소형 원문은 조선전기 및 후기에 이르기까지 불화에 보편적으로 사용된 모티브이다. 'V'형 문양은 여래상

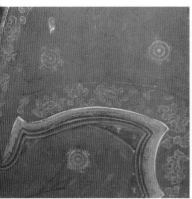

과 보살상의 승각기의 적색 매듭 띠, 영락 걸괘의 매듭 띠 등에 백선
으로 장식된 무늬이다. 이같은 소형 'V'형 무늬는 율곡사 괘불(1684)의
머리 수식 띠, 파계사 원통전 영산회상도(1707)의 보살상의 영락 걸괘
에 수식된 적색 매듭띠, 통도사 영산전 영산회상도(1743) 보살상의 법
의 무늬와 동일하다. ⑤여래상의 승각기 가장자리에 그려진 연속 반
전 연주문 삽입 문양이다. 이 띠 문양은 법의 가장자리, 특히 적색 대
의의 가장자리에 보편적으로 많이 보이는 모티프로, 보색관계인 적
색과 녹색을 교대로 사용하고 있다. 율곡사 괘불화(1684), 적천사 괘불
화(1695), 보경사(1708), 봉정사 괘불화(1710) 등에 동일 패턴이 보이며,
이후 취서사 괘불화(1768)에서는 연주 과립이 다량 그려진 다소 변형
된 문양으로 나타난다. 이같은 동일계 문양은 17~18세기 경남 · 경북
지역 괘불화의 법의 가장자리에 거의 보편적으로 사용되었다. ⑥관음
및 대세지의 적색 군의에 백선으로 그려진 변형 여의두 조합 문양이
다. 이 문양보다 간결하게 변형된 것이 바로 같은 전각내 동측벽 약
사삼존도 일광보살의 적색군의에 표현된 당초계형 조합 문양이며,
이 일광보살보다 더 간략화된 모티프가 월광보살의 군에 그려진 당

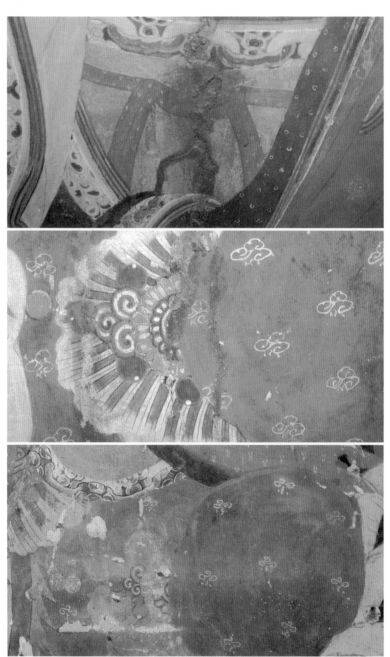

범어사 대웅전 약사삼존도 부분(약사여래 승각기)
범어사 대웅전 아미타삼존도 부분(대세지보살 군의)
범어사 대웅전 약사삼존도 부분(일광보살 군의)

초 문양이다. 이처럼 동시기에 제작된 벽화에 문양 표현에 시차가 보이는 것은 아마도 후대에 단청 보수시 문양을 옮겨 그리는 과정에서 나타난 현상으로 보인다.

　　다섯째 벽화의 채색은 적색·단색·녹색·청색·흑색·백색·황색 그리고 자색계 분홍색 등을 사용하였으나, 전반적으로 적색과 녹색이 주조색이고, 그 외 자색계 분홍색을 활용한 것이 눈에 띈다. 벽화 조성시 사용되었던 안료와 장기간에 걸친 단청 보수시 사용된 안료가 혼재되어 있다고 본다. 좌우 측벽에 그려진 여래상의 육신부분의 안료 분석도 〈표3〉과 같이 조금 차이를 보이고 있다. 사실 아미타 상호는 거의 박락된 상태이며, 약사는 종이를 붙여 후보한 상태이기 때문에 동일한 현상을 나타내기는 어렵다.

표3. 범어사 좌우 측벽(동서벽) 색상 및 안료분석[45]

위치	색상	좌측벽(동벽) 약사여래	색상	우측벽(서벽) 아미타여래
나발	흑색	P, Fe, K, Ca, S, Ti	흑색	Fe, K, Ca, S, Ti, Mn
얼굴	황색	Fe, S, Pb, K, Cl, Ca, Mn, Ti	황백색	Pb, S, Cl, As, K, Ca
입술	적색		적색	S, Hg, Ag, Pb, Cl, Fe, As
가슴	황백색	S, Cl, K, Mn, Fe, Cu	황백색	Pb, S, Cl, As, K, Ca

　　착의처럼 색면 위에 장식된 문양도 조성 당시의 문양과 후대에 보완된 문양이 공존한다고 본다. 현재 아미타불의 녹청 복견의 위에 걸친 주색 대의의 색도 일정하지 않으며, 적어도 양쪽 어깨를 따라 다시 겹쳐 그은 선명한 주색은 후대에 보채한 것으로 보인다. 광배의 가장자리 붉은 색과 그 위의 먹선의 광염 무늬도 후대에 다시 보완한 것으로 판단된다. 약사삼존도의 경우도 적색 약호 및 대의 안쪽 일부분에도 개채 흔적이 보인다. 전반적으로 붉은 색은 적색과 단색 2종류가 보이는데 동시에 사용하였다기 보다는 후대에 개채 과정을 거치면서 드러난 색의 차이로 보인다. 특히, 약사삼존도의 연화대좌의 안쪽에 바른 단색은 후대에 개채한 흔적이 뚜렷하며, 반면 아미타삼존도의 연화대좌 안쪽에 남아있는 옅은 미색은 벽면이 거의 노출된 상태를 말한다. 아울러 약사여래·월광보살의 착의에 보이는 동심원문과 삼각거치

문은 후대에 개채하면서 변형된 문양으로 보인다. 이같은 변형 동심원문과 삼각거치문은 통도사 영산전 영산회상도(1734)의 여래상의 법의 가장자리 장식무늬에서 동일한 무늬를 확인할 수 있으나 통도사 문양보다 형식화된 형태이다. 아울러 월광보살의 자주색계 분홍색 면에 그려진 소형 지그재그무늬는 후대에 개채 후 그려 넣은 것으로 추정되며, 원래는 일광보살의 'ㄴ'형 무늬에서 변형되었을 가능성이 크다.

여섯째 관음의 보관에 표현된 화불의 손모양이 공수이다. 17~19세기 불화에 등장하는 관음 화불의 수인은 공수·합장·구품인·항마인 등이 각각 보이나, 17세기는 공수, 18세기는 공수 혹은 합장인, 19세기에는 구품인 내지는 항마인이 압도적인 경향을 보인다. 적어도 범어사 경우는 17~18세기의 흐름을 이어받고 있음을 감지할 수 있다.

범어사 대웅전 약사삼존도 부분(월광보살 법의)
통도사 영산전 영산회상도 부분(본존 법의) 조선 1734년, 경상남도 양산

범어사 대웅전 아미타삼존도 관음보살 부분(보관 및 화불)

　이상과 같이 범어사 대웅전 주 벽화의 제작 시기는 대웅전이 그
면모를 갖춘 1658년과 목조 석가삼존불좌상이 조성된 1661년 이후
보다 늦은 시기에 조성되었을 것이다. 좌우측 벽의 여래삼존도의 양
식적 특징과 대웅전 중수 및 단확기를 통해 18세기 전반경에는 벽화
가 존재하였을 가능성이 크다. 그리고 현재 벽화의 개채흔과 보필흔
으로 보아 19세기 전후부터 지금에 이르기까지 몇 차례 단청보수 공
사가 진행되었음을 짐작할 수 있다. 범어사 좌우측 벽의 삼존여래도
의 양식적 특징을 살펴본 결과, 17세기 후반으로 소급되는 요소와 18
세기 초반과 전반에 해당하는 요소가 간취된다. 따라서 대웅전 전각
의 벽화는 적어도 18세기 초에서 전반경에 조성되었을 가능성이 엿
보이며, 현재 벽화의 개채흔과 보필흔으로 보아 18세기 후반~19세기

에 이르러 단청 보수시 개채되거나 옮겨 그린 문양들도 혼재하는 것으로 짐작된다. 또한 범어사 벽화의 두부, 광배, 문양 등을 종합해 볼 때 천신(天信)계열, 천오(天悟) · 임한(任閑)계열, 임한(任閑) · 민휘(敏輝)계열, 의겸(義謙)계열 작품들과 일정 부분 공통점이 보여 앞으로 좀 더 면밀하게 살펴볼 필요가 있다. 특히, 임한과 함께 작업에 임하였던 민휘는 범어사 1749년 단확기에 도화사 해휘로 보이는 인물일 가능성이 있다.[46] 따라서 경남 일원에 임한과 함께 활동하였던 민휘가 1749년 범어사 대웅전의 개단확(改丹艧) 공역, 즉 벽화 보수에 관여하였을 가능성이 있다.

범어사 벽화는 인근 양산 신흥사, 통도사 그리고 운문사 대웅전의 벽화와도 지역적으로 인접하며 그 연계성도 엿볼 수 있다. 나아가 경상권역 불화와의 친연성을 확인할 수 있다. 특히 범어사 대웅전 중수보다 한 해 앞선 1657년에 중수된 양산 신흥사 대광전 공역에 참가한 공인이 범어사 순치15년(1658) 암막새 기와에서도 확인되어 공인집단의 교류 관계 등을 엿볼 수 있다.[47] 또 1801년 신흥사 대웅전 중수기를 적은 호명궤관(浩溟軌觀)은 범어사에 머물면서 찬하였다는 사실과, 통도사 극락암 신중도(1818) 및 아미타불회도(1821)의 화기에 등장하는 증명비구 혹은 산중대덕질 명단에도 보인다.[48] 이같은 사실은 조선후기에 범어사, 통도사, 신흥사, 운문사 등 지역적으로 근접한 사찰간의 단청 작업에 공인들의 상호 교류관계가 있었음을 말해준다.

대웅전 · 관음전의 불화

대웅전 영산회상도

대웅전 전각 내 봉안된 목조 석가삼존불상의 후불벽에 걸려있는 석가후불도로, 1882년에 수화승 수룡당 기전(琪銓)이 제작한 것이다. 이 불화는 설법교주인 석가가 기사굴산[영취산]에서 제자들과 청중들이 모인 회중(會衆)에서 묘법연화경을 설하는 장면을 기념적으로 묘사한 영산회상도(靈山會上圖)이다.

가로 401.2cm, 세로 355.2cm 크기의 비단 화면에 채색을 베푼 작품으로, 11폭의 비단을 잇대어 한 화폭을 이루었다. 화면 중앙에는 항마촉지인의 석가모니를 중심으로 좌우에 보살상 8위가 배치되고, 그 아래쪽에는 아난과 가섭, 천부상 2위, 사천왕상, 위쪽에는 분신불 2위, 십대제자와 팔부중 등이 본존을 외호한 모습이다. 이같은 도상 구성은 조선후기 석가 영산회상도의 전형적인 사례라 할 수 있다.

범어사 대웅전 영산회상도 조선 1882년, 견본채색, 355.2×401.2cm, 부산

본존 석가는 원형 두광과 신광을 갖추고 연화대좌에 결가좌한 모습이다. 육신은 황색계를 바르고, 두광은 녹청안료를 발랐다. 착의는 가슴에는 녹청색 군의에 홍색 매듭으로 마감하였고, 그 위에 대의를 편단우견으로 착용하였다. 신체에서 발하는 물결무늬의 환상적인 방광(放光)은 청·황·녹·적 등의 네 가지 색 띠를 규칙적으로 번갈아 배치하여 매우 화려하게 표현하였다. 이처럼 한색과 난색의 색동 띠 조합으로 이뤄진 방광 표현은 조선후기 불화에서 한 축을 이루는 광배 표현이면서, 기전(琪銓) 작 불화에서 즐겨 볼 수 있는 광배이기도 하다.

본존의 좌우측 팔대보살상은 황색계 육신에 화려한 보관 장식과 녹색 두광, 군의와 복견의, 대의 등의 법의를 갖춘 모습이다. 좌협시 문수보살은 양손에 연화가지를, 우협시 보현보살은 여의를 각각 쥐었고, 나머지 보살상 6위는 합장형이다. 본존의 대좌 앞쪽에는 보살들에 비해 신체가 비교적 왜소하게 묘사된 천부상과 아난·가섭존자가 합장형으로 나란히 서 있다. 범·제석천은 녹색 원형 두광을 구비하여, 제자상의 위계와 구별하고 있다. 천부상 바깥쪽으로는 두광을 갖춘 사천왕상이 2위씩 표현되었는데, 보살상에 비해 안면 표정, 코·턱수염, 갑옷과 지물 등의 묘사가 섬세하고 화려하여 대조적이다.

본존의 두광·신광 경계 좌우측에는 석가의 분신불로 보이는 여래형 2위와 제자상, 그 위쪽에는 팔부중 가운데 천과 용, 긴나라와 아수라 등 4위가 본존을 향해 합장하고 있다. 바깥쪽으로는 십대제자상이 다양한 표정과 자유분방한 자세로 묘사되어 있고, 가장 외곽에는 금강역사상 6위가 천의자락을 흩날리며 에워싸고 있다.

본존의 두광 위쪽의 천공에는 녹청색 연화 천개가 위치하며, 본존의 정상 계주로부터 발하는 서기가 율동적으로 뿜어나와 천공을 가로지르고 있다. 그 외 천공에는 홍색과 녹색의 채운(彩雲)을 메우고 있는데, 구름 가장자리에는 옅은 홍색을 바림하고, 가장 외곽에는 백색을 살짝 바림하여 구름의 가벼운 질량과 광채 효과를 나타내었다.

채색은 전체적으로 수룡당 기전의 설채 특징이 드러난다. 차분한 녹색과 적색이 바탕이 되어 안정감이 있으며, 여기에 18~19세기에 주목할만한 강렬한 청색이 본존의 두발, 신광, 법의, 연화대좌, 그리고 권속들의 착의에 보조적으로 활용되었다. 불보살상의 신체는 황색계인데 비해 천부 및 제자상, 팔부중은 백색계로 나타내어 신분상의 위계를 구분짓고 있다.

화면 가장 아래쪽에는 붉은 색 바탕에 먹선으로 3칸의 화기란을 마련하고, 그 안에 긴 내용의 화기를 먹글씨로 적었다.(문헌자료 불교회화 화기 참조) 그 내용은 1882년에 본 작품을 비롯하여 관음도, 삼장도, 신장도 등 여러 불화를 새로 조성하였고, 화승은 금어(金魚) 기전(琪銓)을 비롯하여 의관(宜寬), 묘영(妙英) 등 16인이 제작에 관여하였음을 밝히고 있다. 이어 시주 품목과 시주자, 그리고 승려들의 소임을 구체적으로 밝히고 있다.

대웅전 삼장보살도

대웅전의 좌측 벽면에 봉안되어 있는 중단탱으로, 수화사 기전이 1882년에 대웅전의 영산회상도, 신장도와 함께 제작한 불화이다.

삼장보살도는 화면 중앙의 천장보살과 왼쪽(향우측)의 지지보살, 그리고 오른쪽(향좌측)의 지장보살의 보살 3위를 주축으로 각 보살의 주위에 여러 권속을 거느린 불화이다. 천장보살은 좌우에 헌주동자 혹은 진주·대진주보살을 거느리며, 그 주위에 천부중을 배치한다. 지지보살은 좌우에 용수·다라니보살 혹은 주위에 지상계 신중 및 권속을 배치하고, 지장보살은 도명과 무독귀왕을 좌우에 배치하거나 신중상을 배치하고 그 주변에 시왕상과 명부 권속들을 배치하는 것이 통례이다.[49]

이같은 삼장보살도는 고려시대에 제작된 예는 없다. 현재 조선 16세기 작으로 일본과 미국에 소재하는 것은 10점,[50] 조선 후기작으로 국내 소재는 35점 이상이 알려져 있다. 조선후기 삼장보살도는 국내 사찰 대웅전내 좌측벽에 중단탱으로 걸려있는 삼장보살도를 접할 수 있다.

본 작품은 여덟 폭의 비단을 잇대어 화면을 형성하였는데, 세로 257.5cm, 가로 267.0cm 크기의 비단에 채색을 베풀었다. 화면은 상하 2단으로 구분하여, 상단 중앙에 천장보살과 진주·대진주보살, 그 왼쪽에 지지보살과 용수·다라니보살, 맞은 편 오른쪽에 지장보살과 도명존자·무독귀왕 등 보살상과 좌우협시들을 배치

범어사 대웅전 삼장보살도 조선 1882년, 견본채색, 257.0×267.2cm, 부산

하고, 이들을 중심으로 천부·지상·명부계 권속들이 에워싸고 있
다. 하단에는 위태천과 사천왕, 무장형의 신장상, 주악천동과 천녀
등이 열을 지어 정연하게 배열된 모습으로, 전체적으로 80여 위에 이
르는 수많은 권속들이 보살들을 에워싼 형태이다.

　천장보살은 제1지와 3지를 구부려 손바닥을 위로 하여 두 팔을 어
깨까지 들어올린 설법인의 자세이다. 복식은 머리에 연꽃과 보주, 화
염 장식의 화려한 화관을 쓰고, 신체에는 붉은색 군의와 금색 장식의
운견을 걸치고, 그 위에 붉은색 천의로 양 어깨를 감싸고 있다. 운견
위에는 금속성의 걸괘를 목에 걸고, 거기에 태극문과 연판이 둘러진

범어사 대웅전 삼장보살도 부분(천장보살)

3장 범어사의 불교회화

둥근 형태의 복갑과 같은 장식을 가슴부위에 매달고 있는데, 기전의 다른 작품인 범어사 관음보살도(1882)의 관음보살상이나 해인사 대적광전 삼장보살도(1885)의 천장보살, 심우사 삼장보살도(1881)의 천장보살의 가슴부위에서도 보인다. 천의 위의 목에도 영락 걸쾌와 같은 금속대를 둘렀는데, 여기에 백색과 녹색으로 장식된 매듭 띠를 양손에서 가볍게 쥐고 있다.

지지보살은 오른손을 가슴까지 들어올리고, 왼손은 손바닥을 위로 향한 채 복부 앞에 둔 모습이다. 민머리의 지장보살은 오른손에 석장을 쥐고 왼손에는 보주를 들고, 한쪽 다리를 아래로 내린 반가좌의 모습이다.

삼장보살은 모두 녹색 원형 두광과 타원형 신광을 갖추었는데, 지지와 지장보살의 타원형 신광에는 밝은 군청을 사용하여 변화를 주었다. 천장보살의 두광 가장자리에는 4조의 색띠에 금색 띠를 두르고, 신광은 백록 바탕에 3조의 색 띠와 금색 띠를 둘러 지지·지장과 구분하였다.

삼장보살의 상호는 약간 갸름하면서 네모난 얼굴에 황백색을 바르고 엷고 붉은 선으로 그었다. 양쪽 눈은 눈머리와 눈꼬리가 수평을 이루며, 눈동자가 또렷하고 작은 편이 아니다. 코는 콧등을 먼저 그리고 콧망울을 이중으로 겹쳐 그렸고, 윤곽이 뚜렷한 붉은 입술은 마치 꽃잎처럼 그렸으며, 입술 중간에 약간 틈을 줘 위아래 입술 사이의 경계를 나타내었다.

삼장보살을 에워싼 주변 권속들의 표현은 천동과 천녀의 경우 백색 피부를 표현한 반면, 그 외 권속들은 대부분 백색 얼굴에 붉은 색 주름선을 따라 붉은 색으로 엷게 바림하였는데 권속들 제각각이 눈동자·입술 형태와 어우러져 다양한 표정을 드러내고 있다.

하단에는 천룡팔부 권속들이 상하 3열을 이루고 있는데, 가장 윗열 가운데 갑옷과 날개깃털 장식의 투구를 갖춘 위태천이 측면을 향해 있고, 그 좌우측에 사천왕이 2위씩 위태천을 향해 합장한 모습이다. 위태천의 오른쪽에 보탑을 들고 입을 한껏 벌린 천왕은 북방 다문천왕으로 판단되며, 나머지는 합장형이다. 북방 다문천왕의 배치를 통해 이 불화에 그려진 사천왕상 4위의 배치는 조선시대 불화의 보편적인 배치형식을 따르고 있음을 알 수 있다. 이어 바로 아래쪽에 천녀와 천동 8위가 다양한 모습으로 법라와 바라, 장고와 소고, 피리 등의 악기를 연주하고 있다. 그 외 양측에는 다양하고 화려한 관모와 착의, 지물을 갖춘 신장상들이 가장 아랫줄부터 위쪽으로 8위, 10위, 14위씩 정연하게 배치되어 있다.

이처럼 삼장보살도의 도상구성을 통해 화면 하단 중앙에 사천왕과 신장상 외에 위태천과 주악인상이 배치된 것을 주목할 수 있다. 조선후기 19세기를 전후하여 제석신중도가 많이 제작되었고, 여기에 빈번하게 등장하는 위태천과 주악인 도상이 본 작품에도 흡수되었다고 생각하며, 19세기 기전 작 삼장보살도의 도상적 특징을 엿볼 수 있다.

채색은 전반적으로 붉은색이 주로 사용되었고, 그 외 도상의 신체과 복식에 황색과 백색, 청색과 녹색이 부분적으로 활용되었다. 인물의 표현이나 채색 역시 동시기에 조성된 영산회상도, 신중도와 같이 수룡당 기전의 특징이 드러난다. 또한 화면 전체적으로 80여 위에 이르는 상당수의 도상들로 공간을 꽉 메워 여백이 거의 없고, 상단의 천공에 채운 사이로 청색 하늘이 조금 보인다. 채운은 주로 붉은색을 사용하였고, 부분적으로 녹색 구름도 보이는데, 구름 가장자리에는 엷은 황색을 바림하여 마치 종이로 만든 공양화처럼 형식적이다.

이처럼 범어사 삼장보살도(1882)의 공간감과 여백처리는 앞시기인 18세기 삼장보살도와 뚜렷한 차이를 보인다. 즉, 18세기에 조성된 동화사 대웅전 삼장보살도(1728)를 비롯하여 은해사 대웅전 삼장보살도(1755), 불교중앙박물관 소장 마곡사 삼장보살도(1788) 등을 보면, 대개 천장·지지·지장 3존이 앉은 대좌 전면에 여백을 마련하여 협시격의 도상들을 배치하고, 삼존상 뒤쪽으로는 권속들이 본존을 에워싸며 배치되는 경우가 많다. 마치 삼장을 중심으로 앞쪽과 뒤쪽의 공간이 확보되고, 화면 하단에서 상단으로 갈수록 인물들의 배치가 상승감이 느껴져 공간내 입체감을 연출하고 있다. 18세기의 이같은 공간 표현은 기본적으로 16세기 삼장보살도의 전통을 이어받은 것으로, 19세기에 이르러 확연한 변화가 보인다고 할 수 있다.

이상과 같은 삼장보살의 도상적 근거에 대해서는 명확하게 밝혀져 있지 않으나, 그 명칭에 대해 중국 수륙벽화나 조선시대 유통된 수륙재 의식집에서 확인할 수 있어, 이들과의 관련성을 생각해 볼 수 있다. 중국에서 수륙법회가 성행하기 시작하는 송대에는 전쟁에서 죽은 자들을 위한 천도 법회가 행해졌고, 원·명대에 이르러 수륙화가 성행하게 된다. 이 당시 수륙회를 비롯한 법회의 목적은 죽은 영혼의 천도와 삼계육도(三界六道) 중생들의 구제 등이라 할 수 있다. 명대 수륙화에 삼장보살 각각의 도상과 명칭이 보인다는 것은 바로 천도 대상을 확대한 세계관이 바로 삼계육도의 도상과 관계가 있음을 말해주며, 이같은 수륙화의 도상이 조선 전기 삼장보살도에 수용되었을 것으로 추측할 수 있다.[51]

한편, 삼장(三藏)은 천계(天界)·지상계(地上界)·유명계(幽冥界)와 같은 삼계신앙의 구조를 지닌 것이며, 삼계우주관(三界宇宙觀)에 근거하여 여러 신중을 배열하였을 것으로 추정하면서, 그 근거로 의식집인 『석문의범(釋門儀範)』, 『범음집(梵音集)』의 내용을 지적한 경우도 있다.[52] 실제로 16세기 수륙재 의식집에 예시된 도상 명호와 16세기 삼장보살도에 기재된 명칭이 서로 일치하는 부분이 많아[53] 삼장보살 도상과 수륙재 의식집에 실린 삼장의궤와 관련한 삼장신앙이 삼장보살도와 밀접한 관련이 있음을 짐작할 수 있다.[54]

삼장보살도는 수미산을 중심으로 '천계-지상계-명부계' 도상의 연결이라 할 수 있다. 이같은 수미산을 중심으로 하는 천에서 지상, 지하세계의 신들과 권속들을 소청하여 육도에 떠도는 고혼들을 구제하는 조선시대 의식불화 중의 하나가 바로 삼장보살도라 할 수 있다.

대웅전 신중도

사찰 대웅전에 후불탱을 봉안한 경우 거의 좌우측벽에 신중단을 마련하여 신중도를 모시는 경우가 많으며, 그 외 전각에서도 빠짐없이 찾아볼 수 있다. 신중(神衆)은 말 그대로 '신들의 무리'이다. 이들은 원래 고대 인도 신화에 나오는 신들로 부처의 말씀을 듣고 불법을 수호하는 호법선신이 된 자들이다. 신중의 종류는 『화엄경』에 등장하는 화엄신중, 『법화경』의 영산회상신중, 『인왕호국반야경』, 『대반야경』에 나타나는 호국선신 등 다양하다.[55]

신중도는 제석천이나 범천, 위태천을 비롯하여 다양한 신장상이 표현된다. 그

수는 1위의 단독상에서부터 많게는 39위, 104위 신중이 등장하는 경우도 있다. 조선시대 임진왜란 · 병자호란과 같은 전란 이후 사찰이 재건축되는 과정에서 다양한 불화가 제작되었고, 이후 신중도도 많이 제작되었는데, 주로 그룹으로 등장하는 경우가 대다수이다.

조선후기 신중도라 일컫는 범주에는 주요 도상에 따라 몇 가지 유형으로 나눌 수 있다. 대범천과 제석천으로 구성된 유형을 비롯하여 위태천, 제석천 · 위태천[동진보살], 대범 · 제석천과 위태천, 대자재천[마혜수라]과 대범 · 제석천 · 위태천, 대자재천과 대범 · 제석천, 대예적금강과 대범 · 제석천, 대예적금강과 제석천 · 위태천 등의 주존과 신중들로 구성된 경우 등이 있다.

범어사 신중도는 수화승 기전이 1882년에 대웅전의 영산회상도, 삼장보살도와 함께 동시에 제작한 불화로, 대웅전 우측벽에 봉안되어 있다. 세로 230.5cm, 가로 231.8cm 크기의 비단에 채색을 베푼 것으로, 일곱 폭의 비단을 잇대어 한 화면을 형성하였다. 전반적인 화면 구성이나 표현 기법 등은 삼장보살도와 크게 다르지 않다.

화면 상단에 녹색 원형 두광과 타원형의 신광을 갖춘 대자재천을 중심으로 좌우측에 범천과 제석천 등 천부상 3위가 배치되어 있고, 이를 중심으로 일월천자와 천녀 · 천동 등의 천부중이 에워싸고, 그 아래쪽으로 갑옷과 무기를 갖춘 무려 33위에 이르는 신장상들이 일체의 여백없이 4단으로 열을 지워 빽빽하게 배치되어 있다. 오로지 화면 상단에 장식된 구름 사이로 천공이 약간 드러날 뿐이다.

대자재천[마혜수라]은 삼안팔비(三眼八臂)를 갖춘 모습으로, 정면을 향해 두 팔은 가슴 앞에서 합장하고, 두 팔은 어깨위로 올려 왼손에 금강령을, 오른손에 경권을 각각 쥐고 있다. 아래로 늘어뜨린 나머지 팔은 다른 도상에 가려 보이지 않으나, 두팔은 안으로 오므린 반면 다른 두팔은 벌린 것을 알 수 있다. 대자재천의 양측에 위치한 범천과 제석천은 신체를 약간 틀어 각각 본존을 향해 합장한 모습으로, 청색 바탕에 동색계의 짙은 청색 연화문이 장식된 타원형의 신광을 구비하여 본존인 대자재천의 신광과는 구분짓고 있다.

대자재천의 좌우측에는 두관에 붉은 태양과 백색 달을 상징하는 원반이 장식된 일천자(日天子)와 월천자(月天子)가 양손에 홀을 쥐고 시립하고, 범 · 제석천의 가장자

범어사 대웅전 신중도 조선 1882년, 견본채색, 229.5×232.8cm, 부산

리에는 갑주와 익상관을 착용한 신장상이 1위씩 외호하고 있다. 특히, 새의 날개 깃털로 장식된 화려한 익상관을 착용한 신장상은 위태천이 착용하는 투구의 특징이라 할 수 있다. 조선시대 위태천의 경우 대개 얼굴이 동안(童顔)이면서 합장한 손 안쪽으로 금강저 혹은 보검을 받들거나, 양손에 이를 쥐는 경우가 대부분이다. 그러나 범어사 신중도 경우는 동안의 얼굴이 아니며 수염이 길어 장년층의 모습을 연상시킬뿐만 아니라 지물도 보이지 않아, 위태천으로 보기는 힘들다.

그 외 대자재천과 범·제석천 주위에 2인 1조의 천동과 천녀 4조가 에워싼 모습이다. 대자재천 주위에는 식물잎처럼 부드럽게 곡선을 이룬 천선(天扇)을 쥔 천녀 2위, 화조화와 산수화가 각각 그려진 천선을 쥔 천동 2위가 시립하고, 범·제석천의 가장자리에는 보주 장식의 번(幡)을 쥔 천녀 1위와 천동 3위가 외호하고 있다. 이들 천녀·천동은 대개 쌍계머리를 드러내거나 혹은 모자를 쓰거나 천을 덮고, 상의 위에 운견을 착용한 경우가 대부분이다. 이처럼 쌍계머리에 소매가 긴 도포를 착용하고, 그 위에 운견을 착용하는 복식은 19세기 동자상에 주류를 이루는 복식이라 할 수 있다.

대자재천의 아래쪽 중앙에는 악기를 연주하는 천녀·천동 10위로 구성된 그룹이 역삼각형을 이루며 자리잡고 있어 눈길을 끈다. 법라와 바라, 장고와 소고, 횡적 등의 악기를 연주하는 이들의 다양한 시선과 몸짓 처리는 마치 범패를 행하면서 작무를 곁들이는 듯하다. 천부도상에 악기를 연주하는 그룹의 등장은 조선 15~16세기 천부도상으로 알려진 일본 즈이세키지(瑞石寺) 제석천도(15~16세기), 젠가쿠지(善覺寺) 제석천도(1583), 사이다이지(西大寺) 제석천도(16세기)에서 볼 수 있어, 이같은 도상을 이어받고 있다.

주악인을 제외한 신장들은 아래쪽에서 위쪽으로 4단으로 열을 이루어 빽빽하게 그려져 있다. 아래쪽 1열에는 무기류를 쥔 다양한 착의의 신장상 11위가 일렬로 줄지어 서 있고, 다음 위의 2열은 좌우 4위씩 총 8위의 신장상이, 3열에도 좌우 4위씩 총 8위의 신장상이 각각 다양한 관모와 복식, 보검 등의 지물을 갖추고 있다. 이처럼 33위에 이르는 많은 신장들을 한정된 화면에 열을 지어 배열하였는데, 동그랗게 부릅뜬 눈과 행인형의 엄격한 눈, 꽉 다문 입술과 혀와 이빨을 드러낸 입,

주름선을 따라 처리된 붉은 음영, 짧고 긴 수염과 짙고 엷은 수염, 화려한 복식 등으로 인해 이들의 다양한 표정과 몸짓이 인상적이며, 상단에 배치된 천부상의 위엄을 더해주고 있다.

대자재천의 얼굴은 백색을 곱게 펴 바르고, 윤곽선은 먹선 위에 엷은 주선을 균일하게 그렸다. 다소 갸름하면서 동그란 얼굴에 행인형의 자그마한 눈이 중앙으로 몰려 양쪽 볼이 넓은 편이다. 붉은 색 보관의 몸판 주변에는 녹색 구슬과 보주가 부착된 화염무늬가 장식되어 있어 매우 화려하다. 관을 착용한 머리는 먹을 펴바른 뒤에 발제선을 따라 녹색선으로 도드라지게 처리하였으며, 광배의 녹청색이 붉은색 보관에 비해 두텁게 발라져 보관이 살짝 들어간 느낌을 준다. 좌우 범·제석천의 경우도 대자재천의 표현기법과 거의 유사하며, 측면향의 얼굴 윤곽은 갸름한 편이나 작은 눈에 비해 볼은 넓고 통통하게 처리하였다.

신장상들의 얼굴은 황백토 바탕에 붉은 색을 바림하여 기질에 따른 역동적인 표정을 연출하고 있다. 꽉 다문 입술은 먹선으로, 반대의 경우는 입술이 꽃잎처럼 아래위 윤곽선 없이 처리하였는데, 입술 양쪽 가장자리를 꽃잎처럼 벌어지게 표현한 것이 특징적이다. 눈썹이나 수염은 기본적으로 먹의 농담을 활용하여 담먹과 짙은 세선으로 처리하였고, 흰수염은 먹선에 백선을 겹쳐 표현하였다.

신장상의 착의는 대개 갑옷 위에 소매가 긴 대수의를 걸쳐 입고 어깨에 붉은색, 청색, 녹색 등의 스카프를 둘렀으며, 금속성 모티프의 지물이나 갑주 등에는 금박을 붙였다. 신장상 가운데 털모자를 쓴 인물상이 몇몇 보이는데, 모피 표현에 있어서 엷은 청색 바탕에는 먹과 백색의 세선 위주로 구사하고, 황색 바탕에는 먹과 백색의 세선 외에 적색을 곁들여 변화를 주었다.

화면 가장 위쪽 천공에 장식된 구름은 홍색과 녹색을 사용하였는데, 구름의 가장자리에는 엷은 색을 바림하고, 그 외곽에 백색을 살짝 바림하여 마치 종이 꽃[紙花]처럼 장식성이 강하다.

화면 하단 중앙에 설정된 화기란은 주색 바탕에 먹선으로 테두리를 두르고, 그 안에 먹글씨로 적고 있다. 화기에 밝혀진 금어(金魚)의 이름과 화승들의 수는 기전이 같이 제작한 대웅전 영산회상도, 삼장보살도와 동일하다.

전체적으로 채색은 차분한 붉은 색과 녹색이 주조색이고, 그 외 신체와 내의에 백색, 광배와 착의 및 관모 장식에 강렬한 청색이 부분적으로 활용되었다. 1882년 동시기에 제작된 대웅전의 영산회상도, 삼장보살도와 마찬가지로 수화승 수룡당 기전의 설채법의 특징이라 할 수 있다. 인물 표정 못지않게 농담있는 바림법과 털 묘사가 세밀한 것도 범어사 소장 기전 작품의 특징이기도 하다. 신체표현에 있어 상단의 중심 인물과 주변권속들은 백색으로 칠한 반면, 33위에 달하는 신장상들은 붉은색 혹은 황색을 곁들인 피부색으로 묘사하여 위계를 구분하였다.

관음전 백의관음도

범어사 대웅전의 왼쪽에 위치한 관음전 전각 내에는 조각승 진열(進悅)이 제작한 목조관음보살좌상(1722)이 있고, 이 관음상의 뒷벽에 후불탱인 백의관음도(1882)가 봉안되어 있다. 그러나 현재 전각 내에 모신 것은 2002년에 조성된 모사본이며, 진본은 범어사 성보박물관에 전시되어 있다.

관음보살도는 자애로운 부처의 이미지를 시각화한 것이다. 자연을 배경으로 암좌에 앉아 인간 세상의 온갖 번뇌의 소리를 들어주는 자애로운 모습의 관음은 고대부터 인기있는 도상으로, 전 시대를 통틀어 꾸준히 제작되었다고 할 수 있다.

범어사 백의관음도는 세로 219.2cm, 가로 223.4cm의 방형에 가까운 비교적 큰 작품으로, 비단 7폭을 잇대어 한 화폭을 이루고 있다. 화면 아래쪽 양측에 마련된 화기에 1882년에 수화승 기전을 비롯한 16인의 화승이 제작하였음을 밝히고 있다.

사각형의 화면에 커다란 원을 그리고 그 안에 원형 두광과 역U형의 신광을 갖춘 관음을 배치하였다. 특히, 둥근 원의 가장자리는 청색과 적색으로 배색한 띠를 둘러 강조하였는데, 마치 관음상을 감싼 대월륜(大月輪)처럼 매우 인상적이다.

관음상은 해수면 위로 솟은 암좌에 오른손으로 바닥을 짚고, 왼손은 왼쪽 무릎 위에 걸친 정면향의 편안한 윤왕좌 모습이다. 신체는 황색의 육색이고 윤곽선은 붉은 선으로 처리하였다. 상호는 비교적 둥근 편으로, 아치형의 눈썹과 양 눈은 일자형에 가까우며, 코는 콧등에 이어 콧방울을 이중으로 겹쳐 그렸으며, 붉은 색의 입

범어사 관음전 백의관음도 조선 1882년, 견본채색, 219.5×223.5cm, 부산

술은 양쪽 끝부분을 일자상으로 표현하고, 윗입술의 능선을 완만하게 그려 마치 꽃 잎처럼 표현하였다.

두부에는 보주와 수식이 장식된 삼릉형의 화려한 보관을 착용하였다. 보관의 몸체 전면은 금색 판에 청색과 적색으로 테두리를 둘러 금제품을 표현하였다. 몸체 중앙에는 공수형 수인의 아미타 화불과 연잎을 배치하고, 몸체 주변에는 적색, 청색, 녹색, 백색 등의 보주가 장식된 붉은 색 인동화문이 좌우 대칭을 이루며 화려하게 장식되었다. 두발은 청색을 바르고 먹선으로 윤곽을 잡았는데, 고계는 보관과 천의에 가려진 상태이나 양 어깨로 흘러내린 보발은 세갈래로 나뉘어 표현하였고, 세세한 모발 표현은 생략하였다.

법의는 청색 군의와 가슴 부위에 승각기와 매듭이 보이며, 그 위로 백색 천의를 걸쳤다. 백색 천의는 보관 전면을 살짝 드리운 채 양쪽 어깨를 감싸면서 아래로 흘러내렸는데, 복전(腹前)에서 태극무늬에 연꽃이 둘러진 금구를 장식하여 천의를 연결하였다. 이어 네 갈래로 바위면에 흘러내린 천의는 C자 형태로 반전하며 구불거리는 곡선이 매우 역동적이며 화려하고 인상적이다. 더불어 가슴의 영락장식과 영락 걸이의 붉은 수식 띠도 같이 어우러져 그 흐름을 같이 하고 있다.

관음이 앉은 왼쪽 건너편의 절벽 상면에는 관음을 경배하는 합장형의 선재동자, 그 반대쪽에는 관음을 향해 허리를 다소 구부린 인물상 2위를 배치하였다. 이 인물상은 뿔모양의 홀을 손에 쥔 해상용왕과 쌍계머리의 용녀로 추정되는데, 마치 칠성도에 등장하는 성군상의 모습과 유사하다. 선재동자는 쌍계머리에 상반신은 어깨에 운견만 착용하였고, 하반신은 붉은색 단상을 착용한 위에 녹색 스카프를 둘러 묶었다. 치마 아래에는 백색 바지를 착용하였고, 무릎 아래를 붉은색 끈으로 매듭 처리하였다. 그리고 홍색과 청색으로 배색된 긴 천의자락이 날개형처럼 펼쳐져 머리를 감싸면서 양쪽 팔을 걸쳐 아래로 흘러 내렸다.

관음의 오른쪽 뒷편 바위면에는 금색 정병과 청색 삼족향로가 놓여 있고, 그 위쪽으로는 청조(靑鳥) 한 마리가 날아오고 있다. 관음의 두광·신광 주변에는 암벽과 함께 대나무와 수목, 구름과 서기가 배경을 이루고 있다. 솟아오른 바위 윗면에는 초록색 꽃무늬를 일정하게 흩뜨려 장식하였는데, 선재동자가 서있는 바위면은 백색 바탕인 반면, 관음이 앉은 바위면은 금색 바탕에 초록색 꽃을 장식하여 화려함을 더하면서 관음의 영역인 성계(聖界)와 타 공간을 시각적으로 구분짓고 있다.

전체적으로 화면의 채색은 백색과 금색이 눈에 두드러지고, 청색과 녹색, 적색이 화사함을 받쳐주며, 필선의 섬세함도 돋보인다. 19세기 관음도는 20여 점이 알려져 있는데, 범어사 백의관음도는 19세기 특징을 부각시키면서 기전의 특색이 드러나는 작품이다.

이상과 같이 범어사 관음의 두신광 바깥으로 전체를 감싸고 있는 대월륜과 같은 둥근 원의 등장은 매우 특징적인 것으로, 1875년의 청룡사 내원암의 관음보살도, 1880년의 불영사 관음보살도에서도 확인

청룡사 내원암 관음보살도 조선 1875년, 견본채색, 95.5×97.0cm, 경기도 안성

된다. 이처럼 대월륜에 둘러싸인 관음도상은 19세기에 조성된 아미타불회도, 석가설법도 등과 같이 여래도상과 결합된 신도상으로 등장하여 주목시 된다.[56] 관음의 자세는 18세기에 이어 19세기에도 크게 윤왕좌와 유희좌 2종류가 보이는데, 본 관음도의 윤왕좌 자세는 1858년 통도사 백의관음도의 자세를 이어가고 있다.

또한 관음의 복식에서 장대(長帶)와 같이 흘러내린 긴 백의 자락이 번잡할 만큼 구불거리는 표현 등은 19세기 운문사 관음도(1868)에서도 동일 양식을 확인할 수 있다. 이같은 요소는 18세기 흥국사 수월관음도(1723)에 보이는 천의와 영락 띠장식의 물결치는 율동에서 19세기에 이르러 극대화된 양식으로, 18세기에 비해 다소 번잡한 경향은 있으나 화려함이 더해졌다고 볼 수 있다.

선재동자의 쌍계형 두발은 조선 전기부터 꾸준히 보이는 형태이나, 착의는 주목할 만하다. 19세기 선재동자 착의는 2종류가 보인다. 범어사본처럼 탈상의에 운견과 천의를 걸치고, 하의는 무릎 밑을 묶은 바지와 짧은 치마를 두른 경우와, 치마나 바지를 착용한 위에 소매 폭이 넓은 도포를 입거나, 그 위에 운견을 착용한 경우이다.[57] 이 2종류 모두 하의와 천의를 착용하고 있으나, 상의에서 뚜렷한 차이가 보인다. 전자의 경우는 18세기 관음도에서부터 지속적으로 보이는 형태인 반면, 후자는 지장보살 관련 도상에 보이는 선악동자상의 복식을 관음도에서 수용한 것이다. 따라서 범어사 관음도의 선재동자 착의는 선재동자의 전통 착의를 계승한 것이라 할 수 있다.

범어사 관음전 백의관음도 부분(선재동자)

불화승 수룡당 기전과 19세기 경상권 불화

기전의 제작 활동상

수룡당 기전은 19세기 후반 부산·경남지역에서 활약한 화승이다. 1863년부터 19세기말까지 약 30년간 기전이 관여한 작품은 총 30점 이상으로 파악된다.(표4 참조) 이들 작품의 화기에 의하면 그는 당호와 법명을 작화 시기에 따라 몇 가지를 사

표4. 수룡당 기전의 작품 목록

NO	명칭	소장처	재질	규격(縱×橫cm)	시기	화승
1	산신도	석남사(울주)	견본채색	89.5×67.5	1863	魚畵 比丘兼施主右道陝川海印寺 璟雲琪全
2	칠성도	동화사 내원암	견본채색	103.5×155.0	1876	金魚 水龍堂大典 冠盧堂宜官 普化 映善 官行
3	수월관음도	해인사 관음전 (현, 동국대박물관)	견본채색	38.7×24.5	1876	良工 水龍大電
4	칠성도	청곡사	견본채색	79.5×86.5	1877	良工 繡龍琪銓 映宣 東信
5	아미타불회도	동화사 염불암	견본채색	121.5×131.0	1879	金魚 比丘琪銓 坪注 肯律 典旼 敬 順 永察
6	석가설법도	위봉사 태조암	견본채색	198.3×255.0	1879	金魚 片手繡龍堂大電 春潭堂奉恩 普烹 仁○堂 普化 東○ 典敏 ○○ 永有 能○ 尙允 昇○ 敬典 ○○ 證 彦 讚○ 義順 智順 肯律 就洹
7	사천왕도 (지국천왕)	김룡사	마본채색	286.0×173.0	1880	金魚 霞隱應祥 雪海珉淨 慶霞到雨 鏡盧正眼 繡龍琪銓 正仁 肯律 尙 義 璉琪 榮珪 法任 天悟 瑞輝 永察
8	독성도		견본채색	90.0×65.0	1880	金魚 繡龍琪銓
9	아미타불회도	김룡사 금선암	마본채색	139.0×165.5	1880	金魚 霞隱應禪 雪海珉淨 繡龍琪銓 慶霞到雨 鏡盧正眼 比丘正仁 肯律 尙意 快珪 奉琪 千悟 法任 瑞輝 永察
10	신중도		마본채색	97.5×168.0	1880	金魚 霞隱應祥 雪海珉淨 慶棍到雨 鏡盧正眼 繡龍琪銓 比丘 肯律 奉琪 尙義 榮珪 天悟 法任 映察
11	신중도	김룡사 양진암	마본채색	151.0×106.5	1880	金魚 霞隱應祥 雪海珉淨 鏡盧三眼 繡龍琪銓 正仁 肯律 尙義 璉淇 榮 珪 法任 天悟 瑞輝 永察
12	신중도	안동 연미사	면본채색	117.0×85.0	1880	金魚 比丘繡龍琪銓 永宣 廷奎 肯 律 翰碩 永察 供主 東信 化主晶昕
13	석가설법도	목아불교박물관	면본채색	115.0×176.5	1880	金魚 比丘繡龍琪銓 永宣 廷奎 肯 律 翰碩 永察 供主 東信 化主比丘 晶昕 安東邑魯阿里居乾命戊戌生 金河益

NO	명칭	소장처	재질	규격(縱×橫cm)	시기	화승
14	아미타불회도	해인사 관음전	견본채색	199.5×261.0	1881	龍眼 冠虛宜官 繡龍琪銓 鏡潭映宣 文注 奉玹 幸準 翰奎 鍾順 永察 供養主 昨暎 東信 化主繡龍琪銓
15	아미타불회도	해인사 궁현당	견본채색	132.0×231.5	1881	龍眼 冠虛宜官 繡龍琪銓 鏡潭映宣 奉玹 幸準 翰奎 鍾純 永察 供養主 昨映 東信 持殿靑蓮夏水 都監律庵輔仁 別座鎭星 淨桶淸信士南雲 鐘頭定順 負木徐淡碩 *化主繡龍琪銓
16	삼장보살도	심우사	저본채색	127.2×184.5	1881	龍眼 冠虛宜官 繡龍琪銓 鏡潭映宣 文注 琫玹 幸準 翰奎 鍾順 永察 *化主繡龍琪銓
17	영산회상도		견본채색	355.2×401.2	1882	金魚片手琪銓 宜寬 妙英 慧卓 典基 珽奎 仁幸 龍般 尙義 輪燮 幸仁 永察 斗化 永俊 璟優 德化 奉淳
18	삼장보살도	범어사 대웅전	견본채색	257.0×267.2	1882	金魚片手琪銓 宜寬 妙英 慧卓 典基 珽奎 仁幸 龍般 尙義 輪燮 幸仁 永察 斗化 永俊 璟優 德化 奉淳
19	신중도		견본채색	229.5×232.8	1882	金魚片手琪銓 宜寬 妙英 慧卓 典基 珽奎 仁幸 龍般 尙義 翰燮 幸仁 永察 斗化 永俊 璟優 德華 奉淳
20	백의관음도	범어사 관음전	견본채색	219.5×223.5	1882	金魚 片手琪銓 宜寬 妙英
21	석가설법도	장안사 나한전	면본홍지 백선	155.0×168.5	1882	金魚 繡龍琪銓 貫虛宜官 戒柱 景佑
22	아미타삼존도	표충사 대광전	면본채색	225.0×183.5	1885	良工 比丘琪銓 比丘肯◯
23	삼신불회도 (비로자나불)		면본채색	499.0×407.0	1885	金魚秩 出艸水龍琪銓 香湖妙映 友松珽奎 片手錦雲肯律 龍船 日俊 玲洙 翰奎 昌碩 璟優 文注 性浩 斗明 守一 太一 *摠持水龍琪銓
24	삼신불회도 (석가모니불)	해인사 대적광전	면본채색	499.0×400.5	1885	金魚秩 水龍琪銓 出草錦湖若效 片手錦雲肯律 學玄 正順 圓碩 善珎 慶允 輔勳 *化主秩 水龍琪銓
25	삼장보살도		면본채색	301.0×286.5	1885	金魚 比丘繡龍堂琪銓 片手比丘錦雲堂肯律 比丘仁準 出艸比丘浩 平從 悳香
26	구품도	해인사 국일암	면본채색	191.0×228.0	1885	金魚 水龍琪銓 片手錦雲肯律 修仁 炳洪 敬祐 斗明
27	신중도		면본채색	105.0×117.0	1885	金魚 水龍琪銓 片手錦雲肯◯ 修◯ 炳洪 敬祐 斗明
28	치성광불도	신흥사	면본채색	91.0×79.0	1885	金魚 琪◯ 斗◯ 鳳◯ 錦◯
29	아미타불회도	대광명사	면본채색	169.0×219.5	1887	金魚 比丘水龍琪銓 赤爲化主也 祥奎 天奎 三仁 燦圭 昌元 戒幸 典鶴
30	아미타불회도	범어사 극락전	견본채색	157.0×197.8	1887	金魚 水龍琪銓 祥奎 天圭 三仁 燦圭 昌元 戒幸 典鶴
31	구품도	통도사 취운암	견본채색	197.0×229.0	19세기	金魚 水龍琪佺 碧山◯奎 柱珠 斗明

용하였다. 즉, 1863년 초기에는 경운기전(璟雲琪全), 1876년 수룡대전(水龍大典/大電), 1877~82년 기전(琪銓)과 수룡당대전(繡龍堂大電), 수룡기전(繡龍琪銓), 1885년 기전(琪鈴), 수룡기전(水龍琪銓), 수룡당기전(繡龍堂琪銓), 1887년 수룡기전(水龍琪銓) 등이다.[58] 작품 활동 초기에는 경운(璟雲)을 잠시 사용하다가 76년에 수룡당(水龍堂), 77년 청곡사와 김룡사의 작화 활동부터 80년 초까지 수룡당(繡龍堂)이라는 당호를 추가로 사용하면서, 그 이후 수룡(水龍)을 즐겨 사용하였다.

지역적으로 1863년 석남사 산신도와 같은 소규모 작품의 제작을 단독 시작으로, 1876~79년에 대구 동화사와 진주 청곡사에서 1미터 전후의 작품을 수화사로 제작하고, 이어 전북 완주 위봉사에서 규모 2미터 전후의 중급 이상의 석가후불도 작화에 우두머리 역할을 하였다. 1880년에는 경북 문경 김룡사에서 하은응상(霞隱應祥)과 설해민정(雪海珉淨)과 더불어 동참 화승으로 활동하였고, 관허의관(冠虛宜官)과 더불어 1881년에는 해인사에서, 1882년에는 부산 범어사와 장안사의 불화 제작에 수화사로 두각을 나타내었다. 이어 1885년에는 해인사·표충사에서, 1887년에 다시 범어사에서 상규와 천규, 삼인, 인규 등을 거느리고 활약을 하였다. 기전의 경상지역 활동 분포를 보면 (삽도 1)과 같다.

기전은 총 30여 작품 중 도상별로 석가 5점, 아미타 9점과 같은 여래후불도를 비롯하여 삼장보살도, 관음보살도, 신중도, 사천왕도, 칠성도, 산신도, 독성도 등을 제작하였다. 지금부터 그가 수화승 혹은 동참 화승으로 제작에 관여하였던 불화의 특징을 간략하게 살펴보기로 한다.

삽도1. 수룡당 기전의 경상지역 활동권

문경 김룡사 1880 : 응상, 민정, 기전, 궁률 등 안동 연미사 1880 : 기전, 영선, 정규, 궁률 등	대구 동화사 1876~79 : 기전, 의관, 궁률 등
합천 해인사 1881 : 의관, 기전, 영선 등 1885 : 기전, 묘영, 정규, 궁률 등	부산 범어사권 1882 : 기전, 의관, 묘영, 정규 등 1887 : 기전, 상규, 천규 등

시기별 작화 내용과 그 특징

| 1860~70년대 |

기전의 이름이 화기에 최초로 보이는 것은 1미터 되지 않는 소규모 화폭의 석남사 산신도(1863)이다. 그는 이 때 해인사에 적을 둔 화승으로 산신도를 단독으로 제작하였다. 이어 십년이 지난 후 해인사 관음전 수월관음도(1876), 진주 청곡사 칠성도(1876)에 이어 대구 동화사 칠성도(1877)를 제작하고, 완주 위봉사의 석가설법도(1879)를 주도적으로 제작하였다.

기전이 초기에 제작한 산신도는 사선으로 처리된 토파 능선 위에 뻗은 두 그루의 소나무를 배경으로 산신이 호랑이를 거느리고 앉아 있고, 그 뒤쪽에 공양녀가 쟁반에 과일을 담아 봉헌하는 모습을 담고 있다. 조선후기 산신도의 단순화된 도상과 보편적인 모습을 이어받고 있다. 운견을 착용한 공양녀의 두 갈래로 꾸민 머리 장식과 반에 담은 공양물 등은 조선 후기 지장, 감로 등의 의식불화 등을 비롯한 불화에서 볼 수 있는 여성공양자상으로 기전은 전통 불화를 잘 응용하여 도상을 표현하였다. 아울러 산신이 착용한 주색 장삼의 왼손 아래로 흘러내린 잎모양의 소매자락은 70년대 후반작인 청곡사 칠성도(1877)의 치성광삼존불, 동화사 내원암 칠성도(1876), 동화사 염불암 아미타불회도(1879)의 보살상 착의에서도 동일 패턴을 반복 사용하고 있다.

이외에도 70년대 후반에 제작한 이들 작품은 불보살상 모두 좌상으로 줄기를 갖춘 연화대좌에 결가좌한 모습으로 얼굴이 약간 갸름하면서 둥근편이며, 정상계주와 중간계주를 갖춘 두부는 육계는 위로 솟고, 지발은 좌우 양쪽 끝이 두드러지게 돌출된 특징을 보인다. 특히 본존 두광은 녹색광을 유지하되 신광은 둥근 광배에 물결형의 방광을 즐겨 표현하였는데, 청곡사본에 비해 동화사본은 한색과 난색을 교대로 배치하였다. 이같은 조선후기 물결형 방광표현을 기전이 수용하기 시작한 것으로 보인다.

| 1880년대 |

기전은 1880년에 김룡사 불화에서 수화사 하은응상과 조우하여 보조화승으로

석남사 산신도 조선 1863년, 견본채색, 89.5×67.5cm, 경상남도 양산

활동하게 된다. 하은응상(霞隱應祥)은 사불산의 화승으로 성암홍안(聖巖洪眼), 퇴운신겸(退雲信謙)과 더불어 대화사에 오른 화승이다. 응상의 작품은 은해사 심검당의 아미타·석가모니후불도(1855)를 시작으로 1890년경까지 약 30년 동안 40여 점이 전한다.[59] 기전은 1880년에 응상 아래에서 설해민정(雪海珉淨), 경허정안(鏡虛正眼)과 함께 1880년에 김룡사 금선암의 아미타후불도와 신중도, 양진암의 신중도, 그리고 사천왕도 등을 제작하였고, 단독으로는 독성도를 제작하였다. 채색은 주색과 녹색을 위주로 사용하면서 부분적으로 양청색의 활용이 눈에 띈다.

그리고 불보살상 외에 신중 권속들의 얼굴 미간의 주름 등에 '2'형 곡선을 활용하여 묘사하고, 안면의 주름을 따라 음영을 주어 얼굴 표정을 확연하게 드러내고 있다. 특히, 김룡사 사천왕도(1880)와 신중도(1880)의 안면에서 미간의 굴곡진 주름, 뭉툭한 코, 턱수염과 구렛수염, 귀밑머리 수염 표현 등은 특징적이며, 담먹을 바른 뒤 세선으로 구불구불한 모근 표현과 귀에서 얼굴쪽으로 흩날리는 귀밑머리 묘사는 인상적이다.

한편, 목아박물관 소장 석가설법도(1880), 연미사 신중도(1880)는 응상과 같이 제작하지 않고 기전이 수화사가 되어 정규, 긍률 등과 함께 제작한 작품들이다. 이 두 사례에서 보듯이 간략화된 구도나 신중의 표정, 통통한 얼굴에 작은 이목구비, 황색 계열 구름에 분선처리, 옷자락의 연속 반원형 꽃무늬 등에서 응상과의 보편적인 특징을 엿볼 수 있다.[60] 그리고 보살이나 천부상의 신광으로 자리잡은 물결무늬로 이루어진 역U형의 연판모양의 광배는 역시 70년대 후반의 물결모양의 방광의 광배에 이어 이 시기 작화의 특징이라 할 수 있다.

이처럼 기전은 응상과 작화 활동을 하면서 사불산 화파의 영향 아래 전통적인 화풍을 답습한 화승이라 볼 수 있다. 이후 1881~82년경에 관허의관(冠虛宜寬) 및 동신(東信)과 더불어 해인사와 범어사 불사에 임하였다. 기전과 함께 활동한 의관이나 동신 등도 이미 해인사 법보전의 비로자나불회도(1873) 제작 때 응상과 함께 작업한 바 있어 응상의 화풍을 인지하고 있었다.

이후 기전의 화풍은 수화사로 활약하는 범어사권역 작품에도 그의 역량을 발휘하였다. 범어사 불화와의 인연은 1882년 대웅전 영산회상도를 비롯한 삼장보살도와

김룡사 사천왕도(지국천왕) 부분 조선 1880년, 마본채색. 286.0×173.0cm, 경상북도 문경
김룡사 양진암 신중도 부분 조선 1880년, 마본채색. 151.0×106.5cm, 경상북도 문경

신중도, 관음전 관음도 등을 일시에 조성하였다. 불보살상의 육신은 굵기가 균일한 선을 사용하면서 보살상의 머리는 먹을 바른 위에 발제선은 녹청선을 도드라지게 마감하였고, 두광의 녹청색 역시 두껍게 발라 보관이 파묻히는 느낌을 준다. 신장상을 비롯한 권속들의 얼굴에 주름선을 따라 곁들인 음영처리, 세필로 섬세하게 수염을 묘사한 점, 부분적으로 신장상의 아래위 입술을 윤곽선 없이 처리하면서 좌우 가장자리를 꽃잎처럼 벌어지게 표현한 점이 특징적이다. 70년대에 이어 양청색의 설채와 본존 신광의 오색 방광의 물결무늬 등은 더욱 뚜렷하게 선호하게 된다.

또한 기전은 금운당 긍률(肯律)과의 활동도 눈에 띈다. 기전이 1880년 김룡사에서 하은응상과 함께 활동한 시기뿐만 아니라 1879~85년간 그가 수화승으로 활약하는 기간에도 대구, 안동, 문경, 합천 등지에서 금운긍률과 공동제작을 한다. 특히, 1885년에 기전이 수화승, 긍률이 편수로 소임을 맡으면서 제작한 작품이 해인사 대적광전 삼신불회도(비로자나, 석가), 삼장보살도, 국일암의 구품도, 신중도 등이 있다.[61] 이 시기에는 기전이 긍률과 함께 거의 대작에 관여하는 시기이다. 해인사의 삼신불회도는 길이가 5미터에 이르는 크기이며, 그 외 작품도 주로 길이 2미터, 너비 2미터를 넘는 규모이다. 이 시기의 작품은 앞 시기에 이어 많은 권속들이 등장하여 화면을 꽉메우는 형식이 지속되며, 특히 본존의 광배 형태가 원형 외에도 연판형 광배와 형식화된 역U형의 신광을 즐겨 채택하였다. 이 역U형의 광배는 초창기 보살상의 신광에 즐겨 사용한 모티브로 1885년경에 이르러 본존 여래상에게도 사용하고 있다. 더욱이 해인사 관음전의 아미타불회도(1881)에 보이는 앞 열에 나란히 열을 지어 시립한 보살상을 그룹별로 묶어 표현한 역U형 신광은 1887년에 조성한 범어사 및 대광명사 아미타불회도와 같은 여래권속도 도상에도 지속적으로 반복하여 사용하고 있다. 게다가 해인사의 비로자나불회도의 본존 및 보살상의 주색 대의 끝자락의 구불구불한 곡선뿐만 아니라 왼손에 걸친 법의의 끝자락이 날카롭게 처리된 점 등은 대광명사 아미타불회도(1887)에 이르러 더욱 번잡하게 나타나는 경향을 보인다.

특히, 대광명사 아미타불회도(1887)의 앞열 가장자리 양측에 문수와 보현보살이

해인사 대적광전 삼신불회도(석가모니불) 조선 1885년, 면본채색. 499.0×400.5cm, 경상남도 합천

각각 사자와 코끼리상을 대좌로 채택한 것 역시 해인사 관음전의 아
미타불회도(1881)의 도상을 계승하고 있다. 조선후기 19세기 후반에
코끼리를 탄 문수보살, 보현보살이 본격적으로 유행하는데, 이미 19
세기 초반에 사불산파의 거두인 신겸이 제작한 주왕암 영산회상도
(1800)와 온양민속박물관 소장 영산회상도(1821), 신겸이 출초한 삼세불
도 초본(1812)에서 석가불 좌우에 사자를 탄 문수보살과 코끼리를 탄

해인사 관음전 아미타불회도 조선 1881년, 견본채색, 199.5×261.0cm, 경상남도 합천 해인사 관음전 아미타불회도 부분
범어사 아미타불회도 조선 1887년, 견본채색, 157.0×197.8cm, 부산

보현보살의 모습이 확인된다. 이처럼 19세기 후반 경상도와 경기도 권에서 영산회상도 뿐만 아니라 여래권속도에 사자와 코끼리를 탄 문수와 보현보살의 도상은 사불산파 신겸의 영향과 흐름을 이은 것으로 보인다.[62]

이처럼 기전의 1887년의 작화는 앞 시기의 도상을 계승하면서 기존의 여래권속도와는 다른 아미타와 26보살로 구성된 도상을 제작하였으며, 일정한 패턴을 반복 사용하는 경향을 보인다. 이 아미타불회도(1887)는 화기에 범어사 극락전에서 조성하여 해인사 백련암의 아미타염불회인 만일회(萬日會)에 봉안된 아미타불회도임을 밝히고 있다.

대전사 주왕암 영산회상도 조선 1800년, 마본채색. 192.0×284.0cm, 경상북도 청송

팔상전의 석가설법도와 팔상도

불전미술에는 석가의 본생담 즉, 전생 이야기를 묘사한 자타카 그림과 석가가 태어나기 직전부터 열반 직후까지 다룬 석가모니 일대기 그림이 있다. 석가모니 일대기 그림은 석가의 생애 가운데 가장 중요하고 극적인 사건을 중심으로 네 가지 장면으로 압축 표현한 사상도와 여덟 장면으로 표현한 팔상도가 있다. 인도에서는 사상도(四相圖)가, 우리나라에서는 팔상도(八相圖)가 조선시대에 유행하였다. 이같은 팔상도는 석가의 일생을 시간의 흐름에 따라 이야기식으로 전개하는 불교설화도의 중요한 장르를 차지한다.

조선시대 팔상전이 건립되면서 다양한 장면이 그려진 팔상도를 벽면에 봉안하게 되는데, 정면 벽면의 중앙에는 본존 석가와 설법을 듣는 청문중으로 구성된 영산회상도를 비롯한 석가설법도를 모시게 된다.

| 석가설법도 |

범어사 팔상전의 중앙에 모셔진 석가삼존불상의 후벽에 1905년에 제작된 여래후불도가 봉안되어 있다. 화면 중앙에는 항마인의 여래가 단 위에 마련된 연화좌에 앉아있고, 본존의 대좌 양측에는 녹색 두광을 갖춘 협시가 전신을 드러내며 서 있다. 왼쪽(左脇侍)에는 양 손목을 교차시켜 정병을 쥔 백의관음, 맞은편 오른쪽에는 양 손에 금강저를 든 보살이 있으며, 그 위쪽으로 두광을 구비한 보살상 6위, 천부상 2위가 배치되어 있고, 그리고 투명 두광을 구비한 아난과 가섭을 포함한 십대제자상이 본존의 광배 주위를 에워싸고 있다. 그 위쪽 좌우측에는 금강역사가 4위씩 배치되어 팔금강이 지키고 있으며, 반대로 가장 아래쪽에는 사천왕이 외호하고 있다. 본존의 두광 좌우에는 광배를 갖춘 여래형의 타방불 2위가 합장한 모습으로 서 있고, 가장 위쪽 가장자리에는 용왕과 용녀가 배치되어 있다.

전체적으로 이 불화의 도상 구성은 그림의 크기나 시기에 따라 도상의 수가 많고 적음이 있으나, 앞 시기인 18세기의 흐름을 이어받고 있다. 팔대보살과 같은 수

적인 구성은 고려 14세기 아미타팔대보살도에 보편적으로 등장하는
8위의 보살상이다. 그러나 조선전기에 이어 조선후기에 이르러서도
석가나 아미타 등의 여래계 도상에서 8위로 구성된 보살상이 보이나,
합장형으로 등장하는 보살들도 많을뿐만 아니라 특정 지물을 지닌다
고 하더라도 존격에 따라 지물이 일정하지 않아 각 도상의 존명 규정
은 쉽지 않다.

범어사 팔상전 석가설법도 1905년, 면본채색, 240.8×219.8cm, 부산

그러나 이 불화는 본존 좌협시에 백의관음의 등장으로 인해 아미타여래도로 보는 경우도 있다. 조선후기에 이르러 석가설법도와 아미타불회도 도상이 서로 뚜렷한 구별없이 공유하는 사례들이 보이기 시작한다. 더욱이 지보암(持寶庵)의 여래설법도(1825)도 좌협시로 관음이 등장하나, 본존을 아미타 혹은 석가로 보는 견해가 있어, 이 불화도 반드시 아미타도상으로 보기는 어렵다. 이 점 유의하여 앞으로 검토할 필요가 있다.

그리고 본존의 광배와 좌협시 백의관음의 표현이 매우 인상적이다. 여래의 두광은 녹색, 신광은 오색 방광의 물결로 처리하였고, 두·신광 모두 타원형에다가 외곽을 능화형으로 표현하였으며, 가장자리는 붉은 광염으로 처리하였다. 백의관음은 백색 베일로 전신을 감싸고 있는데, 보관을 살짝 덮은 백의가 바람결에 날려 한쪽으로 쏠린 표현이다. 이같은 광배나 백의의 표현은 제작에 임한 화승과 직접적인 관련이 있는 것으로 보인다.

이 불화의 하단에 마련된 화기에는 대한광무 5년(1905)에 금어(金魚) 금호약효(錦湖若效) 외에 14명의 화승, 출초(出草)는 보응문성(普應文性)이 관여하였음을 밝히고 있다. 금호약효(1846~1928)

해인사 대적광전 삼신불회도(석가모니불) 부분 조선 1885년, 면본채색
499.0×400.5cm, 경상남도 합천
범어사 팔상전 석가설법도 부분(관음보살) 1905년, 면본채색, 부산

는 19세기 후반에서 20세기 초 충청지역의 대표적 불화승이자 한국 근대 불화계를 대표하는 자이다. 보응문성(1867~1954)은 약효의 제자로 마곡사파 불화를 정립한 대표적 화승이라 할 수 있다. 이들은 마곡사를 중심으로 한 계룡산 일대는 물론 전국에 걸쳐 활동하였고,[63] 부산·경남지역에서도 많은 활동을 하였다.

실제 1885년에 조성된 해인사 대적광전 삼신불회도 가운데 석가 영산회상도에 표현된 본존의 광배와 백의관음의 표현이 범어사 팔상전의 석가설법도의 그것과 흡사하다. 해인사 삼신불도회 중 1폭인 영산회상도는 수화사 기전이 담당하였으나, 불화의 밑그림인 출초는 금호약효가 맡은 것으로 화기에 밝히고 있다. 따라서 이미 1885년에 해인사 영산회상도의 밑그림에 사용되었던 금호약효의 도상이나 모티브들이 금호약효가 수화승으로 활동한 범어사 팔상전 석가설법도(1905)에 수용되었다고 볼 수 있다.

그리고 팔상전에 봉안된 불화 상단 중앙에 복장낭이 걸려 있다. 복장품은 불상이나 불화 조성시 불상의 복부나 불화의 뒷면 혹은 상단에 걸기도 하며, 화면 상단에 그려넣기도 하는데, 복장 주머니에는 오색실, 오방경, 후령통 등 여러 물건을 넣어 불화를 성스러운 예배대상으로 모시게 되는 것이다.

| 팔상도 |

석가설법도를 중심으로 여덟 폭의 팔상도를 좌우 벽면에 4폭씩 배치하였다. 설법도의 왼쪽에 제1폭을, 오른쪽에 제2폭을 배치하고, 좌측벽에 제3·5·7폭을, 우측벽에 제4·6·8폭을 배치하였다. 벽면의 공간에 따라 제1, 2폭의 너비가 3~8폭에 비해 50cm 정도 더 넓어 다른 화폭에 비해 장면 설정과 산수 표현이 옆으로 확장되어 그려졌다. 각 폭마다 대표적인 주제를 나타내고, 여러 장면들이 이야기식으로 전개된다. 장면과 장면 간에는 전각과 수목, 구름을 곁들여 서로 구획하였고, 장면마다 방제란과, 장면내 도상들 옆에도 방제를 두어, 이들이 누구이며 무엇을 하는 장면인지 설화그림의 성격을 그대로 나타내고 있다.

제1폭 석가가 도솔천으로부터 내려오는 도솔내의상(兜率來儀相)이다. 상단 중앙에 백색코끼리를 탄 호명보살이 둥근 광배에 둘러싸여 있고, 그 주위에는 천인들이 삼삼오오로 무리를 지어 에워싸고 있다. 이들을 감싼 구름이 마야부인에게로 오는 태몽 장면, 이에 대응하여 대각선 아래쪽에는 전각내 천인들이 마야부인의 몸 안에 수태한 보살에게 음식 등을 공양하는 장면과, 정반대왕과 마야부인이 꿈 이야기를 바라문에게 묻는 장면 등이 그려져 있다.

제2폭 룸비니 동산에서 탄생하는 비람강생상(毘藍降生相)으로, 화면 향우측 하단부터 이야기가 시작한다. 수목과 청록산수를 배경으로 룸비니동산에서 마야부인이 무우수나무를 잡고 오른쪽 겨드랑이 사이로 갓난아이 석가를 낳는 광경, 그 위쪽에 갓 태어난 아이가 왼손은 위로 오른 손은 아래를 가리키며 '천상천하유아독존'을 외치는 장면, 그 옆에 구룡이 입으로 물을 내뿜어 어린아이를 씻는 장면, 그리고 하단 향좌측에 마야부인 일행이 궁전으로 다시 귀환하는 장면, 이어 그 위쪽에 정반대왕이 아시타 선인에게 아기 석가의 미래를 점치는 장면 등이 그려져 있다.

제3폭 사문에 나가 사람들을 관찰하는 사문유관상(四門遊觀相)으로, 시계방향으로 이야기가 전개된다. 향우측 위쪽부터 싯달타태자가 동쪽 문밖에서 노인을 보고 생각하는 장면, 아래쪽에 남쪽 문밖에서 병든 자를 보고 생각하는 장면, 향좌측 아래쪽에 서쪽 문 밖에서 죽은 자들의 장례를 보고, 위쪽에는 북쪽 문 밖에서 사문을 보고 출가하기로 마음을 먹는 장면 등이 배치되어 있다. 이같은 장면을 둘러싼 청록산수의 장엄함이 돋보인다.

제4폭 성문을 넘어 출가하는 유성출가상(踰城出家相)이다. 하단 향좌측에 싯달타태자가 거주하는 궁에 시중드는 모든 사람들이 잠을 자고 있으나 태자의 자리는 비어 있는 모습, 반대쪽 향우측에는 닫혀있는 성문 앞에 태자와 그의 시남 차익과 말 등이 보이고, 그 위쪽으로 태자가 말을 타고 차익과 함께 궁을 빠져나오는 광경, 차익이 돌아와 정반대왕과 후비, 태자비에게 고하는 장면 등이 그려져 있다.

제1폭 범어사 팔상도(도솔내의상) 1978년, 면본채색, 202.6×202.1cm, 부산

제5폭 설산에서 수도하는 설산수도상(雪山修道相)으로, 설산과 청록산수가 대조를 이루며 전개된다. 하단 향좌측에 태자가 머리카락을 스스로 삭발하는 모습과 그 반대쪽에 차익이 태자의 옷을 가지고 말과 돌아오면서 슬퍼하며 환궁하는 장면, 그 위쪽에는 왕이 태자에게 사람들을 보내고 이들이 태자를 돌아오게 설득하는 장면이 이어지고, 상단 향우측에는 태자가 수자타에게 우유죽 공양을 받고 니련선하로 가서 목욕재계하는 장면, 향좌측에는 천인들이 태자가 목욕재계한 물을 그릇에 담는 모습, 바

제5폭 설산수도상
제6폭 수하항마상
제7폭 녹원전법상

다의 각종 어패류
생물체들이 태자가
목욕한 물을 먹고
천상에 태어나는 광
경 등을 담고 있다.

제6폭 보리수 아
래에서 마구니의
항복을 받는 수하
항마상(樹下降魔相)이
다. 향우측 중간에
마왕 파순이 석가
의 깨우침을 방해

제8폭 범어사 팔상도(쌍림열반상) 1978년, 면본채색. 202.6×156.4cm

하기 위해 무기를 실은 수레와 무리들을 거느리고 가는 장면, 마왕이
무리들을 인솔하여 병목에 매인 줄을 잡아 당기면서 석가를 위협하
는 장면, 반대편 위치에는 석가를 유혹하는 여인과, 석가의 육계주로
부터 뿜어나오는 서광이 마궁을 비추는 장면, 이어 그 위쪽에는 석가

가 항마인을 취해 악마를 항복시키고 이에 천인들이 찬탄하는 광경과, 그 옆에 뇌신 등이 하늘에서 내려와 먹구름을 동반하면서 번개를 치자 악마의 무리들이 제압당하며 놀라 넘어지는 모습 등을 표현하고 있다.

제7폭 녹야원에서 처음으로 설법하는 녹원전법상(鹿苑轉法相)이다. 하단 향우측에 5인에게 처음으로 불법을 전하는 장면, 반대편에는 수달다장자가 아사세태자의 동산을 사서 황금으로 기원정사를 짓는 광경, 그 위쪽에는 흙을 가지고 노는 아이들이 석가에게 흙을 보시하자 이를 탑으로 바꾸는 장면 등이 그려져 있다. 상단 중앙에는 석가가 보살의 모습으로 변신하여 전법하는 장면이 있고, 바로 그 왼쪽에 사슴을 살생하는 사람이 보인다. 이는 녹야원이라고 칭하게 된 녹왕본생담을 도해한 것으로, 조선후기 쌍계사 팔상도에서 유일하게 보이는 도상으로 알려져 있으나,[64] 범어사 팔상도에도 동일 도상이 확인된다.

제8폭 석가가 사라쌍수 아래에서 열반하는 쌍림열반상(雙林涅槃相)이다. 하단 향우측 사라쌍수 아래의 보대에 누운 석가모니 주위로 비통에 젖은 제자와 보살 및 천인 등, 반대편에는 가섭이 늦게 도착하여 금관에 들어간 석가를 보고 슬퍼하자 두 발을 관 밖으로 내보이는 모습, 그 위쪽으로는 재를 지내는 모습과 마야부인이 도솔천에서 내려와 석가모니의 죽음을 슬퍼하자 석가가 관 밖으로 화불처럼 출현하는 장면, 상단에는 관에 불을 붙이고 다비를 하자 많은 양의 사리 알갱이가 감로처럼 떨어지는 장면과 사리를 분배하는 장면 등을 각각 담고 있다.

이같은 여덟 폭의 팔상도는 모두 1978년(불기2522)에 만들어진 것으로, 전체적인 구도 포착과 장면 배열 및 구성 등은 18세기에 조성되었던 운흥사 팔상도(1719), 송광사 팔상도(1728)의 계통을 기본적으로 계승한 것으로 보인다. 여기에 청록산수화를 여덟 화폭의 장면마다 세트 장치로 설치하여 청록산수화의 기량이 돋보이는 팔상도를 탄생시키고 있다. 화면 하단에 시주질을 밝힌 묵서 화기가 있는데, 그 중 제2의 비람강생상 화폭 제작에는 화공 우일(又日)이 담당하였음을 밝히고 있다.

우일은 20세기 전반기 불상·불화·단청 분야에 대표적인 화승인 보응문성(菩應

文性(1867~1954))과 금용일섭(金蓉日燮(1900~1975))의 제자로 알려져 있다. 보응문성은 범어사 팔상전의 여래후불도(1905)의 수화사였던 금호약효의 제자로 마곡사에서 불화를 배웠으나 부산·경남지역 등 다양한 지역을 왕래하며 불화를 남겼다. 문성이 노쇠하자 우일은 그의 제자격인 일섭의 문하로 들어가 그를 시봉하면서 활동한 것으로 본다.[65] 우일은 1930년에 전북 익산 숭림사 불상 제작에 보응과 일섭 휘하에 참여하면서 일섭과 인연을 맺는다. 이후 1932년에 진주 호국사 괘불화, 1933년 공주 갑사 신흥암의 산신도 등에 보응 아래에서 활동하였고, 1931년 공주 신원사 대웅전 오여래상 개금, 1938년에 김제 금산사 시왕 개채 및 김제 학선암 삼성각 지장도 불사, 1940년에 이르러 제주 관음사·불탑사 대웅전의 불화 조성, 1945년 영암 망월사의 지장시왕도를 비롯한 일련의 불사 등을 일섭 아래에서 함께 활동하면서,[66] 자기 영역을 넓혀 나간 것으로 보인다.

이를 통해 팔상전의 석가후불도인 석가설법도(1905)제작은 사제관계인 금호약효와 보응문성이 담당하였고, 팔상도는 문성과 일섭의 화맥을 이은 제자 우일이 1975년에 담당하였음을 알 수 있어, 팔상전 전각내 불화 제작 불사는 사제간에 세대를 이어 완성된 불사임을 알 수 있다.

나한전의 석가설법도와 나한도

나한전은 나한을 모신 전각으로 응진전이라고도 한다. 나한은 부처님의 제자로 아라한(阿羅漢)이라고 부르며, 덕(德) 높은 스님을 지칭하기도 한다. 이들은 석가가 열반한 후 미륵불이 나타나기까지 세상에서 불법을 수호하도록 위임받은 자들이다. 나한에는 십육나한(혹은 십팔나한), 오백나한이 있다.

일반적으로는 나한전 정면 중앙에 석가와 제자들로 구성된 석가설법도를 배치하고, 그 좌우측에 십육나한을 도상별로 한 폭에 여러명을 그려 총 6~8폭으로 배치하는 경우가 보편적이다. 이들 도상의 유행은 조선후기 사찰에 나한전 혹은 응진전이 갖추어져 있는 것을 보아도 짐작할 수 있다. 범어사 나한전의 석가설법도와 십육나한도는 모두 1905년에 수화승 금호약효가 제작한 것이다.

범어사 나한전 석가설법도 1905년, 면본채색, 206.4×266.7cm, 부산

| 석가설법도 |

나한전의 석가삼존불상의 뒷 벽면에 석가후불도가 봉안되어 있다. 팔상전의 석가후불도와 같은 시기에 제작된 석가설법도(1905)이다. 화면 중앙에는 항마인의 석가모니를 중심으로 양측에 연화가지와 여의를 들거나 합장형 모습의 총 4위의 보살이 배치되어 있고, 두광을 갖춘 아난과 가섭이 측근에서 합장형으로 시립하고 있다. 이어 위쪽에는 손을 모아 본존을 향한 제자상 8위, 아래쪽 바깥에는 사천왕상 4위가 각각 외호하고 있다.

이 후불도의 도상 구성은 앞서 동시기에 제작된 팔상전의 석가설법도(1905)에 비해 간략하다. 이는 나한전에 봉안하는 불화이기에 다른 권속에 비해 제자상을 강조한 것이다. 그리고 하단에 적힌 화기에는 대한광무 5년(1905)에 제작되었고, 밑그림 출초는 보응문성, 수화사 금어 금호약효를 비롯해 14인이 제작에 관여하였음을 밝히고 있다.

전체적으로 채색은 팔상전의 석가설법도와 동일하나, 특히 본존을 비롯한 인물들의 묘사에 차이가 있다. 팔상전의 경우 눈·코·입이 자그마하면서 코를 중심으로 몰린 반면, 상대적으로 나한전의 경우는 눈·코·입이 큰 편이고, 길쭉한 코로 인해 눈과 입술이 멀어진 편이다. 본존의 두부 및 광배 표현, 권속들의 착의 등에서도 역력하게 차이를 보인다.

팔상전과 나한전의 후불도인 석가설법도는 금어 금호약호를 비롯하여 동일한 이름을 지닌 화승 13인이 관여하였으나, 나한전의 경우는 초암세한(草庵世間)이 빠지고 보조화승 축연이 추가되어 있다. 이 두 작품은 비록 동일 수화승과 그의 그룹에 의해 제작되었으나, 도상에 차이가 있어 밑그림이 다른 본을 사용한 것으로 보인다. 또한 나한전 불화에는 축연이 보조화승으로 추가되어 그의 비중을 무시할 수가 없다. 축연은 동시기 범어사 괘불화(1905)에도 금호약효와 보응문성 등과 더불어 참가하였다. 축연은 보응문성과 교류한 자로, 19세기 후반에서 20세기 전반에 걸쳐 다양한 지역을 다니며 활동하였는데, 특히 1905년 경에 범어사와 동화사 등 부산·대구권역에서 활동한 것으로 확인된다.

십육나한도

십육나한도는 총 6폭으로 석가설법도의 왼쪽에 제1폭을, 오른쪽에 제2폭을 배치하고, 좌측벽에 제3·5폭을, 우측벽에 제4·6폭을 배치하였다.

『법주기(法住記)』에 의한 십육나한의 명칭은 ①빈도라바라타자존자(頻度羅跋羅墮闍尊者), ②가나가바차존자(迦諾迦伐蹉尊者), ③가나가바리타자존자(迦諾迦伐釐墮闍尊者), ④소빈다존자(蘇頻陀尊者), ⑤나구라존자(諾矩羅尊者), ⑥바다라존자(跋陀羅尊者), ⑦카리카존자(迦哩迦尊者), ⑧바자라푸타라존자(伐闍羅弗多羅尊者), ⑨지바카존자(戎博迦尊者), ⑩반다카존자(半託迦尊者), ⑪라후라존자(羅怙羅尊者), ⑫나카세나존자(那伽犀那尊者), ⑬가타존자(因揭陀尊者), ⑭바나파시존자(伐那婆斯尊者), ⑮아지타존자(阿氏多尊者), ⑯주다반타가존자(注荼半吒託迦尊者)이다.[67]

범어사 십육나한도 제2폭(2·4·6존자) 1905년, 면본채색, 176.7×232.0cm, 부산
범어사 십육나한도 제4폭(8·10·12존자) 1905년, 면본채색, 176.7×241.2cm, 부산

범어사 나한전의 십육나한도 제1폭에 ①빈도라바라타자 ③가나가바리타 ⑤나구라, 제2폭에 ②가나가바차 ④소빈다 ⑥바다라, 제3폭에는 ⑦가리가 ⑨지바카 ⑪라호라, 제4폭에 ⑧바자라푸타라 ⑩반타카 ⑫나가서나, 제5폭에 ⑬가타 ⑮아지타, 제6폭에 ⑭바나파시 ⑯주다반타가 등의 존자를 각각 배치하고 있다. 이처럼 나한전 혹은 응진당 전각에 석가설법도의 양쪽에 십육나한을 3폭씩 봉안한 조선후기의 대표적 사례는 수화승 의겸이 제작한 흥국사 응진전 십육나한도(1723)를 들 수 있다.[68]

범어사 삼육나한도의 화면 하단에는 세 군데에 걸쳐 화기를 기술하고 있다. 6폭 모두 편수는 보응문성이 맡았으나, 제작은 수화승 금호약호를 비롯하여 그의 문하 화승이 팀으로 나누어 담당하였다. 즉 제1·5·6폭은 금어 금호약효와 몽화, 제2폭은 금어 초암세간과 법연, 제3폭은 금어 병혁과 도윤, 제4폭은 약호 휘하에서 작업을 하였다.

범어사 십육나한도는 나한상의 배경이 되는 청록산수와 같은 자연경관을 비중 있게 다루었고, 학과 거북, 사슴, 소나무와 같은 십장생 내지는 길상 모티브를 부각시킨 점 등을 특징으로 들 수 있다. 이처럼 전통불화 외에 도교와 민화풍의 분위기를 자아내고 있다. 그리고 제2폭의 나한상의 착의에 음영처리와 하이라이트 기법이 주목시된다.

성보박물관 소장 대표 불화

비로자나불회도

이 불화는 비로전 전각에 봉안되었던 후불화였으나, 본지의 박락 및 손상이 매우 심해 따로 보관중이다가, 2010~11년에 걸쳐 수리가 진행되었다.

중앙에 위치한 비로자나불은 지권인을 결하고 결가좌 자세로 높은 단위의 연화좌에 앉아 있다. 본존 대좌 양측에는 녹색 두광을 갖춘 협시가 전신을 드러내며 연화답할좌 위에 서있다. 왼쪽(좌협시)에는 여의를 쥔 문수보살, 맞은편 오른쪽(우협시)에는 연화가지를 쥔 보현보살이 있으며, 위쪽으로 두광을 갖춘 합장형의 보살상 6위, 천부상 2위가 배치되어 있다. 그리고 그 위쪽으로 녹색 두광을 구비한 아난과 가섭, 타방불 2위가 합장한 모습으로 본존을 에워싸고, 양측으로 제자상 6위에 이어 금강역사상 2위가 외호하

범어사 비로자나불회도 조선 1791년, 견본채색, 222.0×196.0cm, 부산

고 있으며, 반대로 가장 아래쪽에는 사천왕상이 외호하고 있다. 각 도상들의 그룹 간에는 구름을 활용하여 위계를 구분짓고 있다.

화면 상단 좌우에는 아래로 늘어뜨려진 풍대를 그려넣었고, 천공에는 본존의 두광 바로 위쪽에 천개를 묘사하고, 양쪽에는 구름을 표현하였다.

본존의 신체는 황백토를 바르고 가는 담먹선으로 윤곽을 그렸으며, 눈썹은 먹 선의 밑그림선 위에 녹청을 긋고, 눈동자는 먹선으로 윤곽을 잡고 먹으로 동공을 찍었다. 입술은 주색을 바르고, 먹선을 그어 아래·윗입술을 구분하였다. 본존의 법의는 녹색 복견의 위에 붉은 색 가사를 걸쳤으며, 가사에는 백색으로 둥근 꽃무 늬와 작은 꽃무늬를 흩뜨려 장식하였다. 두광은 녹색 한가지를 발랐으나, 신광은 작은 국화문이 삽입된 칠보연결 무늬를 장식하였는데, 자색 바탕에 주색과 백색의 소형 국화 꽃잎을 돋을기법을 구사하여 배치하고, 칠보문은 자색과 백색으로 나타 내어, 매우 섬세하고 화려한 광배를 표현하였다.

하단에는 화기가 적혀있어 조성일, 시주질, 연화질, 산중질 등의 정보를 담고 있으나, 화기 중 일부는 박락되어 전독은 불가능하다. 조성시기는 현재 박락되어 알 수 없으나, 이전에 손상이 심하기 전에 판독된 자료를 통해 1791년에 조성되어 비로전에 봉안된 불화임을 알 수 있다. 제작에는 편수 영린(永璘)을 비롯해 용안 ○ 겸(○謙), ○혜(○惠), 성인(性印), 태민(太旻), 연홍(衍洪), 영수(影修), 유해(有海) 등이 관여하 였음을 밝히고 있다.

한편 이 비로자나불회도와 같은 시기에 수화승 영린이 참가하였던 부산 원광사 소장 석가설법도(1791)가 있다. 원광사 작품의 화기에는 1791년 8월 22일에 제작을 시작하여 9월 20일에 마친 것으로 밝히고 있다. 범어사 비로자나불회도의 박락된 부분과 대조를 하면, 범어사 작품은 원광사 작과 동시기에 제작된 것임을 알 수 있 으며,[69] 화기에 박락된 화승의 이름도 확인이 가능하다.

수화승 영린은 범어사 불화외 직지사 신중도(1789), 남장사 영산전 지장시왕도 (1790), 원광사 석가설법도(1791) 등에 관여하였고, 영린에 이어 등장하는 만겸(萬謙)은 직지사 신중도(1789), 원광사 석가설법도(1791), 마하사 현왕도(1792) 제작에 임하였다.

수화승 영린이 같은 해 제작에 참여한 범어사와 원광사 불화를 비교하면 동일

화승이 참여한 점에서 매우 유사하다. 그러나 범어사본에 비해 원광
사본은 본존의 얼굴이 양감있고 넉넉하며, 그 외 귀와 수염 표현에
있어서도 차이를 보인다. 2점 모두 우두머리 화승은 편수(片手) 영린으
로 기재되어 있으나, 두 작품의 화풍상의 차이를 감안하면, 범어사본
의 경우 영린 다음에 기재된 용안(龍眼) 만겸의 화풍이, 원광사본의 경
우 영린 뒤에 기재된 용안(龍眼) 영수의 화풍이 반영되었을 가능성이
있다. 한편 2점 모두 화승을 뜻하는 용안(본디 용면(龍眠)이라고 함)이라는
용어를 사용하고 있다. 용안은 대체로 경북지역에서 많이 사용하다
가 이후 경상도지역으로 확산된 명칭이다.[70] 이 점은 범어사본과 원
광사본 등은 경북지역 불화의 전통을 계승하고 있음을 반증하는 점
이기도 한다.

원광사 석가설법도 조선 1791년, 견본채색, 182.2×243.5cm, 부산

범어사의 불교문화

사천왕도

　　사찰의 일주문을 지나 천왕문을 들어서면 나무나 흙으로 만든 조
선후기의 거대한 사천왕상을 만날 수 있다. 그러나 범어사의 사천왕
도(1869)는 4폭 1조로, 세로 350센티가 넘는 족자형의 거작 불화이다.
원래 1964년에 천왕문 개보수시 벽체로부터 분리하여 대웅전 후불벽
뒤쪽 공간에 보관하였다가, 2003년에 이르러 범어사 성보박물관으
로 옮겨 2폭씩 교체 전시를 실시하였다.[71] 그러나 오랜 세월동안 사
천왕 전각에 봉안되었고, 대웅전 뒷켠에서 수십 년간 보관되었던 관
계로 본지와 안료의 박락이 심한 상태였다. 이후 사천왕도는 2008~
2009년도에 수리가 완료되어 현재 상태가 양호하다.

　　사천왕은 원래 인도의 방위신이었으나, 부처님에게 귀의하여 천
신(天神)으로서 수미산의 동서남북에 거주하면서 사방을 수호하고 불
법을 지키는 호법신의 이미지가 강화되었다고 볼 수 있다. 사천왕은

범어사 사천왕도(동방 지국천왕, 서방 광목천왕, 남방 증장천왕) 조선, 1869년, 견본채색, 357.0×258.3cm(각), 부산

범어사 사천왕도(북방 광목천왕) 조선 1869년, 견본채색, 357.0×258.3㎝, 부산

우리나라 고대부터 호법과 호국신으로 많이 제작되었고, 사리장엄구를 비롯하여 석탑과 석등, 법구 등의 부조물 외에 불교회화에서도 많이 등장하는 도상으로, 동방은 지국천왕, 남방은 증장천왕, 서방은 광목천왕, 북방은 다문천왕이라 각각 일컫는다.

조선시대 불화에 등장하는 사천왕은 대개 영산회상도나 아미타불회도, 신중도, 괘불화 등에 외호중으로 등장하는 사례가 많다. 그러나 사천왕 도상만을 단독 주제로 부각시킨 불화는 의성 고운사 사천왕도(1758), 대흥사 천불전 사천왕도(1794), 동화사 사천왕도(1896), 법주사 사천왕도(1897), 국립중앙박물관 소장 사천왕도(19세기), 대영박물관 소장 사천왕도(18~19세기), 유가사 사천왕도(19세기) 등 극소수에 지나지 않으며, 그 중 범어사 소장본의 규모가 가장 큰 것으로 추정된다.

범어사 소장본은 족자형으로, 비단 4폭에 천왕상을 각각 1위씩 그렸다. 먼저 비파를 들고 있는 동방 지국천왕, 용·보주를 쥔 서방 광목천왕, 보도를 쥔 남방 증장천왕, 탑과 당(幢)을 들고 있는 북방 다문천왕이다.[72] 이 4폭 모두 천왕의 신체는 분홍색이나 갈색을 발랐는데 부분적으로 엷은 주황색으로 바림하여 음영을 표현하였다. 신체의 윤곽처리와 주름선은 붉은 선을 그었고, 머리는 먹을 바르고 녹청으로 윤곽을 처리하였다. 특히, 부릅 뜬 양쪽 눈은 먹선으로 눈꺼풀을 그리고, 홍채는 갈색을 엷게 바르고 먹선으로 테두리를 둘렀으며 동공은 먹점을 찍었다. 그리고 홍채 외곽을 제외한 백색 눈에는 담먹을 바림하여 마치 동그란 눈동자가 튀어나올 듯 입체적으로 묘사하였다. 눈썹과 코·턱 수염 등은 담묵을 먼저 펴바르고 짙고 가는 먹선으로 와권형의 모근을 섬세하게 묘사하였다.

착의는 보관과 갑옷을 착용하고, 그 위에 견갑과 목스카프, 요포, 그리고 천의를 걸쳤다. 갑옷은 주로 붉은 색 바탕에 청색, 녹색, 황색, 백색 등으로 무늬를 표현하였다. 팔부분에 팔과 허벅지, 발등부분에는 칼치전과 풀치전 장식, 상하의와 요포 가장자리에는 연초화문을 장식하였다. 주색과 청색으로 배합이 된 천의는 전신을 감싸고 율동적으로 굽이치며 길게 흘러내렸는데 상의의 넓게 펄럭이는 소매부분과 더불어 화려함을 더해주고 있다.

이같은 천의자락의 율동감과 소매자락의 펄럭임은 18세기 사천왕도에 비해 19

세기의 김룡사(1880)나 동화사(1896)의 경우처럼 과도하게 장식적이고 화려해진 반면 다소 번잡해진 느낌이 든다.

천공의 구름도 자색과 연녹색 두 종류가 보인다. 자색계 구름은 먼저 안쪽은 짙게, 가장자리는 옅게 바림하였고, 연녹색 구름은 녹색을 바르고 자색으로 가장자리를 바림하여 각각 입체감을 나타내었다.

화면 하단 중앙에 주색 바탕의 화기란에는 묵서로 기술하였는데, 그 내용이 거의 일치한다. 기술된 금어질로는 편수 원선(元善), 민관(敏瓘), 출초는 행전(幸仝), 태희(太禧), 성엽(性曄), 원규(元奎), 양공은 윤종(允宗)으로 되어 있다.

괘불화

범어사 소장 괘불화(1905)는 팔상전과 나한전의 석가설법도와 십육나한도와 동시기에 동일 화승에 의해 제작된 대형 불화이다. 조선시대 괘불화는 이른 시기의 죽림사 괘불(1622)을 비롯하여 약 100점에 육박한다. 1950년대까지 고려하면 120여 점으로 파악된다. 조선후기는 전란으로 소실되거나 피폐된 사찰 재건에 주력하면서, 다양한 의식을 통해 전사자들과 비명횡사한 민중들의 원혼을 달래주는 역할이 주어졌다. 이러한 사회상을 반영하듯이 다양한 불교의식집이 활발하게 간행되었고, 이를 바탕으로 영산재, 수륙재, 기우재, 소재도량, 진언법석 등 다양한 불교의례가 행해졌다. 결과적으로 이러한 불교의식의 성행은 불교가 민중 속으로 더욱 깊게 뿌리내리는 계기가 되었다. 불교의식의 성행과 더불어 출현한 대표적인 불화가 괘불화이다. 대개 높이가 8~14m에 이르는 대형 불화로, 평상시 커다란 함[樻]에 넣어 주불전의 불단 뒤쪽에 안치하다가 사찰 중정(中庭)에서 베풀어지는 야외의식에서 괘불대에 걸어 모시는 대표적인 의식용 불화이다. 본 괘불화 역시 대웅전 불단 뒤에 안치되어 있다.

범어사 괘불화는 화면 가운데 입상형의 아미타를 중심으로 그 왼쪽에 관음보살, 오른쪽에 대세지보살이 각각 시립하고 있으며, 보살 뒤쪽에는 가섭과 아난존자가 상반신만 묘사되어 있다. 본존의 신체는 황백색을 바른 뒤 가슴과 일부는 백색으로 하이라이트를 주어 밝게 표현한 반면, 그 외 부분은 담먹을 발라 음영을 주어 서로 대조를 이루고 있다. 특히 본존의 안면은 황색을 덧발라 입체적으로 표현하였으나, 강한 음영 표현으로 인해 원만한 상호보다는 부자연스러운 분위기를 자아낸다. 윤곽선은 옅은 갈색으로 그리고 윤곽을 따라 담먹으로 바림하였다. 본존의 두발은 짙은 청색을 발랐는데 두부 안쪽으로 갈수록 백색을 바림하여 입체감을 주었고, 가장자리는 짙은 먹으로 바른 뒤 녹색 선으로 윤곽을 잡았다. 그리고 두부 외곽에는 먹을 바림하여 마치 그림자 같은 효과를 준 점 등은 종래 불화에 비해 파격적이다. 이러한 음영법은 축연을 중심으로 한 서울 · 경기지역 불화의 대표적 양식으로 자리매김하면서 근대 불화의 특징적인 양식이 되었다 할 수 있다.[73]

그리고 협시보살의 영락장식 띠, 가섭의 귀걸이, 정병의 견부 등 일부 금속제의 모티브

범어사 괘불화 1905년, 저(마)본채색, 1,064.4×565.2cm
부산

를 비롯해 화불의 광배 부분에 금니를 부분적으로 사용하였는데, 이같은 현상은 조선시대 불화에서 보편적으로 찾아볼 수 있다.

화면 하단에는 장문의 묵서 화기가 적혀 있다. 괘불 제작의 총감독인 도편수는 보응문성이고, 제작은 금호약효를 비롯하여 혜암정상(慧庵正祥), 초암세한(草菴世閒), 관허종인(觀虛宗仁) 외에 12인이 참가하였다. 여기에 축연이 동참하고 있어, 범어사 나한전의 석가설법도 제작에 관여한 화승과 거의 동일하다. 이 괘불화의 불보살상의 얼굴모습은 나한전 석가설법도(1905)와 유사하나, 인체와 착의의 음영법은 약효의 작품에서는 새로운 화풍이라 할 수 있다. 이 점은 역시 앞서 언급한 바와 같이 음영법을 특기로 하는 축연의 화법이 반영된 것으로 볼 수 있다.

제석신중도

범어사의 제석천룡도는 수화승 민활(敏活)과 계긍(戒亘)이 동참하여 1817년에 제작한 불화이다. 세로 124.5cm, 가로 122.5cm 크기의 비단에 채색을 베푼 작품으로 제석천과 위태천을 중심으로 모두 14위의 권속을 묘사하였다.

이 불화는 화면을 상하 2단으로 구성하여 상단에는 녹청색의 원형 두광을 갖추고 합장한 제석천을 중심으로 좌우측에 일월천자와 천녀 등 천부상이 2인 1조로 4위가 배치되어 있다. 제석천 두광 좌우로는 번(幡)을 높이 들고 있는 동자상 1조가 구름 사이로 약간 드러난 천공을 배경으로 시립해 있다. 하단에는 합장한 위태천을 중심으로 갑옷에 투구 혹은 무기를 갖춘 신장상 8위가 여백없이 열을 지워 배치되어 있다. 화면 중앙에 합장한 제석천이나 위태천 그리고 천동과 공양천녀 등에서 드러나는 시선과 동세는 화면의 왼쪽(향우측) 방향으로 비스듬히 향하고 있는 점에서 전각내 불단의 오른쪽(향좌측) 벽면에 걸었음을 짐작할 수 있다.

제석천은 화려한 보관을 쓰고 짙은 녹색의 두광을 갖춘 모습으로 신체를 왼쪽으로 약간 틀어 정면을 향해 합장하였다. 제석천의 좌우측에는 두관에 붉은 태양과 백색 달을 상징하는 원반이 장식된 일천자(日天子)와 월천자(月天子)가 양손을 합장한 채 시립하고, 그 양쪽 옆으로 배치한 천녀 2위는 맨 위쪽의 제석천의 두광 좌우로 시립한 천동 2위와 함께 각각 일산(日傘)과 공양반을 손에 받쳐들고 있다.

　제석천의 아래쪽 중앙에는 새의 날개깃털로 장식된 화려한 익상관을 착용한 위태천이 갑옷으로 무장한 모습에 지물인 금강저는 보이지 않고 두 손을 가슴 앞에 모아 합장한 채 서 있으며, 신체가 화면 좌측으로 쏠리듯 경배하는 자세를 보인다. 위태천의 좌우로 시립한 신장상 중 왼쪽 가장자리 열에는 머리에 여의주가 있는 관을 쓰고 부

범어사 제석천룡도 조선 1817년, 견본채색, 132.4×128.8cm, 부산

릅뜬 눈과 꽉 다문 입 주변으로 고드름처럼 늘어진 흰수염이 인상적인 용왕이 가슴 앞에 모은 두 손으로 용의 뿔을 잡고 있어 눈길을 끈다. 그 외 앞 열에 배치된 7위의 신장상들은 각각 다양한 투구와 복식, 보검, 삼고저 등의 지물을 갖추고 있거나 합장하고 있다.

전체적으로 채색은 차분한 주색과 녹청색이 주조색이고, 그 외 신체와 내의에 백색, 제석천의 어깨에 걸친 신장상의 운견과 관모, 지물에 황색이 부분적으로 활용되었다. 녹청색의 변색과 화면 하부의 오염 상태가 다소 있으나 안정된 인물 묘사와 자연스러운 화면 구성 등에서 비록 소규모의 신중도이긴 하지만 화승의 필치가 드러나고 있다. 또한 존상에 표현된 타원형의 얼굴 모습, 팔부중의 투구에 표현된 여의두 문양, 구름 표현 등에서 1792년의 통도사 삼장보살도와도 영향 관계가 보인다. 현재 수화승 민활(敏活)의 작품으로는 이 불화 외에도 동아대박물관에 신중도 한 점이 전한다.

안심당 · 청풍당의 아미타불회도

범어사 안심당(安心堂)과 청풍당(淸風堂)에 봉안된 두 불화는 아미타불이 설법하는 모습을 그린 아미타불회도(1860)이다. 화면 하단 중앙에 마련된 화기란에는 묵서로 기술하였는데, 그 내용이 두 작품 모두 거의 일치한다. 다만 안심당 아미타불회도에는 화사의 이름이 일부 지워져 보이지 않지만 청풍당 화기가 잘 남아있어 살펴보면, 증명(證明) 신민(愼旻), 화사(畵師) 인간(印侃), 송주(誦呪) 영청(永聽), 정통(淨桶), 태성(太性) 도감(都監) 의철(儀喆), 별좌(別座) 성한(性閑)으로 같은 화승에 의해 제작되었음을 알 수 있다. 또한 화기에는 1860년 당시 7축을 함께 제작하였는데 그 중 2축이 안심당과 청풍당 불화 두 점이란 것도 알 수 있다.

화면은 비단에 붉은 색을 전체적으로 펼쳐 바른 후 백선으로 윤곽을 그리고 얼굴 부분만 육색을 칠한 선묘불화이다. 중앙에는 아미타불이 방형단 위의 연화대좌에 앉아 있고 그 왼쪽에 화불을 갖춘 관음보살과 맞은편에 대세지보살이 협시하고 있다. 아미타여래의 신광 안쪽으로 아난과 가섭존자가 합장하며 시립해 있고, 그 위쪽으로 좌우측에 보살 2위와 금강상 2위를 배치하였는데, 사천왕을 대신하여 금강상을 묘사한 것이 이색적이다. 전반적으로 본존을 중심으로 보살중 4위, 제자 2위, 신장 2위 등 8위의 권속이 여백없이 둘러싼 형식으로 비교적 간결한 구성을 보여준다.

아미타불은 원형의 두광과 신광을 갖추고 정면을 향해 결가부좌하였으며, 머리에는 육계가 높이 솟아 있다. 가슴 위로 올린 오른손

범어사 안심당 아미타불회도 조선 1860년, 견본주지백색선묘, 163.3×163.0cm, 부산

은 제1와 제2지를 맞대었고, 가부좌한 다리 위에 놓은 왼손은 제1지와 제3지를 맞대어 구품인(九品印)을 결하고 있다. 광배는 세 줄의 윤곽선으로 표현한 이중윤광 형태이다. 아미타불의 좌우측에 협시로 배치된 관음보살과 대세지보살 역시 이중윤광의 광배를 배경으로 반가좌를 하고 있는 자세가 특이하다. 한 발은 아래에서 솟아오른 연꽃을 밟고 있고 가슴 앞으로 올린 양 손으로는 연꽃가지를 쥐고 있다. 관음보살의 보관에는 아미타 화불 입상이 묘사되어 있다. 한편 아미타불의 두광 좌우측에 시립한 2위의 보살 중 지장보살은 한 손에 석장

범어사 청풍당 아미타불회도 조선 1860년, 견본주지백색선묘, 162.0×150.9cm, 부산

과 다른 손에는 투명 보주를 쥐고 있는데 맞은편의 보살과 함께 중앙의 아미타불을 향해 시립해 있다. 상하 보살 사이에 배치된 아난과 가섭은 모두 합장한 자세로 아미타불을 향하고 있다. 맨 위쪽 좌우 가장자리에는 갑옷으로 무장한 사천왕상을 대신하여 어깨에 스카프를 두르고 신체는 나신으로 표현된 금강역사상 2위를 배치하였는데, 각각 합장하였거나 보검을 잡고 있다.

이 불화의 제작자인 인간(印偘)이 관여한 작품은 총 9점이며, 현재 4점 정도가 알려져 있다. 그는 1840년 대송당성준(大淞堂成俊)과 정규(定奎)가 이끈 의성 수정암 삼세불회도에, 1841년 봉흔(奉欣)이 주도한 경북 불영사 영산전 석가설법도에 보조화승으로 각각 참여하였는데 10명의 화승 중 8번째로 기록되어 있어 이 때가 수습기였던 것으로 보인다. 이후 1860년에 범어사 안심당과 청풍당에 각각 봉안된 2점의 아미타불회도를 단독으로 조성하였다. 이 2점은 화면 크기나 구성 그리고 인물 표현법, 홍색을 베풀고 백선으로 그린 선묘화인 점 등 거의 모든 부분이 동일하게 표현되었다. 당시 인간은 이미 수화승으로 활동할 만큼 역량있는 작가였던 것으로 추정되며, 이 2점과 함께 제작한 불화가 모두 7축으로 나머지 불화는 어떤 것인지 알수 없지만, 아미타를 주제로 그린 선묘불화일 가능성이 크다.

극락전 아미타불회도

이 작품은 화기에 따르면 범어사 극락전에서 조성하여 합천 해인사 백련암의 만일회(萬日會) 때 봉안한 작품으로 아미타정토신앙에 바탕을 둔 불화이다. 제작자로는 기전(琪銓)을 수화승으로 하여 상규(祥奎)・천규(天奎)・삼인(三仁)・찬규(燦圭)・창원(昌元)・계행(戒幸)・전학(典鶴) 등 모두 8명이 참여하였다.[문헌자료 - 화기 참조]

화면에는 본존을 중심으로 26위의 보살들을 상중하 3단으로 층단을 이루며 일률적으로 배치하였다. 이러한 배치 방식은 사불산 화승으로 18세기 후반부터 경상도 지역을 기반으로 활동한 수화승 수연(守衍)과 신겸(愼謙)이 함께 그린 1804년 혜국사 석가모니후불도와 지장도, 수연이 수화승으로 제작한 운암사 석가모니후불도(1811) 등에서 찾을 수 있다. 화면 구성은 항마촉지인의 본존을 중심으로 맨 위쪽 상

범어사 극락전 아미타불회도 조선 1887년, 견본채색, 157.0×197.8cm, 부산

단부터 좌우에 보살 각 5위씩, 중단 좌우에는 각 4위씩을 그리고, 맨 아래쪽의 화면 전면에는 8위의 보살들을 일렬로 배치하였는데, 중앙 본존의 무릎 아래 전면 중앙에 화불과 손에 정병을 쥔 관음보살, 정병과 연꽃가지를 손에 쥔 대세지보살이 위치한다. 그 좌우로는 녹색 두광에 반가좌 혹은 의좌의 자세를 한 8위의 보살이 배치되어 모두 26위의 보살이 시립하고 있다. 손에는 대부분 연꽃가지를 쥐고 있고 좌우 각 4위의 보살을 한 세트처럼 역U형의 신광을 둘렀는데 바탕의 화려한 광선무늬가 눈길을 끈다.

이 작품은 도상 구성이나 채색 등의 표현기법에서 현재 대구 대광명사에서 소장하고 있는 아미타불회도(1887)와 거의 일치하여 1887년에 수화승 기전이 동일계 초본으로 두 작품을 동시에 제작한 것으로 보인다. 다만 차이점이라면 인물 구성인데 범어사본이 항마촉지인의 수인을 갖춘 본존을 중심으로 26위의 보살을 상중하 3단 형식으로 질서정연하게 배치했다면, 대광명사본은 본존의 수인이 설법인이란 점, 그리고 26위의 보살을 상하 4단으로 나눠 배치한 점에서 다르다. 항마촉지인의 수인에 본존을 중심으로 보살들을 상하 층단으로 나누어 일렬로 배치한 다른 작품은 한 해 전에 제작된 해인사 관음전 아미타불회도(1881)나 국일암 아미타구품도(1885)에서도 찾을 수 있는데, 아미타불회도에 본존 수인으로 기존의 설법인과 함께 항마촉지인이 즐겨 채택되었던 것으로 보인다.

따라서 이 불화는 본존이 항마촉지인을 취하여 석가불로 오인될 수 있으나, 화기에 기록했듯이 범어사 극락전에서 조성하여 해인사 백련암의 아미타염불회인 만일회(萬日會)에 봉안된 아미타불회도임을 알 수 있다. 이와 같이 기전의 화풍은 사불산 출신 화승인 응상의 영향 아래 전통 양식을 견지한 작품으로 역량을 발휘하였다.

칠성도

범어사에 남아 있는 칠성도는 대략 10여 점에 이른다. 그 중 1891년에 제작된 이 작품이 가장 빠르고, 그 외 대부분은 20세기 이후에 해당한다. 칠성도의 형식은 금륜(金輪)을 들고 결가부좌한 치성광여래의 좌우로 일광·월광보살을 비롯하여 칠성여래·필성·칠원성군·태상노군 외에 28수(宿)와 삼태육성(三台六星)을 더한 도상이 일반적이다.

극락암 칠성도는 세로 103.0cm, 가로 173.5cm 크기의 면 바탕에 채색을 베풀었는데, 민규(玟奎), 전학(典學), 덕림(德林)이 그렸다. 가로가 긴 화면을 상하 2단으로 나누어 상단에는 3개의 원형 안에 존상을 나누어 그렸는데 중앙의 원 안에 치성광여래삼존을 중심으로 칠성여래가 둘러싼 형식으로 그리고, 그 좌우로 나눠진 두 개의 원 안에는 각각 삼태와 육성을 나누어 그렸다. 하단에는 좌상의 칠원성군과 시자인 동자를 병렬로 나란히 묘사하였다.

이 그림은 치성광여래삼존에 칠원성군을 더 크게 배치함으로써 불교적인 요소와 도교적인 요소를 모두 갖고 있는 칠성신앙의 성격을 확실히 보여주고 있다. 일

범어사 극락암 칠성도 조선 1891년, 견본채색, 111.3×180.7cm, 부산

반적으로 치성광여래삼존이 강조되지 않고 칠원성군을 전면으로 내
세워 부각된 점이 특징적이며, 칠원성군들의 얼굴표현과 시자인 동
자들의 다양한 포즈를 세밀히 표현한 점이 돋보인다.

　이 불화를 그린 수화승 민규의 작품은 현재 범어사 칠성도를 비롯
하여 청곡사 시왕도(1892)와 성주사 신중도(1892) 등 모두 3점이 알려져
있다. 민규의 사승관계는 정확히 알 수 없지만, 함께 작업에 임하였
던 전학이나 긍엽, 두행 등이 수룡기전의 작품에 관여한 것으로 보아
민규도 기전의 문하로 추정된다. 특히 존상들의 얼굴 표현과 안정감
이 있는 화면, 강렬한 청색의 사용 등 표현기법 등에서 기전의 화풍
적 특징이 간취된다.

고승진영

　범어사 성보박물관에 40점 이상의 고승진영이 소장되어 있다. 시기적으로는 18세기에서 근현대에 이르는 작들이다. 대상 인물은 범어사 창건설화와 관련있는 창건주 의상대사, 국가에 공을 세웠거나 조선불교의 중흥에 힘쓴 스님, 그리고 범어사에서 수행한 큰 스님 혹은 주석 스님들의 모습을 담은 진영이다.

　대개 진영은 국사전, 조사전[당], 영각과 같은 독립된 전각에 봉안되었다. 대표적 예로서 승보 사찰로 알려진 송광사에는 국사전이 있고, 불보 사찰로 유명한 통도사에는 조사당[개산조당, 영각]이 있다. 여기에는 많은 수의 진영이 모셔져 있다. 진영은 선종의 전래와 더불어 성행한 것으로 추정되며, 스승이 제자에 대한 정통성의 인가, 법맥의 계승, 그리고 감계(鑑戒)기구로서의 기능을 하였다고 본다.

　조선시대에 이르러 불교가 국가의 정책적 탄압으로 위기를 맞게 되었으나, 임진왜란과 병자호란 때에 의병승들의 구국활동으로 승려들의 사회적 지위가 격상되었고, 17세기 이후 불교문화의 부흥에 따른 사찰 중수로 인해 조사 및 고승대덕의 진영들을 조성하는 붐이 일게 되었던 것이다.

　조선후기 진영은 크게 세 가지 유형이 보인다. 하나는 다리가 있는 유각 의자에 앉은 형태, 두번째는 바닥에 깔려진 돗자리에 다리가 없고 등받이를 갖춘 무각 의자에 앉은 형태, 세 번째는 돗자리에 가부좌한 형태이다.

　범어사 소장 의상대사 진영은 유각 의자에 앉은 형태로, 화면 왼쪽 상단에 「신라국사화엄종주의상대사진(新羅國師華嚴宗主義湘大師眞)」이라고 화제를 밝히고 있다. 의상대사는 의자에 앉은 전신교의좌상에 얼굴은 약간 향우측을 향한 모습으로, 오른손은 용두 장식이 있는 불장자(拂杖子)를 쥐고, 무릎 위에 얹은 왼손은 불자의 수술을 살짝 쥔 모습이다. 의자의 등받이 부분은 붉은 천이 드리워져 있고, 등받이 양 끝에는 수식을 입에 문 용두 장식이 있다. 바닥에 깔린 돗자리도 기하학적인 치밀한 문양이 생략되고 간략한 것으로 보아 조선시대 진영 중에서도 고식을 따르는 요소라고 생각된다. 그러나 의자 뒤에 3폭 병풍이 등장하는 드문 사례이다. 적어도 불화의 경우 19~20세기에 도상 배경으로 병풍이 등장하는 것으로 보아 본 작품의 경우도 19세기 이후에 나타나는 요소가 혼재되어 있다. 다만 병풍의 묘사가 다소 어

新羅國師 華嚴宗主 義湘大師 真

범어사 의상대사 진영 조선 1767년, 견본채색, 124.3×91.3cm, 부산

범어사의 불교문화

색한 감이 들어 제작 당시부터 설정된 것으로 보기에 의문이 있다.

의상대사의 얼굴은 미간을 약간 일그러뜨린 채 무언가를 응시하는 모습이며, 착의는 군청색 장삼에 가사를 걸쳤는데, 가사의 겉부분은 주색 조부와 군청색 전상부로 조합되고, 안쪽은 녹색을 사용하여 보색과 동색계의 채색이 조화를 이루며 인물상을 돋아주고 있다. 그리고 화면 하단 의자 아래쪽에는 신발이 놓여 있는 족좌대(足座臺)가 있고, 그 위에 주색과 군청의 화려한 문양이 새겨진 신발이 놓여 있다.

의상의 모습은 마치 영산회상도 혹은 석가설법도에 석가의 제자로 등장하는 아난존자의 모습과 유사하여 인상적이다. 이 점은 바로 조선후기 진영 작들이 실제 인물들의 생존기에 대개 그려졌다고 한다면, 의상대사는 고대 신라에 활동했던 인물로서 범어사의 창건주로 전해지는 의상대사의 모델을 석가의 뛰어난 불제자인 아난의 이미지에서 모색했을 가능성이 있다.

이 진영은 전통양식을 기본적으로 계승하면서 부분적으로 새로운 요소가 가미된 작품으로, 범어사 소장 진영 가운데 가장 조성시기가 이른 1767년 작으로 양공 수일(守一 혹은 守日)이 제작하였다. 수일은 18세기 후반에 활약한 화승이다. 1759년에 양산 통도사 대광명전 삼신불회도에 수화승 임한(任閑) 아래에서 보조화승으로 활동하였고, 동시기 단확시주기(丹雘施主記)에도 탱화원으로 임한과 더불어 등장한다.[74] 1767년에는 통도사 괘불화 제작에 수화사 화월두훈(華月斗薰) 아래에서 보조화승으로 참여하였으며, 1780년에는 수화사 설훈과 경기도 양주 봉선사 대웅전 불상을 중수·개금한 경력이 있는 자이다.[75] 그리고 1817년에 제작된 범어사 신중도의 화기에 기재된 증명비구와 본암질(本庵秩)에도 수일이라는 동일 이름이 보인다.

따라서 수일은 1759년경에 수화사 임한 휘하에서 성징, 성익, 수성 등과 더불어 보조화승으로 활동하다가, 아마도 임한이 입적한 이후로 보이는 1767년 통도사 괘불화 제작 때에는 두훈 아래에서 잠시 활동하였으며,[76] 같은 해 범어사 의상진영을 단독으로 제작한 것으로 보인다. 그는 청·장년기인 18세기 후반에서 노년기에 이르는 19세기 초반까지 통도사와 범어사권역에서 주로 활동한 것으로 판단된다.

그 외 범어사에는 원효대사 진영을 비롯해 범어사에서 수행한 큰 스님 혹은 주석 스님들의 모습을 담은 진영들이 상당수 전해오고 있다.[77]

범어사 원효대사 진영 조선 19세기, 견본채색, 125.2×93.5cm, 부산

범어사 소장 불교회화의 의의

조선시대는 임진왜란과 병자호란과 같은 양란으로 인해 황폐화된 사찰들이 대대적으로 정비되었던 시기로, 17~18세기 전국적으로 사찰재건불사와 더불어 사찰 전각내외 벽화를 비롯한 단청작업은 물론 사찰의 주요 전각에 봉안되는 걸개그림 형식의 불화가 상당수 제작되었다.

전통적으로 신라 화엄십찰(華嚴十刹)의 하나로 알려진 범어사 역시 전란에 소진된 사찰건물들이 17세기에 재건되었으며, 현재는 양산 통도사, 합천 해인사와 더불어 경상남도의 3대 사찰의 하나에 속한다. 이같은 사격에 어울리게 범어사 대웅전 전각에는 대규모의 벽화가 남아있을 뿐만 아니라, 전각과 성보박물관에도 가치있는 불화가 봉안되어 있거나 전시·보관되어 있다.

첫째, 범어사 대웅전 벽화는 전각의 내부와 외부의 토벽에 그린 벽화와 천정의 목조 부재에 그린 판벽화 등 총 66면이 전한다. 그 중 전각내 가장 큰 화면이자 주요 도상인 좌우 측벽의 약사삼존도 및 아미타삼존도 벽화는 개채와 보필흔으로 보아 후대에 단청 작업시 몇차례 가미된 것으로 보이나, 그 조형적 특징과 대웅전 중수 및 단확기(丹雘記)를 통해 18세기 초반이나 전반경에는 존재하였다고 생각된다. 이 벽화를 그린 화승들은 알 수 없으나, 그 조형적 특징을 통해 영남지역에서 활약하였던 천오·임한계열, 임한·민휘계열, 의겸계열의 작품들과 관련성이 엿보인다. 또한 17~19세기에 범어사와 양산 신흥사 공역에 참가한 공인집단의 교류 가능성과, 범어사를 비롯한 인근 양산 통도사와 신흥사 불교문물에 보이는 승려들의 교류, 범어사와 근접한 경남권 사찰 벽화간의 연계성도 엿볼 수 있다.[78] 따라서 범어사 벽화는 경상권역 불화는 물론 지역 사찰 벽화의 시대상을 살펴보는데 중요한 가치를 지닌다.

둘째, 범어사 전각에 봉안된 불화는 19세기 후반~20세기 초에는 기전(琪銓)을 비롯하여 약효(若效), 문성(文性), 축연 등이, 1975년에는 우일(又日)이 주도적 역할을 하였다. 기전은 사불산 화파의 영향 아래 전통적인 화풍을 답습하면서 19세기 후반 부산·경남지역에서 활약한 화승이다. 기전이 수화사로 활약한 범어사에서는 1882년작 대웅전의 영산회상도, 삼장보살도, 신중도, 관음전의 백의관음도 등 일련의 작품에서 기존의 전통불화를 계승하면서 섬세한 인물묘사와 음영처리, 양청색, 물결무늬의 방광 등을 부분적으로 활용하거나 적극적으로 구사하면서 그의 역량을 발휘하였다.

이어 금호약효는 팔상전과 나한전의 석가설법도(1905)를 주도하였고, 보응문성은 나한전 석가설법도의 출초를 담당하였다. 한국 근대 불화계를 대표하는 약효는 19세기 후반에서 20세기 초 충청지역의 불화승으로 그의 제자 보응문성과 더불어 마곡사를 축으로 계룡산권은 물론 부산·경남지역을 포함하여 전국적으로 활동영역을 넓혔던 자이다. 더우기 기전과 약효는 해인사 대적광전 삼신불회도 3폭 가운데 영산회상도(1885) 조성에 기전이 수화사로, 금호약효가 출초를 각각 담당하여 이들은 긴밀한 교류를 지닌 것을 알 수 있다. 또한 우일은 1975년에 범어사 팔상전의 팔상도를 제작한 자로, 20세기 전반기 불상·불화·단청 분야의 대표적 화사인 보응문성(普應文性)과 금용일섭(金蓉日燮)의 화맥을 이은 제자로 추정된다. 결국 범어사 팔상전내 불화불사는 화맥을 이은 사제간에 세대를 이어 완성된 지역불사임을 짐작할 수 있다.

셋째, 전각 및 성보박물관에 소장된 다수의 불화 가운데 비로자나불회도(1791)는 원래 비로전에 봉안되었던 후불화로, 편수 영린(永璘)을 비롯해 화사 만겸(萬謙)이 주도한 불화이다. 이들은 1780~90년대에 범어사와 경북권에서 활동하면서 적색과 녹색의 안정적인 설채법을 바탕으로 광배나 착의 등에 섬세한 장식무늬를 특징적으로 드러낸 수작이라 할 수 있다. 범어사 소장 수십점의 고승진영 가운데 의상대사 진영은(1767) 18세기 후반 통도사권 임한(任閑) 및 두훈(斗薰) 아래에서 활동하다가 19세기 초반에 이르기까지 통도사와 범어사권에서 주로 활동한 수일(守一, 守日)이 제작한 것이다.

그리고 화면이 세로 350, 가로 250 센티가 넘는 족자형의 거작 사천왕도(1869) 4폭은 원래 천왕문 개보수 전에 봉안되었던 불화이다. 조선후기 사천왕상을 단독 주제로 부각시킨 소수의 불화 가운데 규모가 가장 큰 매우 기념비적인 작품으로

19세기 범어사의 위상을 살펴볼 수 있다. 아울러 괘불화(1905)는 불보살 및 권속들의 안면에 서양의 음영법을 강하게 구사하여 기괴한 분위기를 자아내는 작품으로 약효외에 축연이 관여한 사례이다. 축연은 1905년경에 부산·대구권에서 활동하였으며, 범어사 괘불화에 그의 화풍상의 특징을 보여주고 있다.

이처럼 범어사의 불화는 조선후기에 각 지역마다 활약한 수화사를 중심으로 그 화맥을 잇는 화승들의 계보를 살펴보는데 그 일익을 담당하고 있으며, 조선후기 영남지역 전통 불화의 화풍을 계승하면서 근대기 불화의 새로운 화풍을 수용한 작품들이 제작되었다는 것을 알 수 있다. 나아가 범어사 불화는 부산·경남지역권 불화의 축이되어 근현대 불화의 맥을 이어갔다고 볼 수 있다.

1) 문명대는 불화의 용도를 예배용, 장엄용, 교화용으로 구분한 바 있다. 문명대, 『한국의 불화』, 열화당, 1987(5판), pp.25~28. 박은경은 벽체에 거는 형식의 불화는 예배용, 의식용, 교화용으로 대별한 바 있다. 박은경, 『조선 전기 불화 연구』, 시공아트, 2008, pp.386~387.

2) 범어사 대웅전 벽화는 다음의 글을 수정 보완한 것이다. 박은경, 「범어사 대웅전 벽화고」, 『한국의 사찰벽화 : 사찰건축물 벽화조사보고서(부산광역시·경상남도 2)』, 문화재청·성보문화재연구원, 2009, pp.395~412.

3) 문화재청·성보문화재연구원, 『한국의 사찰벽화 : 사찰건축물 벽화조사보고서(부산광역시·경상남도 2)』, pp.32~33 참조.

4) 첩부벽화에 대해서는 백찬규, 「우리나라 건물벽화와 그 보존에 관한 연구」, 『보존과학연구』11, 문화재연구소, 1990, pp.23~24 참조 ; 박도화, 「불교벽화의 전개와 우리나라의 사찰벽화」, 『한국의 사찰벽화 : 사찰건축물 벽화조사 보고서(인천광역시·경기도·강원도)』, 문화재청·성보문화재연구원, 2006, p.252 참조.

5) 문화재청·성보문화재연구원, 『한국의 사찰벽화 : 사찰건축물 벽화조사보고서(인천광역시·경기도·강원도)』, 2006, p.221.

6) 운문사 비로전은 후불벽 배면에 나란히 그려져 있고, 대원사 극락전은 서로 마주보고 있다. 이용윤, 「신륵사 극락전 벽화」, 『한국의 사찰벽화 : 사찰건축물 벽화조사보고서(충청남도·충청북도)』, 문화재청·성보문화재연구원, 2007, p.399.

7) 박은경, 앞의 책, 2008, pp.310~311.

8) 『삼국유사』권4, 의해5, 義湘傳教 : 『崔文昌侯全集』, 「孤雲先生續集」, 唐代薦福寺故寺主翻經大德法藏和尚傳, 十山細註

9) 『梵魚事蹟』(『梵魚寺志』所載) 古蹟條(영조22년 1746, 東溪撰), 「梵魚寺乃大唐文宗太和十九秊乙卯新羅興德王時所創也 (下略)」: 범어사 창건 사실을 전하고 있는 문헌으로 『梵魚寺創建事蹟』과 『古蹟』이 있다. 이는 뒷날 『梵魚事蹟』이라는 목판본으로 한데 묶어 편찬되었다. 연구자들은 『梵魚寺創建事蹟』과 『古蹟』의 내용이 조금씩 다름에도 불구하고 이를 구분하지 않고 『梵魚寺創建事蹟』 또는 『梵魚寺創建事蹟記』로 지칭하고 있어 주의를 요한다. 박은경, 「선종대본산 범어사 소장 불교미술품 : 고승진영의 현황과 특징」, 『고고역사학지』17·18, 2002, 주3(p.606) 재인용.

10) 『梵魚事蹟』을 바탕으로 범어사 창건에 대해 唐 文宗 太和19年 乙卯 신라 흥덕왕시 의상이 창건하였다는 내용은 전혀 역사적 사실에 부합되지 않는 것으로 밝혀져 있다. 즉, 태화연호는 9년까지 사용하였으므로 태화 9년 을묘(835)로 보아야 타당하며, 이때 신라는 흥덕왕 때이고 의상대사(625~702)는 이미 사후 130여 년이 지난 시기이므로 전혀 역사적 사실이 일치하지 않는다. 범어사는 신라 흥덕왕때 크게 중창되어 사찰의 면모가 갖추어졌다고 보고 있다. 최완수, 『명찰순례』, 대원사, 1995, pp.371~375 ; 채상식·서지창·김창균, 『범어사』, 대원사, 1994, p.11.

11) 범어사성보박물관, 『梵魚寺聖寶博物館 名品圖錄』, 2002, p.15, p.88 도판 참조.

12) 채상식·서지창·김창균, 앞의 책, 1994, p.20. ; 서치상, 「조선후기 범어사 승인공장의 동래지역 조영활동」, 『건축역사연구』35, 2003, p.41 ; 「冥府殿重修有功記(1891년)」, 『범어사지』, 아세아문화사, 1989, pp.177~178.

13) 만력42년(1614)명 암막새 명문「萬曆四十二年/ 甲寅三月/ 布施大施主方○良/ 供養大施主金仁俊兩/ 供○大施主李万里兩/ 布○○○朴挨詳兩主/ 布施主釋俊比丘/ 幡瓦大木林順傑/ 上卍/ ○○○○眞比丘/ ○○丘應比丘/ 化主貫惠比丘」(양각)

14) 부산광역시 금정구청, 『범어사 대웅전 수리공사 보고서』, 2003, p.77 참조. 그리고 이 명문 암막새 자료는 현재 범어사 성보박물관에 소장되어 있다.

15) 부산광역시 금정구청, 앞의 책, 2003, pp.72~76.

16) 범어사 대웅전 목조 석가삼존상에 대해서는 송은석, 「17세기 조선왕조의 조각승과 불상」, 서울대학교 박사학위논문, 2007, pp.6~220 참조.

17) 송은석, 앞의 글, 2007, p.7(표1) 참조.

18) 부산광역시 금정구청, 앞의 책, 2003, p.72.

19) 부산광역시 금정구청, 앞의 책, 2003, p.78.

20) 부산광역시 금정구청, 앞의 책, 2003, p.81.

21) 「萬曆倭亂之後百廢俱興之時元無比間/ 康熙三十三年甲戌○春上之初創之時同功合/ 九之人名摹/ 月山後人儀玄/ 前僧統嘉善自修…(中略)」1964년 천왕문을 보수하면서 기록한 「천왕문조영기문」(범어사성보박물관 소장) 4종 중 천왕문창건에 관한 기문 내용임 ; 1983년 조계문 해체수리시 발견된 1694년 기록 「曹溪門上樑墨書」와 1718년 기록 「曹溪門重刱樑門錄」이 있다. 『범어사』, 한국의 고건축 16, 문화재관리국·문화재관리소, 1994, p.75 참조; 김숙경, 「조선후기 범어사 조영에 관한 연구」, 부산대학교 석사학위논문, 1999, p.17 ; 「冥府殿重修有功記」「…康熙三十三年甲戌三月日(中略)/ 越興寺主自修大師/ 都監僧將法坦及諸大衆同爲重修改額冥府殿/…」(『범어사지』, p.178.)

22) 서치상, 앞의 글, 『건축역사연구』통권35호, 2003, p.41.

23) 「文印明學最善等齊心合(中略)/ 若印學兩公者/ 若其衣廢/ 其食推/ 其所餘治/ 其巨屋軒檻焉/ 以治其美瓦甃焉(中略)/ 康熙三十九年庚辰立秋日…(中略)」, 「東萊府北嶺金井山梵魚寺普濟樓創建記」, 『범어사지』, pp.27~29. ; 서치상, 앞의 글, 『건축역사연구』통권35호, 2003, p.41.

24) 「十日·康熙五月日/ 壬辰三癸巳年/ 重倉○/ 四月日丹靑/ ○○○/ 十六名○金海/ ○○通政○○/ 都○○○○○/ 左○○○○○/ 右○○○○○, 康熙/ 五十二/ 癸巳/ 四月/ 日丹靑/ ○○/ 十六名金/ 海○○/ 寺定/ 後月/ ○」(『범어사 대웅전 수리공사 보고서』, 2003, p.82 참조.)

25) 「東萊府梵魚寺法堂重創兼丹艧記」, 『범어사지』, pp.40~46 ; 김숙경, 앞의 글, pp.22~23.

26) 대웅전 정면 우측 귓기둥 위 주심장여에서 발견된 묵서 단확기「聖上二十五年己巳三月日/ 改丹艧/ 都監泰英/ 別座禪○/ 化主奉祥等九人/ 金海都畵師○○海暉/ 本邑採明/ 金海/ 永川/ 梁山/ 人也/ 定筆/ 二月二十九日/ 畢及/ 六月初/ 旬也」부산광역시 금정구청, 앞의 책, 2003, p.82 참조 ;「大雄殿丹艧重修有功記」『범어사지』, pp.138~145 참조.

27) 이강근, 「17세기 불전의 장엄에 관한 연구」, 동국대학교 박사학위논문, 1994, pp.45~110.

28) 박도화는 중앙 후불벽에는 석가, 동벽에 약사, 서벽에 아미타불이 배치되어 삼세불을 이룬다고 밝힌바 있다. 관조스님(사진)·박도화(해설), 『사찰벽화』, 미술문화, 1991, p.125.

29) 조선전기 삼불회도 사례는 일본 阿名院 관음지장병립도(15세기), 일본 金界光明寺 삼불회도(1573)를 들 수 있다, 박은경, 앞의 책, 2008, pp.76~78 참조.

30) 황규성, 「조선시대 삼세불 도상에 관한 연구」, 『미술사학』20, 한국미술사학회, 2006, pp. 245~250.

31) 사찰측에 의하면 지금 현재 걸려있는 석가영산회상도는 후불벽 위에 발라져 있는 초본을 참고하여 그렸다고 전하나, 후불벽에 발라져 있는 초본의 전체 도상은 확인하지 못했음을 밝혀둔다.

32) 문화재청·성보문화재연구원, 『한국의 사찰벽화 : 사찰건축물 벽화조사보고서(경상남도1)』, 2008, p.33~79 도판 참조.

33) 문화재청·성보문화재연구원, 앞의 책, 2008, p.37.

34) 문화재청·성보문화재연구원, 앞의 책, 2008, p.238.

35) 운문사 비로전과 대원사 극락전의 벽화는 17~18세기로 추정하고 있으나(이용윤, 「신륵사 극락전 벽화」, 『한국의 사찰벽화 : 사찰건축물 벽화조사보고서(충청남도·충청북도)』, 문화재청·성보문화재연구원, 2007, p.399), 1833년에 중수했다는 기록과 함께 그 무렵에 그려졌거나 개채된 것으로 추정하기도 한다(관조스님(사진)·박도화(해설), 앞의 책, pp.126~127) 운문사와 대원사의 관음과 달마 벽화는 양식적으로 보아 17세기를 거슬러 올라가기는 힘들다고 판단된다. 특히, 관음상의 버들가지가 꽂힌 정병은 동체의 견부가 저부에 비해 상당히 넓게 벌어졌으며, 세발 달린 굽받침을 갖춘 전형적인 18세기 전반경부터 나타나는 정병의 형태이다.

36) 관조스님(사진)·박도화(해설), 앞의 책, pp.36~39.

37) 아미타여래상은 면장(面長) 대 면폭(面幅)의 비율이 1:1.1이고, 약사여래상은 1:1.2이다. 단, 약사여래상은 종이 위에 그려진 경우이다(髮際線~顎 : 32.7cm, 面幅 28.0cm).

38) 16세기 불화로는 초안지(長安寺) 아미타오존도(1586), 오오쿠라(大倉)집고관 아미타불회도(1591) 등의 본존을 들 수 있다(박은경, 앞의 책, 도1-

40, 1-46 참조). 단, 여래상의 지발 위에 육계주를 결하고, 지발 위로 솟아오른 육계 위에 동그란 정상 계주만을 얹은 형태이다.

39) 성보문화재연구원, 『한국의 불화 11 ; 화엄사본말사편』, 1998, 도22 참조 ; 성보문화재연구원, 『한국의 불화9 ; 직지사 본말사편(하)』, 1995, 도4 참조.

40) 기존에 키형 광배라고 통칭하고 있으나, 본인은 연판형태의 광배라고 일컫기로 한다.

41) 신흥사 대광전 벽화는 17~19세기에 이르는 것으로 기술하고 있으나, 좌우측벽은 17세기 후반으로 보고 있다. 문화재청 · 성보문화재연구원, 앞의 책, 2008, p.36~37.

42) 허상호, 「조선후기 불화와 불전장엄구에 표현된 기물 연구」, 『문화사학』 27, 2007, pp.861~871 참조.

43) 범어사본의 경우, 후대에 원 상태의 선묘를 다시 윤곽 잡은 것으로 판단된다.

44) 성보문화재연구원, 『한국의 불화 22 : 동화사 본말사편(하)』, 2001, pp.11~25 참조.

45) 안료분석 데이터는 한국전통문화학교에서 자료를 제공받았음을 밝혀둔다(2009.10) ; 문화재청 · 금정구청, 『범어사 대웅전 벽화묘사 보고서』 2010, pp.82~110.

46) 주27) 대웅전 정면 우측 귓기둥 위 주심장여에서 발견된 묵서 단확기를 참조. 현재 묵서명을 확인할 수 없으나 발견 당시 묵서를 옮겨 적는 과정에서 민휘를 해휘로 오독하였을 가능성이 있다. 현재 작품은 남아 있지 않으나, 敏輝가 1742년 범어사 지장도 제작에 수화사였던 사실을 유념할 필요가 있다(성보문화재연구원 이종수 · 허상호선생의 도움을 받았음).

47) 이정옥, 「부산경남지역 다포계 맞배지붕 불전 연구-범어사 대웅전과 신흥사 대광전을 중심으로」, 동아대학교 석사학위논문, 2004, pp.74~85 참조.

48) 통도사 극락암 신중도(1818)에는 泓浩軌觀, 아미타불회도(1821)에는 軌寬으로 적혀있으나 동일 인물임을 알 수 있다. 이정옥, 앞의 글, p.75.

49) 박은경, 『조선 전기 불화 연구』, 시공아트, 2008, pp.117~118.

50) 박은경, 앞의 책, 2008, pp.285~286.

51) 김정희, 「조선전기 불화의 전통성과 자생성」, 『한국미술의 자생성』, 한길아트, 1999, pp.173~209. ; 박은경, 앞의 책, 2008, pp.288~292.

52) 홍윤식, 『한국불화의 연구』, 원광대학교 출판국, 1980, pp.124~125.

53) 박은경, 앞의 책, 2008, pp.288~292.

54) 이용윤, 「조선후기 삼장보살도와 수륙재의식집」, 『미술자료』72 · 73, 2005, pp.101~102 ; 박은경, 앞의 책, 2008, pp.288~292.

55) 김정희, 『불화 : 찬란한 불교미술의 세계 』, 돌베개, 2009, p.248.

56) 김미경은 19세기의 아미타불회도와 석가설법도에 신도상으로 대월륜관음상의 등장에 대해 조명하였다. 김미경, 「19세기 如來圖에 융합된 관음보살의 新圖像 연구」, 『문물연구』18, 동아시아문물연구학술재단, 2010, pp.163~167.

57) 안정수, 「19세기 지장보살도에 보이는 선악동자 도상 연구」, 『문물연구』20, 동아시아문물연구학술재단, 2011. pp.118(주11).

58) 연대미상인 통도사 취운암 구품도에는 수룡기전(水龍琪佺)이라 적혀있다.

59) 응상의 스승이 누구였는지 알 수 없으나 도리사 석가모니후불도가(1876)가 신겸의 온양민속박물관 소장 석가모니후불도(1821) 도상을 모본으로 한 것으로 보아 그가 신겸 화풍을 수용했을 것으로 추정한다. 김경미, 「朝鮮後期 四佛山佛畵 畵派의 硏究」, 『미술사학연구』236, 2002, pp.141~142.

60) 전윤미, 「해인사 대적광전 삼신불회도 고찰」, 『강좌미술사』30, 2008, p.126.

61) 해인사 대적광전 삼신불회도 가운데 비로자나불회도와 석가영산회도는 기전과 긍률이 관여하였으나, 석가영산회도는 출초가 기전이나 비로자나불회도는 약효가 출초를 담당하였다.

62) 이용윤, 「退雲堂 信謙 佛畵와 僧侶門中의 後援」, 『미술사학연구』269, 2011, pp.85~87 참조.

63) 김정희, 「錦湖堂 若效와 南方畵所 鷄龍山派-조선후기 화승연구(3)-」, 『강좌미술사:미술사의 작가와 유파Ⅱ-회화편』26(혜사 문명대 교수 정년퇴임 기념논문집), 한국미술사연구소, 2006, pp.711~713.

64) 박수현, 「조선후기 팔상도의 전개」, 이화여자대학교 석사학위논문, 2006, pp.46~56.

65) 김영희, 「금용일섭(金蓉日燮, 1900~1975)의 불교조각 연구」, 고려대학교 석사학위논문, 2009, pp.20~21.

66) 김영희, 앞의 글, pp.174~194(표10~20) 참조.

67) 문명대, 『한국의 불화』, 열화당, 1977, pp.45~46.

68) 신광희, 「여수 흥국사 십육나한도 연구」, 『미술사학연구』255, 2007, pp.67~106.

69) 김수영, 「부산 원광사 소장 석가설법도 연구」, 『문물연구』16, 2009, pp.98~99.

70) 김수영, 앞의 글, pp.87~90.

71) 범어사 성보박물관 전지연 (전)학예사의 전언에 의한 것임.

72) 조선후기 사천왕상은 지물에 따라 그 명칭에 이견이 있다. 이 문제에 대

해서는 다음 글에서 언급한 바 있다. 박은경·한정호, 「사천왕상 배치형식의 변화 원리와 조선시대 사천왕 명칭」, 『미술사논단』30호, 한국미술연구소, 2010, pp.273~299 참조.

73) 김정희, 앞의 글, 2006, p.728.

74) 「己卯年改金丹艧施主記」, 『通度寺誌』, pp.442~449.
「丹靑畵員 : 任閑 玉尙 守性 斗薰 思玉 浩心 義悅 守雲 尙心 成孟 典榮 戒澄 自安 興悟 宜初 伊活 智玄 普演 自淨 太雲 李世方」, 「幀畵員:任閑 夏潤 斗英 玉尙 普寬 玗印 太一 若明 孟學 太俊 守一 成益 守性 戒澄 興悟 伊活 尙心」 한정호, 『1767년 양산 통도사 괘불탱 : 통도사성보박물관 괘불탱 특별전 5』, 통도사 성보박물관, 2001, pp.10~12 참조.

75) 안귀숙·최선일, 『조선후기 승장 인명사전-불교회화-』, 도서출판 양사재, 2008, p.297 참조.

76) 任閑은 1734~1759년 사이 통도사 불사를 주도했던 화승이나, 1767년 괘불화 조성시기부터 보이지를 않아 그 이전에 입적한 것으로 추정하고 있다. 이는 임한의 휘하에서 활약하였던 성징·성익·수성·수일 등이 1767년 두훈이 수화사로 활약하는 괘불화 조성에 참가하고 있다는 것과 관련이 있다. 한정호, 앞의 글, pp.11~12.

77) 범어사 소장 고승진영 작품은 범어사성보박물관, 앞의 책, 2002, pp.47~84 참조.

78) 주 47), 48) 참조.

범어사의 불교미술

문헌자료

불교조각 복장기
불교회화 화기
현판자료 및 기타

불교조각 복장기

大雄殿 木造釋迦如來三尊像

조선시대 1661년 總高 본존 130cm 좌협시 125.5cm 우협시 121.0cm

복장발원문-1

佛像記文

「大矣哉佛之所以爲佛者高超乎一氣之先迥出/ 乎二儀之表無相之相溢乎塵邦無
聲之聲充乎/ 法界子四生而無彼無此宅三千而無內無外德/ 庇萬有而無終恩被百靈而
無始道逾道之要道/ 玄出玄之幽玄然則光逾乎日月德勝乎乾坤嵬/ 嵬也其無比蕩蕩也
其無倫唯我世尊三祇修鍊/ 纖瑕去而法性凝淸萬行功圓片善興而報化微/ 妙上生兜率
下降閻浮生死苦海駕無底之船無/ 明長夜〇無〇之遂能使衆生離三界之苦海登/ 四聖
之樂岸化〇旣畢金河顧命玉毫收彩金棺/ 掩〇跡〇雖〇〇必無虧是故遺風遐振蕩乎
煩/ 雲餘澤遠沾榮乎枯物浩浩乎慈悲之海嵬嵬乎/ 恩德之山所慨親不見蓮花之容親不
聞妙法之/ 談雖然我等薄有餘資今逢遺法〇恩〇〇慶幸/ 于懷以寀而觀法身本無
成壞〇色赤非〇百若/ 不造像何以歸心緣發南笁涅〇〇〇傳〇之軸/ 西方入寂猶開変
相之龕然則變假爲眞唯幻乃/ 寀若梵域建假佛而陳誠則眞佛垂感如世上作/ 草龍而禱
雨則眞龍降霪然則安用以眞假爲分/ 別也今玆造像之作始於何時世尊上兜利之天/ 閻
王懷法雨之恩雕栴檀而造其像奉吉祥而投/ 其敬世尊降來檀像出迎世尊摩其頂日我當
不/ 久而滅汝自可住於世流萬歲而完存濟群生而/ 無窮今玆寺也新羅聖王之所創義相
祖師之道/ 墭萬古叢林之赫赫千生淨因之隆隆尋其之容/ 誅誅〇〇〇〇〇濟非撅篛笆
之淵藪亦乃換骨/ 之天〇〇〇梵雄氏之寶殿也可乏香火誠之法/ 相乎哉梵魚之造像信
一國之同願是故海敏大/ 師求爲化主若吾師者襟虛水月操潔霜松信心/ 泉湧慧力風揚
身雖艶矣心不辭焉以成形儀歎/ 報佛恩弩轅載重短綆汲深量期塡海決志移山/ 袖藏
募緣之文心懷廣施之德千材萬落甘苦忍/ 莘僑塡邊坐縮龜而遣塲借砧坊臥曲肱而度
夜/ 每見貧婦之皺眉幾見惡彪之驚吠聚碩穀借駄/ 以困轉收尺布自負以勞輸年維己卯
之年匠召/ 運斤之匠玉斧削成金相光融名稱法相號曰毘/ 盧三十二相而胸題萬字八十
種好而足踏紅蓮/ 靈山之世尊重來耶他方之諸聖卽位耶何其奇/ 至至之於斯也玆以九
重〇〇火年〇西方之幢/ 幡日日呼鳴前度寶殿多經歲月疑〇玉鱗漏雨/ 金塑雖若兜率

之宮殿忽如蜃氣之樓臺然則将/ 任神然鬼哭之恨必有龍頹虎仆之嘆茲以一寺

　　緇徒慨然欲重建之志積有年矣圓海善裕學胤/ 性還六環等意有重修功爲化主陶人獻瓦木客/ 供材月斧風斤蜂聚蕩心之場雲鍬雷鍤駿走泭手/ 之匠始自戊戌之春迄于己亥之秋頗增舊制壯/ 麗前規壯哉豁然如玉京之廣漢美哉巋然若魯/ 國之靈光可謂今茲鵝殿高啄月星迥飛河漢上/ 云毘盧之相小法寶之殿大相小殿大奉安不宜

　　相與殿和殿與相合此其宜也是故一寺大衆慨/ 然○○戮力以心作毘盧殿以安其毘盧相於昆/ 盧殿○釋迦相以安其釋迦相於大雄殿海敏大/ 師不○○然更欲新成釋迦相益厲誠懇盡傾松/ 財始役於辛丑之春斷手於辛丑之夏名曰釋迦/ 尊相噫吁戲金身顯煥嵬嵬海上之孤峰妙相莊/ 嚴皎皎星中之圓月偉哉提花曷羅慈氏弥勒/ 何爲亞聖塈陳深願寶雲開月香海淳浪百福/ 莊嚴萬德圓滿三尺啄五色毫無以叙也天之/ 口海之脣無以言也噫前之造像此師之功也/ 後之造像此師之功也則誠侔闥王願同梁帝/ 此師之功非言可宣非筆可述余釋苑陳人禪/ 林枯葉思遲噪吻學淺嚼筋窮荒累命素短文/ 華然余嘉其大師之成功無後世能及者故聊/ 書大檗使後世觀之者興懷感慨以成如此之/ 大功者也又謂虎頭之妙手淨務之細君隨喜/ 之芳名寺衆之賓者開列于后/ 順治十八年/ 白牛之夏鶉朱月日寒山子智通記/ 因茲以祝/ 願以此功德/ 我等汝衆生/ 普及於一切/ 皆同成佛道/ 主上殿下壽萬歲/ 王妃殿下壽 齊年/ 世子邸下壽千秋/ 寺衆秩/ 大德眞熙/ 大德大悟/ 前住持/ 敬眞/ 前住持/ 忠學/ 前執網/ 志明/ 時執網/ 志觀/ 前持任/ 覺海/ 前持任/ 善裕/ 前判事/ 敬印/ 前判事/ 勝暹/ 三寶/ 敬行/ 首僧/ 天俊/ 直舍/ 玉寶/ 書記/ 宗律/ 老德/ 天元/ 老德/ 性弘/ 老德/ 戒淳/ 老德/ 宗言/ 性敏/ 法熙/ 智天/ 法坦/ 俊英/ 法玄/ 圓解/ 法淡/ 智日/ 玉淡/ 敬禪/ 玉憐/ 熙益/ 玉懷/ 崇默/ 玉林/ 志寬/ 裕坦/ 印冶/ 尙熙/ 熙悅/ 尙輝/ 儀雄/ 法岡/ 思日/ 大言/ 印雄/ 應澤/ 儀海/ 印熏/ 儀玉/ 禪覺/ 弘儀/ 淨淵/ 斗森/ 淨學/ 智哲/ 尙諶/ 思雲/ 尙暹/ 自澄/ 尙能/ 玄俊/ 心玄/ 自修/ 哲閑/ 學淳/ 應和/ 學允/ 靑言/ 性還/ 法堅/ 軒裕/ 尙仁/ 忠彦/ 尙湖/ 太日/ 笠寬/ 圓機/ 應悟/ 靈衍/ 虛圭/ 靈贊/ 應梅/ 勝衍/ 戒球/ 勝益/ 參悅/ 贊行/ 道文/ 守安/ 道岑/ 雪祖/ 道日/ 一還/ 道悟/ 處英/ 道天/ 懷彦/ 道全/ 廣學/ 道甘/ 供養金兼大施主/ 淳日/ 道悅/ 天元/ 六閑/ 道會/ 布施施主/ 法行/ 施主秩/ 宋愛男/ 贊能/ 面金施主/ 桤眞/ 天心/ 供養施主/ 志明比丘/ 法日/ 供養施主/ 文繼聖/ 六

還/ 供養施主/ 僉知金得男/ 雪云/ 供養施主/ 敬眞比丘/ 雙倫/ 供養施主/ 郭命伊/
雪倫/ 供養施主/ 李靈立/ 信珠 / 供養施主/ 蘭介/ 贊日/ 捕團施主/ 李命南/ 雪秀/
裏布施主/ 應德/ 妙云/ 裏布施主/ 林徵/ 卓明/ 裏布施主/ 崔召史/ 覺能/ 裏布施主/
張斗順/ 六哲/ 裏布施主/ 學淳比丘/ 玉岡/ 腹藏施主/ 菊花/ 性仁 / 腹藏施主/ 榮悲/
權現/ 腹藏施主/ 卓明比丘/ 雪卜/ 腹藏施主/ 學林比丘/ 處瓊/ 腹藏施主/ 羅垣石/
六瓊/ 喉零桶施主/ 金汝海周/ 法宗/ 喉零桶施主/ 李忠吉/ 幸黙/ 燈燭施主/ 辛命介/
天學/ 畫員秩/ 幸蘭/ 證明/ 錬玉/ 鐵物施主/ 幸湖/ 持殿/ 守全/ 孫貴男/ 幸機 / 道
雨/ 裴今年/ 應哲/ 首頭/ 熙莊/ 應贊/ 寶海/ 應堅/ 敬信/ 宝仁/ 雙黙/ 應瓊/ 雷影/
宝俊/ 神學/ 法熏/ 淸彦/ 處宗 / 緣化秩/ 處憐/ 供養主/ 六行/ 儀甘/ 尙梅/ 道閑/ 別
座/ 贊心/ 幹善道人海敏」

※ 송은석, 「17세기 조선왕조의 조각승과 불상」, 서울대학교 박사학위논문, 2007 부록편 참조.

大雄殿 木造釋迦如來三尊像

조선시대 1661년 總高 본존 130cm 좌협시 125.5cm 우협시 121.0cm

복장발원문-2

佛像記文

「佛像記/ 因玆願祝/ 願以此功德/ 我等汝衆生/ 普及於一切/ 皆同成佛道/ 主上殿
下壽萬歲/ 施主秩/ 王妃殿下壽齊年/ 金兼供養施主/ 世子殿下壽千秋天元/ 順治十
八年辛丑鵑朱月目錄/ 施布施主/ 宋愛男/ 寺衆秩/ 靈衍/ 法淡/ 供養施主/ 大德/ 眞
熙/ 靈贊/ 玉淡/ 智明/ 大德大悟/ 勝衍/ 玉璘/ 供養施主/ 前住持敬眞/ 勝益/ 玉愧/
文繼聖/ 前執綱忠學/ 贊行/ 玉林/ 供養施主/ 前持任覺海/ 守安/ 裕坦/ 僉知金得男/
前執綱志明/ 雪祖/ 尙熙/ 供養施主/ 前持任善裕/ 一還/ 尙輝/ 敬眞/ 前住持智觀/
處英/ 法岡/ 供養施主/ 前判事敬印/ 懷彦/ 大嘗/ 郭命伊/ 前判事勝暹/ 廣學/ 應澤/
供養施主/ 淳日/ 印熏/ 李靈立/ 三寶/ 敬行/ 六閑/ 禪覺/ 供養施主/ 首僧/ 天俊/ 法
行/ 淨淵/ 蘭介/ 直舍/ 玉宝/ 贊能/ 淨學/ 面金施主/ 書記/ 宗律/ 天心/ 尙諶 / 㞦眞
/ 法日/ 尙暹/ 補團施主/ 禪德 性弘/ 六還/ 尙能/ 李命男/ 禪德/ 戒淳/ 雪云/ 心玄/
裏布施主/ 者德/ 天元/ 雙倫/ 哲閑/ 應德/ 者德/ 崇嘗/ 雪倫/ 應和/ 裏布施主/ 性敏/

信珠/ 靑崟/ 林徽/ 智天/ 贊日/ 法堅/ 裏布施主/ 俊英/ 雪秀/ 尙仁/ 崔召吏/ 圓解/
妙云/ 尙浩/ 裏布施主/ 智日/ 卓明/ 竺寬/ 張斗順/ 敬禪/ 覺能/ 應悟/ 裏布施主/ 熙
益/ 六哲/ 應圭/ 學淳/ 崇黙/ 玉冏/ 應梅/ 腹藏施主/ 志寬/ 性仁/ 戒球/ 菊花/ 印洽
/ 權現/ 覺林/ 腹藏施主/ 熙悅/ 雪卜/ 參悅/ 業悲/ 儀雄/ 處瓊/ 道文/ 腹藏施主/ 思
日/ 六瓊/ 道岺/ 卓明/ 印雄/ 法宗/ 道日/ 腹藏施主/ 儀海/ 幸黙/ 道悟/ 學林/ 儀玉
/ 天學/ 道天/ 腹藏施主/ 弘儀/ 幸蘭/ 道全/ 羅垣石/ 斗森/ 幸浩/ 道甘/ 喉零桶施主
/ 智哲/ 幸機/ 道悅/ 金汝海/ 思雲/ 應哲/ 道會/ 喉零/ 桶施主/ 自澄/ 應堅/ 李忠吉/
玄俊/ 應贊/ 燈燭施主/ 自修/ 宝仁/ 幸命介/ 學淳/ 應瓊/ 鐵物施主孫貴男/ 學允/ 宝
俊/ 裴今年/ 性還/ 法熏/ 緣化秩/ 獻裕/ 處宗/ 證明/ 錬玉/ 忠彦/ 處憐/ 持殿/ 守全/
太日/ 儀甘/ 道雨/ 圓機/ 法熙/ 首頭/ 熙莊/ 法坦/ 宝海/ 法玄/ 敬信/ 雙黙/ 雷影/
神學/ 淸彦/ 供養主/ 六行/ 尙梅/ 道閑/ 別座/ 贊心/ 幹善道人/ 海敏」

※ 송은석, 「17세기 조선왕조의 조각승과 불상」, 서울대학교 박사학위논문, 2007, 부록편 참조.

觀音殿 木造觀音菩薩坐像

조선시대 1722년 總高 102.8cm

팔각대좌 위 앙련좌 상면 묵서

「康熙六十一年季夏東萊梵魚寺 毘盧三尊重修奉安于毘盧殿/ 觀音菩薩二位新造/
奉安於/ 觀音殿/ 緣化秩/ 證明比丘/ 宗敏/ 持殿比丘/ 仁淑/ 比丘/ 坦日/ 比丘/ 懶軒
/ 金魚畵員/ 嘉善大夫/ 進悅/ 淸雨/ 淸懲/ 貫性/ 玉揔/ 大功德化主嘉善大夫/ 興寶/
揔令都監通政大夫/ 祖眼/ 引勸功德化主/ 思訖 / 察○別座通政大夫/ 彦聰/ 張碩只/
供養主/ 時敏/ 信行/ 哲文/ 香雲/ 本性」

불교회화 화기

大雄殿 靈山會上圖

조선시대 1882년 絹本彩色 세로 355.2cm 가로 401.2cm

화기

「崇禎紀元後五壬午三月/ 日新造成此靈山幀觀音/ 幀三藏幀神將幀現王幀/ 上下持
殿幀金剛後佛幀/ 山王幀極樂獨聖幀內院/ 獨聖幀獅子山神幀白龍/ 地藏改金尊像而正
月二/ 十一日下筆三月初三日點/ 眼因以奉安/ 緣化秩/ 證明比丘警愚/ 比丘瓚允/ 比丘
文性/ 誦呪比丘德閏/ 瑃演/ 印文/ 敬悟/ 道源/ 一善/ 金魚片手琪銓/ 宜寬/ 妙英/ 慧卓
/ 琠基/ 斑奎/ 仁幸/ 龍船/ 尙義/ 翰奕/ 幸仁/ 永察/ 斗化/ 永俊/ 璟優/ 德化/ 奉淳/ 持
殿比丘富允/ 奉齋比丘戒英/ 性閏/ 之聰/ 閏明/ 供司比丘仁永/ 寬珠/ 奉訓/ 書記比丘
寧善/ 鍾頭比丘祥玉/ 寶正/ 淨桶淸信士黃普圓/ 來往人金有實/ 負木韓氏/ 別座比丘聖
奎/ 期仁/ 都監比丘成閏/ 都/ 壯佑/ 化主比丘晟奎/ 平允/ 戒英/ 周悟」(향우측)

「山中大德秩/ 比丘戒允/ 璟潤/ 修璘/ 閏岑/ 羲善/ 性開/ 知訓/ 溟伸/ 晟奎/ 閏希
/ 平和/ 宇璘/ 戒聰/ 成閏/ 尙玟/ 謹敏/ 性惟/ 斗彦/ 尙曄/ 余一/ 惠柱/ 正添/ 奭添/
儀鳳/ 奇日/ 壯佑/ 性律/ 富允/ 戒英/ 奉玟/ 瓚允/ 志曄/ 周悟/ 性閏/ 前卿和根/ 快
善/ 能文/ 戒寬/ 平允/ 尙文/ 富涓/ 琦明/ 性開/ 性冾/ 衍義/ 學仁/ 聚成/ 尙佑/ 首
僧光欣/ 定仁/ 尙殷/ 致幸/ 性旭/ 太千/ 大玉/ 太周/ 敬悟/ 正浩/ 志彦/ 書記仁佑/
戒贊/ 聚學/ 敬善/ 上持殿溟伸/ 中持殿漢明/ 戒贊/ 三綱富涓/ 聚成」(중앙)

「施主秩/ 大施主解行堂中/ 安心堂中/ 比丘閏岑/ 知訓/ 晟奎/ 壯佑/ 丙子甲員/
庚子甲員/ 極樂七星契中/ 梁山通度寺中/ 比丘璟闊/ 性閑/ 鳳儀/ 智黙/ 斗彦/ 性惟
/ 斗玟/ 奭添/ 溟伸/ 義徹/ 宇璘/ 燦裕/ 惠柱/ 道成/ 平和/ 戒英/ 瓚勛/ 富允/ 余一/
瓚允/ 性允/ 聚成/ 成閏/ 漢明/ 志曄/ 之仁/ 富涓/ 振善/ 敬善/ 震云/ 致彦/ 大仁/
益贊/ 震佑/ 同參/ 同願/ 府伯金善根/ 子秉祖/ 水使金東壽/ 判察玄明運/ 機張守洪
氏/ 別差/ 李基永/ 子相昕/ 全達玹/ 李尙旭/ 金振演/ 朴正和/ 全聖煥/ 朴正守/ 朴有
祚/ 鄭漢禎/ 尹壬奎/ 洪養賢/ 金氏鏡心華/ 宋氏淸心月/ 玄阿只定喜/ 同參同願/ 成
閏伏爲/ 亡恩師有宣靈駕/ 尙文伏爲/ 亡恩師彩佑靈駕/ 願以此功德普反於一切/ 我
等與衆生皆共成佛道」(향좌측)

大雄殿 三藏菩薩圖

조선시대 1882년 絹本彩色 세로 257.0cm 가로 267.2cm

화기

「崇禎紀元後五/ 壬午三月日/ 新造成大雄殿/ 後佛幀神衆/ 幀觀音幀現/ 王幀同事因/ 以奉安/ 緣化秩/ 證明比丘警愚/ 贊允/ 文性/ 誦呪比丘德允/ 道源/ 琪演/ 印文/ 敬悟/ 一善/ 金魚片手琪銓/ 宜寬/ 妙英/ 慧卓/ 琠基/ 斑奎/ 仁幸/ 龍船/ 尙義/ 翰奕/ 幸仁/ 永察/ 斗化/ 永俊/ 環優/ 德化/ 奉淳/ 持殿比丘富允/ 奉齋比丘戒英/ 性允/ 乞聰/ 閏明/ 書記比丘英善/ 鐘頭比丘祥玉/ 寶正/ 期仁/ 供司比丘仁永/ 寬珠/ 奉訓/ 淨桶黃普圓/ 負木韓氏/ 來往人金有實/ 別座比丘聖奎/ 都監比丘成閏/ 壯佑/ 化主比丘晟奎/ 上持殿比丘洛辰/ 中持殿比丘漢明/ 施主秩/ 大施主解行堂中/ 安心堂中/ 比丘閏岑/ 比丘知訓/ 比丘晟奎/ 比丘壯佑/ 丙子甲員/ 庚子甲員/ 極樂七星稧中/ 通道寺中/ 其餘施主等具在/ 大幀中姑不煩/ 書紀戒贊/ 三綱僧統富涓/ 和向就成」

大雄殿 神衆圖

조선시대 1882년 絹本彩色 세로 229.5cm 가로 232.8cm

화기

「崇禎紀元後五壬午/ 三月日造成/ 大雄殿後佛幀三藏/ 幀觀音殿後佛幀時/ 同事因以奉安/ 緣化秩/ 證明比丘警愚/ 贊允/ 文性/ 誦呪比丘德潤/ 琪演/ 印文/ 道原/ 敬悟/ 一善/ 金魚片手琪銓/ 宜寬/ 妙英/ 慧卓/ 琠基/ 斑奎/ 仁幸/ 龍船/ 尙義/ 翰奕/ 幸仁/ 永察/ 斗化/ 永俊/ 環優/ 德華/ 奉淳/ 持殿比丘富允/ 奉齋比丘戒英/ 性閏/ 乞聰/ 書記比丘寧善/ 鍾頭比丘祥玉/ 欺仁/ 供司比丘仁永/ 寬珠/ 奉訓/ 淨桶淸信士普元/ 別座比丘聖奎/ 都監比丘成閏/ 壯佑/ 化主比丘晟奎/ 上持殿比丘演伸/ 中持殿比丘漢明/ 大施主解行堂中/ 其餘施主具在大/ 幀中姑不煩」

捌相殿 釋迦說法圖

조선시대 1905년 綿本彩色 세로 240.8cm 가로 219.8cm

화기

「大韓光武九年乙巳九月日新/ 造干本寺靑蓮庵奉安/ 干八相殿/ 緣化秩/ 證明比丘/ 海曇致益/ 會主比丘/ 梵河東漵/ 一海致和/ 誦呪比丘/ 道戒/ 敬學/ 瑄義/ 持殿比丘/ 琇鉉/ 片手比丘/ 普應文性/ 金魚比丘/ 錦湖若效/ 慧庵正祥/ 觀虛宗仁/ 草庵

世閒/ 漢烱/ 敬崙/ 天日/ 真珪/ 敬學/ 柄赫/ 法筵/ 道允/ 夢華/ 大烱/ 種頭沙彌/ 普演/ 應順/ 尙熙/ 淨桶沙彌/ 東炅/ 供司沙彌/ 致琰/ 別供沙彌福先/ 源悟/ 守益/ 別座比丘/ 斗佑/ 都監比丘/ 運湖度閏/ 都化主比丘藤庵璨勛/ 混海瓚允/ 別化主比丘二十員/ 摠攝春谷玟悟/ 和尙/ 斗洪/ 書記應攝」(향우측)

「本寺山施主秩/ 義庵潤成/ 應聲震雲/ 錦漢性律/ 石庵致悟/ 義峰奇明/ 幻溟鳳紋/ 花谷性洽/ 晩山義云/ 樵庵奇日/ 蓮湖度閏/ 滿船性旭/ 瑞庵尙裕/ 藤庵璨勛/ 芝峰琪燁/ 月影富潤/ 道庵善眞/ 錦湖學仁/ 孝雲翊淳/ 勉震漢明/ 影河寶千/ 混海瓚允/ 藤霞翊洙/ 印月禎寅/ 慧溟法船/ 鶴山尙佑/ 桐庵典佑/ 普庵定浩 / 秋庵妙淳/ 友峰永願/ 雪虛德日/ 碧潭文佑/ 徹月休珍/ 晦玄錫仝/ 惺月益詮/ 春谷玟悟/ 一化善益/ 翠峰柱煥/ 梵河東澈/ 性海定明/ 一海致和/ 慧龍定眞/ 東源尙京/ 錦山法定/ 九潭奉蓮/ 普明智讚/ 曇月智淳/ 鶴庵聖箴/ 一愚大垠/ 現月世浩/ 映雲謹讚/ 古鏡善殷/ 潤義/ 湛海德基/ 敬律/ 龍谷典昕/ 奇信/ 春湖聖鎬/ 斗洪/ 東雲戒涓/ 典云/ 擎山象河/ 典宥/ 龍成善明/ 奎彦/ 松虎典洽/ 亘性/ 致玄」(중앙)

「應攝/ 應住/ 莊善/ 福義/ 振玉/ 秀圓/ 珍煥/ 法映/ 熾雨/ 兢錫/ 彰仁/ 福允/ 淳英/ 定元/ 秀浩/ 志欣/ 尙律/ 錦燁/ 德仁/ 性敬/ 周洽/ 載憲/ 彰元/ 性云/ 斗佑/ 福先/ 元律/ 仁和/ 基完/ 秀益/ 世仁/ 性煥/ 東京/ 斗宥/ 柄赫/ 敬秀/ 戒有/ 奉秀/ 尙敏/ 珎日/ 奉性/ 守天/ 彰浩/ 奉寬/ 震敬/ 法信/ 性日/ 斗性/ 應岑/ 允寬/ 奉珍/ 圓善/ 采默/ 周三/ 瑄義/ 秀謙/ 普午/ 涓植/ 福贊/ 永壽/ 文守/ 彰律/ 三英/ 海珠/ 法三/ 鳳守/ 祥眞/ 佑善/ 成演/ 周益/ 致弘/ 莊攝/ 法允/ 法仁/ 明律/ 法成/ 福田/ 浩典/ 彰曄/ 英淳/ 秀洽/ 琪善/ 普淨/ 法岑/ 法明/ 福周/ 錦佑/ 琪性/ 南石/ 敬順/ 寶星/ 允益/ 致琰/ 秀玄/ 性珉/ 比丘尼/ 廣昕/ 秀敬/ 海藏/ 度云/ 祥玟/ 有彦/ 奉根/ 秀成/ 有鏡/ 斗浩/ 秀蓮/ 辛寬/ 道贊/ 應植/ 寶鏡/ 竺先/ 學順/ 聖守/ 奉琪/ 法雲/ 敬俊/ 秀贊/ 取映/ 秀煥/ 斗元/ 普日/ 敬幸/ 普洽/ 致船/ 普贊/ 法眞/ 永善/ 願以此功/ 德普及一/ 功衆皆共/ 成佛道」(향좌측)

捌相殿 八相圖

제1폭 兜率來儀相

1978년 綿本彩色 세로 202.6cm 가로 202.1cm

화기

「施主秩/ 釜山市/ 溫川同/ 六七一/ 乾命/ 癸卯生/ 金洛濟/ 坤命/ 丁未生/ 李眞如性/ 長子/ 壬申生/ 金東浚/ 子婦/ 甲戌生/ 金實相華/ 孫子/ 庚子生/ 希宣/ 辛丑生/ 希眞/ 次子/ 戊亥生/ 金東圭/ 子婦/ 壬午生/ 金善德行/ 孫子/ 乙卯生/ 哲煥/ 戊申生/ 賢眞/ 庚戌生/ 珉廷/ 三子/ 庚辰生/ 金東明/ 子婦/ 壬辰生/ 權順祚/ 孫子/ 丁巳生/ 金宣廷/ 四子 戊子生 金東秀/ 子婦/ 庚亥生/ 宋至誠心/ 孫子/ 丙辰生/ 金文煥/ 戊午生/ 文淑/ 化主/ 朴金運華」

제2폭 毘藍降生相

1978년 綿本彩色 세로 202.7cm 가로 202.4cm

화기

「佛紀二五二二年戊午年七月十五日/ 新造成奉安子/ 金井山/ 梵魚寺/ 捌相殿/ 本寺秩/ 證明比丘/ 古庵/ 會主比丘/ 智曉/ 立絕比丘/ 性悟/ 秉法比丘/ 倉鳳/ 持殿/ 東振/ 誦呪/ 法玄/ 畵工/ 又日/ 化主/ 張大法心/ 院主/ 法隱/ 都監/ 慧醒/ 財務/ 興敎/ 敎務/ 善未/ 總務/ 香雲/ 住持/ 德明/ 羅球星/ 朴○惠/ 李久義/ 朴○香/ 高昭憲/ 白○○/ 朴成佛行/ 李東익/ 姜大光明/ 金炯太/ 金正出/ 全慈蓮花/ 鄭○○○/ 明○○/ 朴星泰/ 明○○」(향우측)

「施主秩/ 釜山市/ 西區大新洞二街一○○/ 乾命/ 乙丑生/ 金溶喆/ 坤命/ 己巳生/ 梁白蓮○/ 長男/ 辛卯生/ 金明津/ 子婦/ 壬辰生/ 鄭○○/ 次男/ 癸巳生/ 金明○/ 三男/ 丁未生/ 金明○/ 女息/ 丙申生/ 金利曍/ 孫子/ 丁巳生/ 金○○」(향좌측)

제3폭 四門遊觀相

1978년 綿本彩色 세로 202.8cm 가로 156.2cm

화기

「施主秩/ 釜山市東萊巳長箭洞五九六ー一六/ 乾命/ 巳巳生/ 鄭克謨/ 坤命/ 丙子生/ 觀普德華/ 長子/ 戊午生/ 鄭鎭烈/ 次子/ 庚子生/ 鄭鎭活/ 長女/ 癸卯生/ 鄭善伊

/ 次女/ 甲辰生/ 鄭美貞」

제4폭 踰城出家相

1978년 綿本彩色 세로 202.4cm 가로 155.9cm

화기

「施主秩/ 釜山市東萊區長箭三洞六口四八/ 건명/ 신사생/ 구산회/ 곤명/ 무자생
/ 서원명심/ 장녀/ 무신생/ 구미영/ 차녀/ 계축생/ 구보영/ 삼녀/ 무오생/ 구지연/
院主/ 無着」

제5폭 雪山修道相

1978년 綿本彩色 세로 202.3cm 가로 156.6cm

화기

「施主秩/ 釜山市/ 溫泉二洞/ 一○七三--一/ 乾命/ 丙寅生梛永昌/ 坤命/ 戊辰/ 生
白法輪革/ 長子/ 戊子生梛龍柱/ 次子/ 丁酉生/ 祭柱/ 女息/ 壬寅生/ 賢柱/ 서울特
別市/ 乾命/ 辛卯生梛央秀/ 坤命/ 壬辰生○先子/ 서울特別市/ 乾命/ 庚寅生鄭憲謨
/ 坤命/ 壬辰生梛後子」

제6폭 樹下降魔相

1978년 綿本彩色 세로 202.2cm 가로 155.6cm

화기

「施主秩/ 釜山市東區草梁洞二八一-二二/ 奉母/ 巳酉生/ 李三禮/ 乾命/ 辛未生/
梁哲碩/ 坤命/ 戊寅生/ 金明子/ 長男/ 己亥生/ 梁成○/ 次男/ 丁未生/ 梁炯豪/ 長女
/ 辛丑生/ 梁合淑/ 次女/ 乙巳生/ 梁楨花」

제7폭 鹿苑轉法相

1978년 綿本彩色 세로 202.3cm 가로 156.6cm

화기

「施主秩/ 釜山市南區大淵洞一四八0-二/ 己巳生/ 李〇千/ 丙子生/ 朴順伊/ 己亥生/ 李載興/ 壬寅生/ 李美炅/ 丙午生/ 李美善/ 己酉生/ 李宰鳳/ 庚子生/ 李成洙/ 己酉生/ 金德伊/ 乙酉生/ 李勇未/ 都監石公」

제8폭 雙林涅槃相

1978년 綿本彩色 세로 202.6cm 가로 156.4cm

화기

「施主秩/ 釜山市東萊區溫泉二洞/ 丁巳生/ 柳洙/ 丁巳生/ 金大明/ 巳卯生/ 柳寅/ 甲申生/ 黃修/ 庚戌生/ 柳忠/ 丁未生/ 柳貞/ 癸未生/ 柳寅/ 丁亥生/ 曹〇/ 庚戌生/ 柳東/ 辛亥生/ 柳美/ 癸酉生/ 姜창/ 丙子生/ 柳寅/ 癸卯生/ 姜秀/ 丙戌生/ 李東/ 戊子生/ 柳寅/ 丁亥生/ 安炳/ 庚寅生/ 柳寅/ 乙卯生/ 安世」

羅漢殿 釋迦說法圖

조선시대 1905년 絹本彩色 세로 206.4cm 가로 266.7cm

화기

「大韓光武九年乙巳九月/ 日新造于本寺靑蓮庵/ 奉安于羅漢殿/ 證明比丘/ 海曇致益/ 會主比丘/ 梵河東澈/ 一海致和/ 誦呪比丘/ 道成/ 敬學/ 瑄義/ 持殿比丘/ 琇鉉/ 出草比丘/ 普應文性/ 金魚比丘/ 錦湖若效/ 慧庵正祥/ 觀虛宗仁/ 草庵世閑/ 漢烱/ 敬崙/ 天日/ 真珪/ 敬學/ 炳赫/ 法延/ 道允/ 夢華/ 大烱/ 竺演/ 鍾頭/ 普演/ 應順/ 尙熙/ 淨桶/ 東炅/ 供司/ 致琰/ 別供/ 福先/ 源悟/ 守益/ 別座/ 斗佑/ 都監比丘/ 蓮湖度閏/ 都化主比丘藤嚴璨勛/ 混海瓚允」(향우측)

「施主秩/ 乾命/ 乙未生朴敬洪/ 乾命/ 吳德根/ 淸信女甲申生/ 張氏/ 普覺月/ 乾命姜允鉉/ 乾命秋時安/ 乾命己酉生金文性/ 坤命壬子生韓氏玉蓮花/ 坤命壬戌生扶安金氏/ 子己丑生尹晋駒/ 壬辰生命駒乾命/ 戊辰生柳東秀/ 乾命丁丑生皮明梵/ 乾命庚戌生/ 洪俊吉/ 坤命己亥生崔代念佛花/ 坤命己酉生金氏善行花/ 坤命癸亥生李氏/ 坤命壬申生/ 金氏/ 乾命壬午生金文洪/ 坤命丁未生鄭氏/ 乾命戊申生秦尙勳/ 坤命癸卯生金氏性德花/ 淸信女李氏普德華/ 淸信女朴氏普賢行/ 乾命庚子生金法悟/

清信女庚子生金氏萬行花/ 乾命丁未生安學周/ 乾命庚午生金鉉/ 乾命戊戌生安順魯/ 癸未生安柄順/ 癸酉生金基澤/ 癸未生李根宗/ 丙戌生尹東峴/ 鄭寧朝/ 乙巳生鄭問大/ 甲午生金龜詢/ 壬子生沈文祚/ 丁巳生姜有寬/ 坤命丁未生朴氏大光明/ 坤命丁未生田氏念酉花/ 坤命丁巳生邊氏燈燭花/ 乾命朴文楚/ 坤命己亥生李氏妙蓮花/ 坤命壬戌生朴氏法雲華/ 乾命丁巳生吳命浩/ 乾命壬午生吳禧奉」(향좌측)

羅漢殿 十六羅漢圖

제1폭 - 1, 3, 5존자

조선시대 1905년 絹本彩色 세로 176.7cm 가로 232.0cm

화기

「大韓光武九年乙巳九/ 月日新造于本寺青/ 邁庵奉安于羅漢/ 殿/ 證明比丘/ 海曇致益/ 片手比丘/ 普應文性/ 金魚比丘/ 錦湖若效/ 夢華/ 大施主邑內玉泉洞居/ 乾命乙卯生朴主錫/ 坤命丙辰生金氏大覺月/ 婿/ 戊子生李昌浩/ 己丑生金氏/ 外孫丙申生金成德」(향우측)

「大施主邑內槐井洞居/ 坤命甲戌生韓氏/ 奉毋戊申生全氏/ 姨侄壬辰生尹萬拳」
(중앙)

「大施主邑內槐井洞/ 乾命癸丑生鄭氏/ 坤命庚辰生朴氏/ 化主比丘鶴奄聖箴」
(향좌측)

제2폭 - 2, 4, 6존자

조선시대 1905년 絹本彩色 세로 176.7cm 가로 232.0cm

화기

「大韓光武九年乙巳九月/ 日親造于本寺青蓮庵/ 奉安于羅漢殿/ 證明比丘/ 海曇致益/ 會主比丘/ 梵河東澈/ 片手比丘/ 普應文性/ 金魚比丘/ 草庵世閑/ 法延/ 化主比丘鶴庵聖箴/ 大施主京城校河居/ 乾命己亥生朴琪淙/ 坤命癸丑生張氏/ 子/ 晶奎/ 姜氏/ 晶奎/ 趙氏/ 孫/ 雨閏/ 喜閏/ 所願如心希慕合/ 意」(향우측)

「大施主京城鑄洞居/ 乾命戊辰生玄映運/ 坤命庚午生裵氏曇花/ 子/ 戊子生/ 武

得/ 丁酉生/ 富得/ 化主比丘鶴巖聖箴」(중앙)

「大施主草梁里居/ 乾命甲寅生吳仁祚/ 坤命甲子生徐氏淸淨意/ 子/ 癸未生/ 相植」(향좌측)

제3폭 – 7, 9, 11존자
조선시대 1905년 絹本彩色 세로 176.7cm 가로 241.2cm
화기

「大韓光武九年乙巳九月/ 日新造于本寺靑蓮/ 庵奉安于羅漢殿/ 證明比丘/ 海曇致益/ 片手比丘/ 普應文性/ 金魚比丘/ 錦湖若效/ 夢華/ 大施主草梁里居/ 乾命丙申生鄭允植/ 坤命丙申生金氏智明花/ 子/ 己巳生箕斗/ 乙亥生鄭氏/ 孫/ 庚寅生成龍/ 戊子生李氏」(향우측)

「大施主沙下面下湍居/ 乾命辛亥生韓大維/ 坤命辛酉生丁氏/ 子/ 乙未生白龍/ 辛丑生洞介」(중앙)

「大施主邑內玉泉洞居/ 乾命戊申生金秉勳/ 坤命丁未生鄭氏/ 子/ 丙寅生在校癸亥生鄭氏/ 己巳生在序/ 己巳生金氏/ 己卯生/ 在司/ 庚辰生李氏/ 孫/ 丁亥生鍾復/ 丁亥生孫氏/ 庚寅生鍾驥/ 己丑生吳氏/ 甲午生甲得/ 丙申生申得/ 壬寅生麟鶴/ 癸卯生癸得/ 化主比丘鶴巖聖箴」(향좌측)

제4폭 – 8, 10, 12존자
조선시대 1905년 絹本彩色 세로 176.7cm 가로 241.2cm
화기

「大韓光武九年乙巳九月/ 日新造于本寺靑蓮庵/ 奉安于羅漢殿/ 證明比丘/ 海曇致益/ 片手比丘/ 普應文性/ 金魚比丘/ 柄赫/ 度允/ 大施主邑內校洞居/ 乾命丙辰生金鎭永/ 坤命甲子生李氏/ 子/ 乙亥生炯穆/ 辛未生鄭氏/ 庚辰生炯采/ 丙子生金氏/ 甲申生炯基/ 庚辰生金氏/ 庚寅生炯梓/ 己丑生嚴氏/ 甲午生炯祥/ 癸卯生康麟/ 乙巳/ 孔麟」(향우측)

「大施主邑內平南洞居/ 乾命庚申生李光昱/ 坤命己未生尹氏/ 子/ 甲午生/ 爕來」

(중앙)

「大施主邑內安洞居/ 乾命辛未生李翰昱/ 坤命丙寅生具氏/ 子/ 壬子生/ 基善」
(향좌측)

제5폭 - 13, 15존자

조선시대 1905년 絹本彩色 세로 176.7cm 가로 242.0cm

화기

「大韓光武九年乙巳/ 九月日新造于本/ 寺靑蓮庵奉安/ 于羅漢殿/ 證明比丘/ 海曇致益/ 片手比丘/ 普應文性/ 金魚比丘/ 金湖若效/ 夢華/ 大施主草梁里居/ 坤命戊申生金氏/ 子/ 壬午生秋月梧/ 甲申生李氏/ 孫/ 壬寅生昌善/ 化主比丘鶴庵聖箴」
(향우측)

「大施主草梁里居/ 坤命丁巳生金氏/ 子戊寅生金種畿/ 己卯生朴氏癸巳生鍾璨/ 孫辛丑生析泰/ 甲辰生奉泰/ 靑信女甲申生張氏普覺月/ 女/ 癸卯生徐氏/ 外孫壬申生李輝出/ 辛未生金氏/ 比丘己巳生學林/ 化主鶴庵聖箴」(향좌측)

제6폭 - 14, 16존자

조선시대 1905년 絹本彩色 세로 176.7cm 가로 242.0cm

화기

「大韓光武九年乙巳九月/ 新造于本寺靑蓮庵奉/ 安于羅漢殿/ 緣化秩/ 證明比丘/ 海曇致益/ 片手比丘/ 普應文性/ 金魚比丘/ 敬崙/ 敬學/ 化主比丘鶴庵聖箴/ 大施主本邑玉泉洞居/ 坤命壬午生卞氏/ 子癸卯生孫快苗/ 奉母甲寅生洪氏/ 化主比/ 淳英」
(향우측)

「乾命癸丑生朴夏瑛/ 坤命庚戌生金氏/ 兩主/ 子/ 丙子生鎭㬥/ 癸酉生金氏/ 兩主/ 丙戌生鎭綷/ 戊子生宋氏/ 戊子生/ 鎭九/ 孫女甲午生朴氏/ 化主此丘/ 鶴奄聖箴」
(향좌측)

毘盧舍那佛會圖

조선시대 1791년 絹本彩色 세로 222.0cm 가로 196.0cm 성보박물관

화기

「乾隆五十六辛亥○/ ○二十二日爲始○/ ○二十日畢功○○/ 畵成毘盧○○○
○/ 奉安于毘盧殿/ 施主秩/ 施主智豊靈駕/ 金願英/ 保體/ 宋世太/ 保體/ 比丘/ 信
雲/ 崔鶴崙兩主/ 比丘/ 日能/ 心賛/ 金○○/ 姜氏伏爲/ 亡母趙氏靈駕/ 金健瑞兩主
○○/ 金德九兩主○○/ ○○○○/ ○○○○○○/ ○○○氏靈駕/
○○○○○○○/ ○○○○○○/ ○○○○伏爲/ 亡○○○○靈駕/ 志桓
○/ 姜聖周保體/ 鄭有興/ 金漢聖/ 鄭順才/ ○○○○氏/ ○○生李氏/ ○卯生鄭氏
/ ○○生崔氏...(以下, 數行 脱落)/ 守一/ 豊悟/ 誦呪惠寶/ 位成/ 淨學/ 持殿戒彦/
片手永璘/ 龍眼萬謙/ 極惠/ 性印/ 太旻/ 衍洪/ 影修/ 有海/ 共養主義一/ 別座再伯/
化主金汰任秋/ 都○○雲/ 僧統○性/ 和尙信淨/ 書記生輝」
※ 화기의 박락 심화로 『한국의 불화 화기집』, 성보문화재연구원, 2011, pp.148~149 참조.

帝釋神衆圖

조선시대 1817년 絹本彩色 세로 132.4cm 가로 128.8cm 성보박물관

화기

「嘉慶二十二/ 丁丑臘月日/ 施主秩/ 金氏伏爲○/ 家夫尹閏○/ 魯徵述伏○/ 亡
父魯一龍/ 白尙會保○/ 李根業保○/ 南閏箕保○/ 李氏保体/ 金氏保体/ 李興寀保
○/ 邊氏保体/ 李氏保体/ 緣化秩/ 證明豊悟/ 守一/ 誦呪志運/ 常雪/ 持殿守性/ 良
工敏活/ 戒宜/ 本庵秩/ 比丘豊悟/ 比丘守一/ 籌室比丘震默/ 頓寬/ 普淡/ 性寬/ 守
性/ 萬雄/ 普信/ 思個/ 仁性/ 旻惠/ 抱仁/ 戒洪/ 守和/ 普心/ 奉云/ 太允/ 再熙/ 致
安/ 永初/ 錦札/ 快演/ 乞元/ 戒宇/ 春達/ 得喆/ 鉄金/ 大○/ 泰賢/ 壽長/ 一洺」
※ 퇴색과 박락의 심화로 『한국의 불화 화기집』, 성보문화재연구원, 2011, p.671 참조.

安心堂 阿彌陀極樂會上圖

조선시대 1860년 絹本朱地白色線描 세로 163.3cm 가로 163.0cm 성보박물관

화기

「咸豊十/ 年庚申閏/ 三月十八日/ 造成七軸/ 畫幀一/ 軸奉安于/ 安心堂/ 獨判大施/ 主解行堂/ 證明愼旻/ 畫師印侃/ 誦呪永聰/ 淨桶太性/ 都監儀喆/ 別座性開」

清風堂 阿彌陀極樂會上圖

조선시대 1860년 絹本朱地白色線描 세로 162.0cm 가로 150.9cm 성보박물관

화기

「咸豊十年/ 庚申閏三月/ 十八日造成/ 七軸畫幀/ 一軸奉安于/ 清風堂獨/ 判大施主解/ 行堂/ 證明愼旻/ 畫師印侃/ 誦呪永聰/ 淨桶太性/ 都監儀喆/ 別座性開」

※ 퇴색의 심화로 『한국의 불화 화기집』, 성보문화재연구원, 2011, p.322 참조.

四天王圖

동방 지국천왕(지물-비파)

조선시대 1869년 絹本彩色 세로 357.0cm 가로 258.3cm 성보박물관

화기-1

「同治八年己巳五月十六日/ 新畫成四天王奉安/ 梵魚寺/ 綠化秩/ ○明大雲奉洽/ 徹虛警愚/ 誦呪信奉道源/ 道信/ 有閑/ 頌一/ 法雲/ 金魚/ ○○/ 出草/ 幸佺/ 敏瓘/ 太禧/ 性曄/ 元奎/ 良工/ 允宗/ 供養主富閏/ 淨誦/ 守仁/ 鐘頭/ 必守/ 奉岑/ 別座斗贊/ 都監成閏/ 化主海龍致雨/ 施主秩/ 府伯鄭公庚午○○○/ 本府安民洞居/ 甲申生/ 李基永/ 西門路下居/ 丙辰生/ 朴氏/ 甲子生/ 金氏/ 城空鮮居/ 丁巳生/ 金光玘/ 甲寅生/ 金奇守/ 南西洞居住/ 辛巳生鄭瑞鳳/ 壬午生鄭氏兩主/ 同里居/ 癸未生鄭氏/ 山城作里/ 金光鉉/ 金彦伊」

화기-2

「同治八年己巳五月十八日/ 新畫成四天王奉安/ 于梵魚寺/ 緣化秩/ 證明/ 大雲奉洽/ 徹虛驚愚/ 誦呪信峯道源/ 道信/ 有閑/ 頓一/ 法雲/ 亨權/ 金魚/ 元善/ 出草/ 幸佺/ 敏瓘/ 太禧/ 性曄/ 元奎/ 良工/ 允宗/ 供養主/ 富閏/ 淨桶/ 守仁/ 鍾頭/ 必守/ 奉岑/ 別座/ 斗贊/ 都監/ 成閏/ 化主海龍致雨/ 施主秩/ 府伯鄭公庚午生顯德/ 本府

安民里居/ 甲申生/ 李基永/ 西門路下居/ 丙辰生朴氏/ 甲子生金氏/ 山城空解居/ 丁巳生金光珡/ 甲寅生金奇守/ 南西洞居/ 辛巳生鄭瑞鳳/ 壬午生○○○/ 同里居/ 癸未生鄭氏/ 山城竹里居/ 金光鉉/ 金彦伊/ 願以此功德/ 普及於一切/ 我等與衆生皆共成佛道」

※ 2009년 6월 29일~2010년 2월 22일(240일간) 실시한 사천왕도 보존처리 중 본 화기인 화기-1이 발견되었다.

남방 증장천왕(지물-보검)

조선시대 1869년 絹本彩色 세로 357.0cm 가로 258.3cm 성보박물관

화기

「同治八年己巳五月十八/ 日新畵成四天王奉安/ 于梵魚寺/ 緣化秩/ 證明大雲奉洽/ 徹虛驚愚/ 誦呪信峯道源/ 道信/ 有閑/ 頓一/ 法雲/ 亨權/ 金魚秩/ 片手/ 元善/ 敏瓘/ 出草/ 幸佺/ 太禧/ 性曄/ 元奎/ 良工/ 允宗/ 供司/ 富閏/ 淨桶/ 守仁/ 鍾頭/ 必守/ 奉岑/ 都監/ 成閏/ 別座/ 斗贊/ 化主海龍致雨/ 施主秩/ 府伯鄭公顯德/ 邑內面南西洞居/ 郭瑞鳳兩主/ 同里鄭氏/ 西門路下里/ 鄭龍志兩主/ 韓斗面兩主/ 凡魚洞居李華宗兩主/ 願以此功德普及於一切/ 我等與衆生皆共成佛道」

서방 광목천왕(지물-용·여의주)

조선시대 1869년 絹本彩色 세로 353.6cm 가로 258.7cm 성보박물관

화기

「同治八年己巳五月十六日畵/ 成四天王奉安于東萊梵魚/ 寺/ 緣化秩/ 證師/ 大雲奉洽/ 徹虛/ 驚愚/ 誦呪/ 信峯/ 道源/ 道信/ 有閑/ 頓一/ 法雲/ 亨權/ 金魚片手/ 元善/ 幸佺/ 敏瓘/ 太禧/ 性曄/ 元奎/ 良工東河堂允宗/ 供司/ 富閏/ 淨桶/ 守仁/ 鍾頭/ 必岑/ 別座/ 斗贊/ 都監雲庵堂/ 成閏/ 化主海龍堂/ 致雨/ 施主秩/ 本城府伯鄭公庚午生顯德/ 本府安民里/ 甲申生李基永/ 西門路下/ 丙辰生朴氏/ 甲子生金氏/ 山城空鮮里/ 丁巳生金光珡/ 甲寅生金奇守/ 南西洞居/ 辛巳生郭瑞鳳/ 兩主/ 壬午生鄭氏/ 癸未生鄭氏」

북방 다문천왕(지물-보탑 · 보차)

조선시대 1869년 絹本彩色 세로 355.7cm 가로 258.1cm 성보박물관

화기

「同治八年己巳五月十六日新畵/ 成四天王奉安于東萊梵/ 魚寺/ 緣化秩/ 證帥大
雲奉洽/ 徹虛驚愚/ 誦呪信峯道源/ 道信/ 有閑/ 頓一/ 法雲/ 亨權/ 金魚片手元善/
敏寬/ 幸佺/ 太禧/ 性曄/ 元奎/ 良工/ 允宗/ 供司/ 富閭/ 淨桶/ 守仁/ 鍾頭/ 必守/
奉岑/ 別座/ 斗贊/ 都監雲菴堂成/ 化主海龍致致雨/ 施主秩/ 府伯鄭公頭德/ 右道金
海左府面府院/ 里金蓮花/ 下東面鳥訥里孫昌奎兩主/ 同里正覺華/ 活川三方里李頓
化/ 本府西門路下里/ 鄭龍志兩主/ 韓斗面兩主/ 凡魚洞李華宗兩主」

阿彌陀極樂會上圖

조선시대 1887년 絹本彩色 세로 157.0cm 가로 197.8cm 성보박물관

화기

「歲在光緒十三/ 年丁亥五月日/ 東萊梵魚寺/ 極樂殿彌陀幀/ 造成于陜川海/ 印
寺白蓮萬/ 日會而奉安/ 緣化秩/ 證明信海瑞章/ 秋淡井幸/ 寶月普賢/ 會主海耕法犁
/ 龍溪太佺/ 誦呪愚山琪演/ 桂月英玫/ 善宗/ 有善/ 金魚水龍琪銓/ 祥奎/ 天圭/ 三仁
/ 燦圭/ 昌元/ 戒幸/ 典鶴/ 持殿普庵德芸/ 別座/ 喜定/ 供司/ 正三/ 天性/ 淨桶/ 斗
三」(향우측)

「施主秩/ 東萊釜山/ 朴聖智/ 妻金氏/ 化主雲庵正華/ 同願震訓/ 本庵秩/ 東谷知訓/
月影富潤/ 見聞隨喜/ 發菩提/ 法界衆生/ 成正覺」(향좌측)

觀音殿 白衣觀音圖

조선시대 1882년 絹本彩色 세로 219.5cm 가로 223.5cm 성보박물관

화기

「崇禎紀元後五壬午/ 三月日造成/ 大雄殿後佛幀三藏幀/ 神衆幀時同事因以奉/
安/ 緣化秩/ 證明比丘/ 警愚/ 瓚允/ 文性/ 誦呪比丘德允/ 琪演/ 金魚比丘琪銓/ 宜
寬/ 妙英/ 持殿比丘/ 富允/ 奉齋比丘/ 性閨/ 之聰/ 書記比丘/ 成○/ 鍾頭比丘祥玉/

寶正/ 供司比丘/ 一永/ ○○/ 別座比丘/ ○○/ 都監比丘/ 成闰/ 壯佑/ 淨桶淸信士
普元/ 化主比丘晟奎」(향우측)

「施主秩/ 比丘慈月閏岑/ 東谷知訓/ 雨華晟奎/ 海山壯佑/ 丙子甲員/ 庚子甲員/
七星契員/ 本寺秩/ 大德春虛戒允/ 印潭璟闊/ 錦海修璘/ 慈月閏岑/ 桂雲閏希/ 龍潭
性閑/ 影松義○/ 東谷○○/ 海雲○○/ 錦虛宇璘/ 隱菴戒聰/ 應虛平和/ 翫松斗玟/
雲潭謹敏/ 義菴惟○/ 鏡潭斗彦/ 曉山正添/ 印海儀鳳/ 理龍余一/ 幾巖惠柱/ 錦溪性
律/ 松溟奭添/ 祥雲奉玟/ 草庵奇一/ 和尙○○/ 三綱僧統富/ 書記戒瓚」(향좌측)

七星圖

조선시대 1891년 絹本彩色 세로 111.3cm 가로 180.7cm 성보박물관
화기

「光緒辛卯十/ 月日敬造于/ 藥山蓮社奉/ 安于梵魚寺/ 極樂菴/ 證明慧雲擎天/ 會
主寶月普賢/ 誦呪性月愼明/ 繪寫/ 玟奎/ 典學/ 德林/ 施主海山壯佑/ 靈駕伏爲/ 亼
父李善國/ 亼母金氏/ 息師東谷知訓/ 丙子甲會楔/ 員/ 現存者增福壽/ 已亼者生極樂
/ 法界冤親俱鮮/ 脫一切衆生成/ 正覺」

掛佛畵

조선시대 1905년 苧本彩色 세로 1064.4cm 가로 565.2cm 대웅전
화기

「大韓光武九年九月/ 造成于慶尙道東萊郡/ 金正山梵魚寺仍奉安/ 也/ 緣化秩/
證明比丘/ 海曇致益/ 會主比丘梵河東澈/ 一海致和/ 誦呪比丘/ 道允/ 敬學/ 一成/
尙源/ 金魚比丘/ 錦湖若校/ 慧庵正祥/ 草菴世閒/ 觀虛宗仁/ 都片手比丘普應文性/
漢炯/ 敬崙/ 天日/ 眞珪/ 敬學/ 柄赫/ 法延/ 道允/ 夢華/ 大烔/ 竺演/ 持殿比丘鏡潭
道宗/ 芝峰琪燁/ 淳英/ 淨桶沙彌/ 東旲/ 供司沙彌/ 致玟/ 別供沙彌/ 福先/ 源悟/ 守
益/ 鍾頭沙彌/ 普演/ 尙熙/ 別座比丘/ 斗佑/ 都監比丘/ 蓮湖度闰/ 都化主比丘混海
瓚允/ 別化主秩/ 春谷玟悟/ 嶌巖聖篋/ 瑞庵尙裕/ 芝峰琪燁/ 幻溟鳳紋/ 腥山義云/
悍月益詮/ 影河寶千/ 龍谷典昕/ 松虛典洽/ 雪虛德日/ 秋庵妙淳/ 慧溟法船/ 擎山衆

河/ 奇信/ 斗洪/ 珍煥/ 淳英/ 致玄/ 福田/ 本寺山中施主大德秩/ 義庵潤成/ 錦溪性
律/ 義峰奇明/ 法允/ 花谷性洽/ 法成/ 樵庵奇日/ 彰曄/ 滿船性旭/ 琪性/ 藤巖璨勛/
敬順/ 月影富潤/ 允益/ 錦湖學仁/ 秀玄/ 晩霞漢明/ 廣昕/ 混海瓚允/ 度云/ 印月禎
寅/ 鶴山尙佑/ 奉根/ 普庵定浩/ 斗浩/ 友峰永願/ 道贊/ 碧潭文佑/ 竺先/ 晦玄錫仝/
奉琪/ 翠峰桂煥/ 敬俊/ 性海定明/ 取先/ 慧龍定眞/ 斗元/ 錦山法定/ 敬幸/ 普明智
讚/ 致船/ 現月世浩/ 法其/ 古鏡善殷/ 應住/ 春谷玟悟/ 振玉/ 湛海德基/ 法英/ 鶴庵
聖箴/ 彰仁/ 龍谷典昕/ 定完/ 芝峰琪燁/ 尙律/ 道庵善貞/ 性敬/ 孝雲翊淳/ 彰元/ 影
河寶千/ 福先/ 藤震翊洙/ 基完/ 春湖聖鎬/ 東雲戒涓/ 性煥/ 松虎典洽/ 柄赫/ 龍成
善明/ 奉守/ 擎山衆河/ 奉性/ 應聲震云/ 奉寬/ 石庵致悟/ 性日/ 幻溟鳳紋/ 允寬/ 晩
山義云/ 彩黙/ 蓮湖度閏/ 秀謙/ 瑞庵尙裕/ 福贊/ 慧溟法船/ 彰律/ 德山典佑/ 法三/
秋庵妙淳/ 佑善/ 雪虛德一/ 致弘/ 徹虛休珍/ 法仁/ 惺月益詮/ 福仝/ 一化善益/ 淳
英/ 東源尙京/ 普淨/ 九潭奉蓮/ 福周/ 潭月智淳/ 南石/ 一愚大垠/ 輔星/ 映雲謹讚/
致琰/ 梵河東澈/ 性玟/ 一海致和/ 秀敬/ 閏義/ 祥玟/ 敬律/ 秀成/ 奇信/ 秀蓮/ 斗洪
/ 應祖/ 典云/ 擎順/ 典宥/ 法雲/ 奎彦/ 秀煥/ 亘性/ 普日/ 致玄/ 普洽/ 應攝/ 普贊/
福義/ 永善/ 珍煥/ 莊善/ 兢錫/ 秀圓/ 淳英/ 熾佑/ 志欣/ 福允/ 德仁/ 秀浩/ 錦燁/
載憲/ 周洽/ 斗佑/ 性云/ 仁和/ 圓律/ 世仁/ 秀益/ 斗宥/ 東㫱/ 戒有/ 敬秀/ 珎日/
尙敏/ 彰浩/ 守天/ 法信/ 震敬/ 應岑/ 斗聖/ 圓善/ 奉珎/ 瑄義/ 周三/ 涓珠/ 普干/
文守/ 永壽/ 海珠/ 三英/ 祥眞/ 鳳守/ 周益/ 成演/ 莊提/ 秀洽/ 明律/ 法岑/ 浩典/
錦佑/ 國淸寺比丘銀潭戒瓚/ 永明華性/ 守明/ 瓚周/ 尙俊/ 竺心/ 福基/ 彌勒庵比丘
湘燻/ 海印寺比丘擎植/ 施主秩/ 己亥生朴琪淙張氏兩主/ 戊辰生玄暎運裵氏兩主/
甲寅生吳仁祚徐氏兩主/ 壬午生秋月梧李氏兩主/ 戊寅生金鍾畿朴氏兩主/ 己巳生鄭
箕斗鄭氏兩主/ 辛亥生韓大維丁氏兩主/ 丙辰生金永鎭李氏兩主/ 庚申生李光昱尹氏
兩主/ 辛未生李翰昱具氏兩主/ 乙卯生朴圭錫金氏兩主/ 甲戌生韓氏/ 單身/ 庚辰生
朴氏/ 壬午生卞氏/ 單身/ 乙未生朴敬洪金氏兩主/ 己丑生尹普駒弟命駒/ 癸丑生朴
夏瑛金氏兩主/ 淸信女甲申生張氏普覺月/ 淸信女李氏普德華/ 甲戌生秋進燁子東暢
/ 戊子生金東柱禹氏兩主/ 癸亥生金在德姜氏兩主/ 丙申生韓幸旭李氏兩主/ 癸卯生
崔氏淨願華/ 壬寅生金氏道月華/ 戊午生金法雲姜氏兩主/ 丁巳生黃氏率女金氏/ 癸

未生具氏金剛華/ 乙巳生韓氏慧念華/ 己酉生邊翰敬崔氏兩主/ 庚戌生李慶濠黃氏兩
主/ 癸卯生崔氏上德華/ 甲午生金龜伊孫氏兩主/ 甲寅生金氏上德華/ 庚午生李爭吉
全氏/ 甲寅生鄭氏普光華/ 辛丑生李氏善王華/ 丁亥生林氏大心月/ 己亥生金氏善行
花/ 丁未生尹氏鏡心華/ 甲子生李元俊姜氏兩主/ 丁未生安學周/ 己亥生崔氏念佛華/
庚戌生洪俊吉/ 丁丑生支明梵/ 戊辰生柳東秀/ 壬子生韓氏玉蓮華/ 己酉生金文性趙
氏兩主/ 秋時女/ 姜允鉉/ 乾命吳德根/ 癸卯生金氏性德華/ 己酉生金氏大元華/ 乙巳
生梁柄鶴/ 己辰生文氏淨德行/ 己酉生李氏善行華/ 己亥生金氏普賢華/ 己酉生金氏
大蓮華/ 戊戌生李氏法性華/ 甲戌生金鏡瑗李氏兩主/ 庚戌生李氏正運所/ 辛卯生安
光洙秋氏/ 壬子生朴氏道德華/ 壬辰生金心華/ 壬辰生鄭春圃洪氏兩主/ 甲子生金氏
金蓮華/ 丙申生張雲遠李氏/ 乙卯生金氏上品華/ 乙卯生金末均任氏兩主/ 辛未生張
龍雲金氏兩主/ 各處檀越煩不具引」

地藏菩薩圖

일제강점기 1941년 絹本彩色 세로 156.8cm 가로 144.9cm 성보박물관

화기

「古尊應化二九六八/ 昭和十六年/ 辛巳七月二十五日/ 金井山梵魚寺大聖/ 佛事
仍奉安于本/ 緣化秩/ 證明比丘永明慧日/ 誦呪比丘晚悟鎭學/ 持殿比丘/ 金魚比丘
春潭達○/ 鍾○/ 供司/ 性○/ 別座/ 京○/ 都監/ 化生比丘月楷精/ 引勸化主/ 李承
○/ 韓氏普光/ 高氏慧○/ 大衆秩/ 祖室/ 永明(剝落)/ 老德/ 春湖(剝落)/ 震明(剝落)/
壽曇(剝落)/ 惺龍/ 永(剝落)/ 院主/ 月楷/ 精義/ 善/ 盛/ 長/ 京/ 漢/ 虎/ 居士/ 黃良/
文麒/ 朴鳳/ 潤/ 丁奎/ 金種/ 施主秩/ 金海郡大渚面大池里/ 南氏無着/ 子/ 金海龍/
金浩龍/ 金鶴龍/ 孫/ 寶/ 南/ 外孫河太/ 許外護/ 父金法雲/ 靈/ 駕/ 海邑江倉里/ 金
海大渚面/ 梁氏大道華/ 乙亥生安浣德/ 李判九/ 子辛丑生柳/ 李喆守/ 金海大渚面沙
/ 李璋洪/ 癸酉生/ 金龍/ 李在洪/ 壬申生李萬德/ 李周洪/ 大渚面桃/ 龜浦龍塘里/
丙子生金滿/ 尹貴順/ 金海邑江倉/ 羅用生/ 丙子生李址/ 正夏/ 釜山府富/ 亡祖母李
氏靈駕/ 金昌/ 釜山府宝水町/ 妻李/ 辛酉生李種完/ 丁丑生李種球/ 乙亥生裵乙浩」

義湘大師 眞影

조선시대 1767년 絹本彩色 세로 124.3cm 가로 91.3cm 성보박물관

화제

「新羅國師華嚴宗主義湘大師眞」

화기

「乾隆三十二年/ 奉安于金井山/ 梵魚寺/ 化主山中大德/ 若兩/ 良工守一」

현판자료 및 기타

東萊府北嶺金井山梵魚寺普濟樓創建記 懸板

조선시대 1700년 나무 세로 27.5cm 가로 122.5cm 성보박물관

명문

「釋教所重師能立渠 〃夏屋/ 廈蒸 〃之大象拔苦與喜資福/ 恢弘如川之增如雲之興如嶽/ 之不崩與斯樓而無極豈不偉/ 尣豈不休尣若夫樓之宏絕勝/ 縶則登覽者一寓目而盡取之/ 斯不必論而從今使華之過設/ 稠廣之席遊客之來得岼巙之/ 所行止朝夕各適其亘濟勝於/ 人人亦不爲少矣庚辰立秋日/ 海東蓬萊霽月沙彌曇捲拙謹/ 書于極樂精舍中/ 供養布施兼初落成獨辦大施主比丘文印/ 供養布施兼鍾樓勸重創大施主嘉善明學/ 供養兼布施大施主京人都中僉位 保体」

「供養施主 比丘成印/ 鐵物施主嘉善趙興璞/ 鐵物施主嘉善金尙鎮/ 蓋瓦施主通政金戒生/ 通政再儀/ 大德賛敏/ 信珠/ 坦敏/ 道軒/ 居士許信文/ 前持任再信/ 前判事再黙/ 通政戒森/ 圓益 證覚/ 印堅/ 順宗/ 素玄/ 廈應/ 管默/ 戒環/ 得淸/ 以順/ 祖眼/ 曇益/ 性擔/ 大玄/ 震悟/ 敏埜/ 呂淸/ 隱恵/ 判事允文/ 判事順式/ 山中大德秩/ 法眼/ 智安/ 釋还/ 釋卞/ 義玄/ 敏悟/ 時持任釋賛/ 持殿尙賢/ 首僧淸悅/ 梨川山監役/ 通政興宝/ 通政明冶/ 通政信凞/ 寺內秩/ 老德性環/ 前持任尙行/ 前判事守安/ 前持任宗律/ 雪卞/ 漁山廈印/ 持事印堅/ 書記明補/ 直舍順湛/ 片將歸正/ 震行/ 先頭證信/ 大弘/ 天心/ 六瓊/ 釋草/ 釋稔/ 明海/ 祖演/ 文性/ 玏刻字/ 朗印/ 惠远/ 智惣/ ○谷兼石蔵監/ ○通政信淸/ 書記敏嘗/ 先頭哲悟惠坦/ 印淡善日/ 竹山監

役平善/ 書記明湛/ 先頭性学/ 覚軒/ 成造大都監前持任通政釋瓊/ 大功德別座前玉堂持事最善/ 大功德化士時僧統嘉善自修/ 緣化秩/ 首頭祖軒/ 片手懷英/ 祖远/ 治匠金時發/ 應淡/ 灵恵/ 管天/ 思式/ 敏湛/ 就冾/ 孰能/ 浄彦/ 文湛/ 引鉅存还/ 呂式/ 存坦/ 供養主双玉/ 空俊/ 存浄/ 存溫/ 三学/ 盖匠緇白」

梵魚寺毗盧三尊重修改金兼金像觀音新造記懸板

조선시대 1722년 나무 세로 37.3cm 가로 238cm 성보박물관

명문

「梵魚寺毗盧三尊重修改金兼金像觀/ 音新造記/ 夫道可道非常道名可名非常名則功可功名非常/ 功也故古人匿德藏功晦○韜名而不現於世○爲/ 今日功可功名可名而願人之知耶哉善世○○/ ○敬僧佛道者小○貪世利者多故難寸○粒/ 粟尙難舍施○今千餘金之財乎難非一處一人/ 之○自出而一人杞事千百人同樂難許身捐軀猶/ 若不惜○乎佛具八萬功德藏之說也杞事者誰/ 嘉善大夫興寶公也乃一寺捴領之主也亦米千金/ 許納重修改金毗盧三尊契中之座主亦○百金/ 許納新造觀音一尊○○之主員也○○通政大/ 夫祖眼而扳華○○之材模○一寺者也別座通/ 政彦聰乃已前重修改金大功德主海敏之孫第/ ○○雖其先○之跡而○勞居最者也化主首座思屹/ ○鷲栖山人也見叶佛事則千里咫尺○故亦來○/ ○○此事中自餘隨○隨施引勸○勞者/ 芳名/ ○別于后以引諸後云爾/ 康熙壬寅八月日瑚月門人 存覺書/ 毗盧三尊重修改金施主契中秩/ 大玄/ 尙行/ 淨玄/ 勝寬/ 尙均/ 釋瓊/ 道軒/ 尙裕/ 坦敏/ 釋草/ 再信/ 再彦/ 釋閑/ 釋贊/ 興寶/ 再默/ 明旭/ 最善/ 明補/ 信熙/ 朗印/ 祖奇/ 祖眼/ 印堅/ 允文/ 敏聰/ 敏性/ 順湜/ 敏湜/ 英擇/ 弘哲/ 方進孟/ 施主秩/ 嘉善明學/ 通政淳玄/ 嘉善就雲/ 通政劉漢根/ 李貴元/ 通政金鼎一/ 金益重/ 興寶/ 明冾/ 最善/ 再默/ 釋聰/ 管默/ 祖演/ 印堅/ 祖眼/ 參白/ 雪聰/ 彦聰/ 雲湜/ 見哲/ 祖軒/ 間解/ 德三/ 致白/ 性敏/ 思敏/ 震悟/ 金像觀音新造施主判廳秩判○/ 道軒/ 釋聰/ 興寶/ 明冾/ 最善/ 再默/ 明補/ 朗印/ 明遠/ 祖衍/ 清卞/ 明海/ 管默/ 次玄/ 哲悟/ 以均/ 大弘/ 思湜/ 祖眼/ 印堅/ 得清/ 順湜/ 就雲/ 就性/ 義俊/ 參白/ 呂屹/ 彦聰/ 竺欽/ 省熏/ 秀源/ 聰悅/ 建宗/ 印宗/ 漢哲/ 漢珠/ 秋演/ 位軒/ 空坦/ 思敏/ 學能/ 德三/ 山中大德

泰軒/ 就仁/ 法寬/ 演初/ 處機/ 熏一/ 存覺/ 惠遠/ 學默/ 雲淡/ 熙性/ 惠熏/ 演伯/ 呂湜/ 演海/ 雲湜/ 見哲/ 海聰/ 天眼/ ○白/ 施主秩/ 得淸/ 順湜/ 學默/ 丹雲/ 萬雄/ 祐日/ 淨贊/ 法聰/ 彩湜/ 演白/ 空性/ 就性/ 思湜/ 歸正/ 寂照佛像施主 施主秩/ 嘉善金石必/ 兩主/ 安養佛像施主/ 姜起奉兩主/ 施主秩/ 池永祐/ 李貴南/ 金致鳴/ 明海/ 俊明/ 海坦/ 建宗/ 哲熙/ 偉海/ 印宗/ 秋演/ 汗哲/ 海聰/ ○善/ 竺欠/ 呂諶/ 空坦/ 聰印/ 汝屹/ 聰悅/ 善洽/ 惠學/ 順藏/ 最淸/ 守漢/ 演和/ 方好生/ 漢珠/ 淨解/ 普寬/ 最甘/ 普洽/ 建玉/ 戒善/ 英學/ 富性/ 學能/ 聰惠/ 和善/ 惠堅/ 雲淡/ 安順/ 熏日/ 元湜/ 曇湜/ 和悅/ 安惠/ 福祥/ 萬熙/ 空益/ 淸熏/ 草英/ 卞熙/ 天悅/ 以均/ 德森/ 性衍/ 四心/ 釋心/ 惠能/ 隱圭/ 一坦/ 汝明/ 彩式/ 扌尹眞/ 德哲/ 日淳/ 汝海/ 自善/ 存信/ 處湜/ 緣化秩/ 證明宗敏/ 良工進悅/ 寬性/ 玉聰/ 淸愚/ 淸輝/ 持殿懶軒/ 坦日/ 仁淑/ 供養主時敏/ 信行/ 錦明/ 哲文/ 尙雲/ 本性/ 冶匠張石/ 嘉善化主興寶/ 化主山人思屹/ 神远/ 別座彦聰/ 都監祖眼/ 工刻李庭白/ 本寺秩/ 道軒/ 釋聰/ 興寶/ 明洽/ 最善/ 管默/ 明補/ 旼正/ 祖演/ 次玄/ 大弘/ 思湜/ 印堅/ 順湜/ 就性/ 空日/ 俊閑/ 彩雲/ 丹順/ 明談/ 存希/ 時僧統再默/ 時和尙儀俊/ 時書記/ 時首僧/ 秀○/ 學能/ 思順/ 能草/ 時持寺存遠/ 時直舍建玉/ 時三寶方益/ 南北傳座/ 省熏/ 元湜/ 佛前傳座性敏」

梵魚寺鐘○○○記 懸板

조선시대 1775년 나무 세로 36cm 가로 134cm 성보박물관

명문

「梵魚寺鐘○○○記/ 樓以鐘爲名者其意安○○樓也任負鐘/ 鼓板魚四物有時楊幡建○水月場設擊○/ 鳴鐘打板叩魚普請空界受苦衆生參禮/ 金仙而難苦得樂可謂祝邦○祈天之金輪濟/ 衆生苦海之○航其爲物也雖率○尋○其爲/ 惠也○且廣不可廢置也且平常晨昏二時不闕鐘/ 鼓而敬禮三寶使後來迷倫知拜佛尊敬之儀/ 亦可謂敎波世法可不重新斯樓哉奧在康熙庚/ 辰仍寺之盛羕以隘隘爲嫌而移建斯樓於食堂之/ 南不但去來之非便然後五六十年過泰運漸損凡百/ 滅古無乃地氣盛襄相尋○○亦建移○○重○耶/ 何其盛隆之非昔也歲乙酉府伯姜公弼履來賞是寺/ 見寺之零殘及鐘樓

之枍傷思所以修葺之命召○○/ 僧募粟爲議募財莫若金鼓氣寺畢集萬口一談/ 於是
○定金鼓而其○○門防禁危急爲憂患者/ 姜公一切爲務隨告隨釋盖發蹤指樂悉出姜
公明○/ ○兩錚金鼓分遣募得六百餘多古所謂○樂〃○○/ 衆樂〃乎越明年丁亥仲
春移建于舊基夏五月○○/ 瓦甓○堊擧以法古朱欄曲檻各得其宜極爽○/ 輪○○○
者瓦者棟樑者所○者較○○已寬○○/ 溪字雲烟者松篁者生顏色呈態依〃然欣〃然
○有情於○過也噫盛裏興廢相尋於無窮則○/ 之富厚盛○自此可期山之人稱者曰信
男子捨施之○/ 寺之僧頌者曰府伯姜公之德哉姜公之名與斯樓同○/ 在丁亥而求言
於余〃曰余酰鷄也豈敢班門之弄○○○/ 要之亦强遂不獲已爲之記前書記山人允性
書/ 乾隆四十年歲次乙未重九日海東沙門金波任秋機圓○/ 本寺鳴鐘打僧統通政日淳
鐘打僧統通政必雲鐘打僧統通政位眞鐘打僧統通政成伯鐘打僧統通政朋○/ 打僧統
通政朋鰭鐘打僧統嘉善○熙/ 打僧統通政○○/ 打僧統通政体○/ 打僧統通政雪○/
打僧統通政自○且山中大德/ 黃峰大榮/ 凌雲鶴天/ 碧虛若雨鐘座岩鵬運/ 月波整河/
雲庵抱○/ 打和尙嘉善守天」打和尙樂希/ 打和尙雪行/ 打和尙信雲鐘打和尙快演鐘
打和尙体○且打和尙頼澄鐘通政妙心鐘通政允行/ 通政再希/ 通政○○/ 時僧統通
政贊惠/ 記室性儀/ 時和尙僧將彩鰶鐘首僧就澄鐘佛前都監登階興慧政○造都監通
政性宗/ 別座通政善聰/ 北片將蘭淑 南片將淸○/ 今年都監打僧統允琦/ 持殿体玉/
彩仁且打持殿/ 卽修鐘志遠希/ 座打和尙最允/ 書記山人法聰/ 持事允鑑/ 直舍策悅
且廣養主○勞○廻/ 木手鳴鐘都片手太○/ 妙○/ 崔致○/ 寶○/ 月○/ 就○/ 贊○
/ 如○/ ○○/ ○○/ ○○/ 板子木手見學 板刻性秋/ 山任乃信 升千 三輔儀元」

〈背面墨書〉:「樓板書樓」

梵魚寺佛前燈燭施主記文 懸板

조선시대 1817년 나무 세로 32.5cm 가로 56cm 성보박물관

명문

「嘉慶二十二年歲在丁丑之孟春府居嘉義/ 白尙烈折衝李根業幻學姜德潤偕到齋/
沐卽事之翌日見法宇之宏麗道塲之淸净/ 歎時移物換寺中凡苛梘舊不腆詢及慇戸/
燈燭之排用爲各房緇徒之歲歟油然興檀越/ 之志白李兩公出百金姜公出卄緝仍囑任

僧/ 持此存殖要以年〃歲〃七月省其歛而補其/ 用三公之捨施出人意表也審矣是愡是
燭/ 乃年〃一新夜〃光明之物則其誠其惠何年/ 何夜孰不銘感也矧無而凡物成之難
守之難/ 互相戒飭於千百年恪勤回守毋負三檀越之/ 信心云甬白李兩公刻板後加出三
十緡合爲百三十金/ 添補耳/ 前僧統尹白/ 震文/ 首座永悟/ 持殿幸旻」

上樑立柱記

조선시대 1824년 나무 세로 313.7cm 가로 15.3cm 두께 24.8cm 성보박물관

묵서

「道光肆年/ 甲申三月日/ 安二改重修記午/ 時上樑/ 緣化秩/ 都監前總攝/ 嘉善釋
震文/ 監役斜正應信/ 化主前和尙平旭/ 前和尙勝凞/ 別座寶定/ 供養主旻玹/ 法仁/
山所書記宇聰/ 山役牌將快有/ 永活/ 土役牌將幻學/ 宇英/ 木手秩/ 都片手前僧將/
釋國臣/ 金得才/ 金仁伯/ 釋仁奎/ 釋錦性/ 朴德乃/ 李得守/ 釋六察/ 釋國活/ 池和
得/ 釋致根/ 釋錦玉/ 釋寶根/ 釋錦先/ 釋演活/ 釋永玉/ 釋典活/ 引鉅片手金有福/
張涓孫/ 本房秩/ 前總攝震文/ 志守/ 有安/ 前和尙平旭/ 前和尙勝凞/ 前首僧幻學/
前記室有幸/ 前哨官國活/ 前哨官錦演/ 前哨官取信/ 演○/ 再寬/ 前首僧余恒/ 六先
/ 寶允/ 六察/ 寶定/ 六淳/ 奉仁/ 偉先/ 武英/ 武心/ 供孫/ ○○/ ○○/ 海潭/ 大元
/ 仁父/ 朴突化/ 孫時云/ 甲伊/ 馬也之/ 釗突/ 鐵宗/ 龍宅/ 釋定沾/ 釋定突/ 時任秩
/ 時僧統嘉善性仁/ 時和尙寬察/ 佛都監前僧統明學/ 前和尙永悟/ 寺都監前和尙有
洽/ 山都監前和尙性文/ 時典佐前記室有幸/ 時哨官釋慕淳/ 時記室釋奉印/ 時首僧
戒心/ 持事德点/ 直舍武學/ 三寶涓贊/ ○中首頭荼信/ 掌務寬允/ 書寫前記室/ 守
源」

○府殿重建後鮮行○錄 懸板

조선시대 1836년 추정 나무 세로 14.5cm 가로74.5cm 성보박물관

명문

「○府殿重建後鮮行/ 錄/ ○○施記有可記可記/ ○○記可施而施者謂之/ ○○
法兄來言曰去辛/ ○○冥府殿重修時本/ ○○不尠而於揭板/ ○○端越四年乙未又/

○○爲奉供之具顧/ ○○石獨板而昭明也/ ○○一誌余不敢以文/ ○○房之功一以
感幹/ ○○之人示效如此施如/ …/ ○○五年丙申六月 下澣/ ○○○誌/ ○○○五
刀地只/ …/ …/ …/ …/ …/ …二十兩」

碧山長護義湘臺 詩板

조선시대 1888년 추정 나무 세로 36.4cm 가로 116cm 성보박물관

명문

「碧山長護義湘/ 臺一樹菩提特/ 地狀世遠無人/ 知寺○時平○/ 我伴僧來磬音/
出洞搖淸樾海/ 色連檐潤古苔/ 惆悵金魚消息/ ○井邊惟有五/ 雲開/ 水軍節度使/ 鄭
益鎔/ 戊子仲秋」

彌勒殿重修記 懸板

조선시대 1889년 나무 세로 33.2cm 가로 223cm 성보박물관

명문

「彌勒殿重修記/ 殿額曰彌勒亦曰龍華者徑云彌勒/ 佛出世設三處勝會說信敎化聞
法/ 之人皆發無上菩提心其地平正無有/ 丘坑地上有木讨形似金龍〃上華開故/ 曰龍
華今本寺龍華○誠不知何年冊/ 建何年重修而又今棟樑朽傷椽柱/ 傾頹瀉寺以是爲憂
而屢徑○歲奇/ 樣洞殘欲以重修沒有良策去丙戌年/ 正月日渾寺合席別有重新之意上
自/ 宗師前卿下及中僚沙彌各○其勢或/ 出百兩或出五十兩或出三十兩或出二十/ 兩
或出十兩或出一兩收合爲千餘兩徑始二/ 月告功四月巍然○宇倍於前觀且本寺/ 魚會
楔中㕦捐百餘兩使之丹雘能使見/ 之者生歡喜之○噫此諸杬越於當來龍華/ 會上同發
菩提心同爲菩薩友必無/ 疑矣始終○事者誰義峰琦明上人也/ 光緖十五年己丑正月日
義龍軆訓記/ 巡相國李公鎬俊李氏兩主文五十兩/ 緣化秩/ 僧堂〃中文二十兩/ 安心
堂中文百兩/ 含弘堂中文二十五兩/ 解行堂中文二百兩/ 枕溪堂中文二十兩/ 淸風堂
中文二十五兩/ 靑蓮堂中文一百兩/ 大聖堂中文八十兩/ 極樂堂中文五十兩/ 內院堂
中文三十兩/ 金堂〃中文十兩/ 元曉堂中文十兩/ 安養堂中文五兩/ 金剛堂中文五兩/
宗師秩/ 錦海修璘文五兩/ 桂雲允希文五兩/ 東谷知訓文百兩/ 雨華晟奎文三十兩/

雲谷正華文十兩/ 應虛平和文二十兩/ 瓽松斗玟文十五兩/ 隱庵戒摠文五兩/ 義庵潤
成文五兩/ 定庵尙燁文五兩/ 金峰尙文文四十兩/ 錦溪性律文三十兩/ 普雨衍儀文二
十兩/ 義龍訓文十兩/ 義峰琦明文十兩/ 秋山奉珉文十兩/ 松溟奭添文二十兩/ 海山
壯佑文百兩/ 月影富潤文十兩/ 混海瓚允文十兩/ 晩霞漢明文十兩/ 鏡湖壬察文二兩/
友海戒讚文十兩/ 友峰榮願文十兩/ 影庵敬善文十兩/ 前啣秩/ 前僧統能文〃二兩/
前僧統平允文一兩/ 前僧統性洽文二兩/ 前僧統仁注文二兩/ 前僧統性旭文一兩/ 前
僧統敬悟文二兩/ 前僧統尙佑文二兩/ 前僧將學仁文二兩/ 前僧將定浩文二兩/ 前僧
將志幸文二兩/ 前僧將尙殿文十兩/ 和尙秩/ 前和尙定寅文二兩/ 前和尙元佑文三兩/
記室秩/ 前記室仁佑文一兩/ 前記室敬佑文二兩/ 前記室戒讚文二兩/ 前記室寬學文
三兩/ 前記室倚典文二兩/ 前記室善宗文二兩/ 前記室祥玉文二兩/ 前記室慧佑文一
兩/ 前記室妙學文一兩/ 前記室性文〃一兩/ 首僧秩/ 前首僧正植文一兩/ 前首僧千
日文一兩/ 前首僧善奎文五兩/ 前首僧有讚文五兩/ ○友秩/ 前○○志詢文一兩/ 前
○○彩浩文一兩/ 山城洞中四兩/ 山城鍊武在二兩/ 魚會楔中文一百伍十兩/ 化主義
龍軆訓/ 都○義峰琦明/ 供司震敬/ 各房各庵秩/ 在明文一兩/ 法詢文一兩/ 戒日文一
兩/ 戒玟文一兩/ 妙幸文一兩/ 敬律文一兩/ 妙祥文一兩/ 義宗文一兩/ 星浩文一兩/
進訓文五兩/ 世仁文一兩/ 謹讚文一兩/ 太典文一兩/ 善殿文一兩/ 謹正文一兩/
性黙文一兩/ 允和文一兩/ 典有文一兩/ 龍浩文一兩/ 進洪文一兩/ 昌悟文一兩/ 學
善文一兩/ 太千文一兩/ 志欣文一兩/ 奉學文一兩/ 文謙文一兩/ 應善文一兩/ 世定文
一兩/ 妙成文一兩 /德佑文一兩/ 琦壽文一兩/ 妙仁文一兩/ 元明文一兩/ 元學文一兩
/ 世浩文一兩/ 有和文一兩/ 在仁文一兩/ 德成文一○/ 永讚文一兩/ 奉柱文○○/
守一文一兩/ 世枞文○○/ 奉典文一兩/ 妙信文一兩/ 奉成文一兩/ 元周文一兩/ 涓
植文一兩/ 進敬文一兩/ 瓚燁文一兩/ 善允文一兩/ 處一文一兩/ 萬柱文一兩/ 性浩文
一兩/ 善有文一兩/ 益守文一兩/ 瓚奎文一○/ 悟涓文一兩/ 義殿文○○/ 典幸文一
兩/ 妙詢文一○/ 典旭文一兩/ 德林文一兩/ 俊奇文一兩/ ○律文一兩/ 尙安文一兩/
百元文四兩/ 戒訓文一兩/ 典佑文一兩/ 慧淵文一兩/ 殿益文一兩/ 典治文一兩/ 典欣
文一兩/ 度訓文一兩/ 祥珍文一兩/ 翊佺文一兩/ 在和文一兩/ 定訓文二兩/ 互性文一
兩/ 戒彦文一兩/ ○明文一兩/ 奉一文一兩/ 道浩文一兩/ 竺佺文二兩/ 翊淳文一兩/

致浩文一兩/ 道律文一兩/ 成佑文一兩/ 太燁文一兩/ 義宗文一兩/ ○栍文一兩/ 寬
洽文一兩/ 謹信文一兩/ 奉悟文一兩/ 妙允文一兩/ 善益文一兩/ 海印文一兩/ 典憲文
一兩/ ○浩文一兩/ 相來文一兩/ 義云文一兩/ 敬彦文一兩/ 就詢文一兩/ 奉佑文一
兩/ 奉涓文一兩/ 學文〃一兩/ 成洽文一兩/ 典云文一兩/ 奉佑文一兩/ ○成文一兩/
妙彦文一兩/ 摩訶寺中文十兩/ 印海印奉文一兩/ 在玄文一兩/ 花之寺中文一兩/ 前
和尙明俊文一兩/ 奇燁文一兩/ 淨水庵中文三兩/ 前僧將太注文二兩/ 雲水寺中文二
兩/ 仙岩寺中文三兩/ 獅子庵中文三兩/ 比丘尼寬成文一兩海壯一兩/ 比丘尼性有文
一兩在欣一兩/ 金昌守文一兩宋憲奎文二兩/ 南山洞中五兩龍成里中一兩/ 金愼喆文
一兩麻田上里一兩/ 金致彦一兩白礻乃崔氏兩主二兩/ 下里中一兩張明俊一兩丁氏三
兩/ 全甲元一兩金奉基文一兩/ 金在文一兩許氏普蓮花二兩/ 鄭鉀鎔鄭氏兩主二兩/
木手崔在基金武宗法愼/ 畵工戒柱竺佺/ 三綱/ 和尙敬○/ 僧統仁注/ 書記寬學/ 東
河允宗一兩」

冥府殿重修有功記 懸板

조선시대 1891년 나무 세로 47.8cm 가로 94.4cm 성보박물관

명문

「冥府殿重修有功記/ 謹按寺蹟寺之初瓝乃大唐文宗太和十九年乙卯新羅興/ 德大
王所瓝也其時倭寇侵犯頼有義湘祖师退寇之力王仍/ 大喜瓝是寺以報师之當時寺在
下界竹田芍今不如哉壬年/ 中間移建此地無記苟傳無不如哉百年而今當重修之日見/
其上樑刊記其时但存大法堂觀音羅漢殿及衆寮凡十五應矣/ 至萬曆二十一年壬辰倭
亂之時逢於兵火千間寶刹一峕灰燒十/ 載無家惟成室林觀禪师见之發大願力壬寅年
祈入安是爲/ 行化緇素重成伽藍其法不 久仍逢火灾頓無一間虗忱然長/ 漢之際妙全
法师乃爲化师癸丑秋先成海會堂三間仍爲山役/ 至万曆四十二年甲寅七月日畢成法
堂造成都監尼募將帥崔/ 公與法○官同心執事順治十五年戊戌九月日法○○毁乃移
建/ 南邊題額地藏殿此乃發村移爲重修至康熙三十三年甲戌/ 三月日寺僧明洽大师出
白銀十六兩而仍勸祖峕大师爲化师募/ 緣○越與寺主自修大師都監僧將法坦及諸大
衆○爲重修/ 改額冥府殿云歲在光緒十七年辛卯正月日○宇頃○渾寺/ 爲憂一人先

侶衆口影○乃之化士行化四方淂數千兩仍存 久禩/ 但法宇之仰者正之枵○易之間補
柱木全改椽木其他○慮修/ 補更爲飜瓦丹臒始役二月至八月○工其間○尾九八個○
○○入○/ 米合爲四千餘而鳴呼休戕未曾○也其後越之○○化所之趨/ 顧○其好是
之竭誠○力也乃列名啣于左欲使后人爲觀成○/ 光緒十七年辛卯八月日枕松門人義
龍軆訓謹誌/ 僧堂府文二十兩米二斗/ 安心寮文百五十兩米百斗/ 圓應府米三十斗/
含弘堂文二十兩米二十斗/ 解行堂文七十兩米三百斗/ 枕溪府米二十斗/ 清風堂文二
十兩米二十斗/ 青蓮庵文百兩米百斗/ 大聖庵文百兩米百斗/ 極樂庵文百兩米五十斗
/ 內院庵文二十兩米二十斗/ 金魚庵文十兩/ 安養庵文十兩/ 金剛庵文十兩/ 元曉庵
文十兩/ 錦海修璘文五兩/ 東谷志訓文百兩米百斗/ 雨華晟奎文百兩米百斗/ 慶峯善
寬文十兩/ 雲庵正和文二十兩/ 玩松斗玟文五兩/ 應虛平和文五十兩米二十斗/ 隱庵
戒聰文三兩/ 義庵閏成文十兩/ 金峯尙文文百兩米百斗/ 定庵尙曄文十兩/ 琴溪性律
文七十兩米三十斗/ 義龍軆訓文二十兩米十斗/ 寶雨洧義文二十兩米十斗/ 義峯琦明
文十兩/ 草庵奇日文五兩/ 翠雲勝洧文三兩/ 月影冨允文二十兩/ 錦浩學仁文十兩米
五斗/ 水龍度英文二兩/ 晚霞漢明文三十兩米二十斗/ 靈谷濟曇文五兩/ 混海譜允文
十兩/ 友海戒譜文七十兩/ 鶴山尙佑文十兩/ 月海基宣文二兩/ 禮峯志曄文十兩/ 友
峯永願文二十兩/ 影庵敬善文五十兩米三十斗/ 性海定訓文十五兩/ 運海百元文三十
兩/ 誨玄錫佺文十兩/ 樂山祥玉文二十兩米二十斗/ 湛海善宗文十兩/ 湛洧倚典文十
兩/ 鶴雲性虛文十兩/ 蓮峯周晏文十五兩/ 僧統秩/ 能文文二兩米二斗/ 性洽文二兩/
性旭文五兩/ 敬悟文十兩/ 文佑文三十兩/ 定寅文一兩/ 正浩文二十兩米十斗/ 志幸
文十兩/ 彩浩文十兩/ 定植文二兩/ 和尙秩/ 千日文十兩/ 元佑文二十兩/ 尙銀文三十
兩/ 定允文二十兩/ 善殷文五兩/ 文謙文二兩/ 在明文一兩/ 記室秩/ (岡)儀文二兩/
戒賛文五兩/ 聖箴文二兩/ 性文文三兩/ 悟洧文五兩/ 首僧秩/ 應善文五兩/ 志愼文
三兩/ 奉佑文三兩/ 腰衆秩/ 世浩文五兩/ 謹定文十五兩/ 謹賛文十兩/ 有賛文十五
兩米二十斗/ 善周文二十兩/ 大玉文一兩/ 善眞文二兩/ 正根文二兩/ 珉悟文一兩/
戒日文一兩/ 妙相文一兩/ 性仁文一兩/ 度彦文一兩/ 性訓文一兩/ 洧植文二兩/ 世
正文二兩/ 瑛云文一兩/ 敬愼文一兩/ 斗文文一兩/ 在欣文一兩/ 惠權文一兩/ 奉典
文二兩/ 奇信文五兩/ 允和文二兩/ 仁典文一兩/ 斗允文一兩/ 斗星文一兩/ 日省文

一兩/ 斗洪文一兩/ 性詢文一兩/ 文玉文一兩/ 宥欣文三兩/ 謹日文三兩/ 妙幸文一兩/ 妙成文三兩/ 典愃文一兩/ 慧珉文一兩/ 典旭文二兩/ 妙仁文一兩/ 文學文一兩/ 斗佑文一兩/ 尙河文一兩/ 戒珉文一兩/ 愃佑文一兩/ 敬律文一兩/ 在仁文三兩/ 謹信文十兩/ 千佑文一兩/ 妙信文一兩/ 典佑文二兩/ 普希文一兩/ 德林文二兩/ 克念文一兩/ 正權文一兩/ 愃訓文一兩/ 錦先文一兩/ 德成文一兩/ 恵元文一兩/ 斗明文一兩/ 在英文一兩/ 應律文一兩/ 相洧文一兩/ 奉悟文一兩/ 世仁文二兩/ 太典文一兩/ 奉佑文一兩/ 震佑文十五兩/ 性浩文二兩/ 妙彦文二兩/ 益守文二兩/ 戒奎文五兩/ 法蓮文一兩/ 星佑文一兩/ 元曄文一兩/ 敬律文五兩/ 義○文二兩/ 志賛文二兩/ 妙愃文二兩/ 典欣文一兩/ 星昊文一兩/ 慧善文一兩/ 惠守文一兩/ 英浩文一兩/ 度訓文一兩/ 應守文一兩/ 奉彦文一兩/ 祥紋文一兩/ 元冶文一兩/ 正文文二兩/ 德仁文二兩/ 奉斉文二兩/ 義云文二兩/ 奉信文二兩/ 戒賢文二兩/ 典幸文二兩/ 度浩文一兩/ 斗允文一兩/ 仙寬文一兩/ 詳典文一兩/ 元明文二兩/ 錦典文三兩/ 亘性文二兩/ 斉浩文二兩/ 戒洧文二十兩/ 義定文二兩/ 奉日文五兩/ 德佑文二兩/ 恵元文二兩/ 俊斉文二兩/ 賛佑文一兩/ 德守文二兩/ 道學文一兩/ 斗有文一兩/ 義賛文二兩/ 太燁文二兩/ 典冶文二兩/ 義成文二兩/ 振元文一兩/ 祥真文二兩/ 典益文十兩/ 琴先文一兩/ 法船文一兩/ 德柱文一兩/ 仁和文一兩/ 度仙文一兩/ 恵洧文一兩/ 守明文五兩/ 戒明文一兩/ 善宥文五兩/ 應真文一兩/ 益愃文二兩/ 善益文二兩/ 幸欣文二兩/ 益典文三兩/ 典學文二兩/ 度善文二兩/ 奉柱文一兩/ 敬浩文一兩/ 道訓文一兩/ 應明文一兩/ 信珠文一兩/ 奉仁文一兩/ 應洧文一兩/ 敬彦文二兩/ 尙守文一兩/ 典宥文一兩/ 善明文一兩/ 冨英文一兩/ ○○○○二兩/ 寬善十兩/ 海章五兩/ 聖有五兩/ 宥欣五兩/ 普允二兩/ 斗安二兩/ 在明二兩/ 浩玟二兩/ 体正一兩/ 仁典五兩/ 利東里/ 吳德宗二兩/ 安氏二兩/ 靑龍里/ 李在賢/ 文二兩/ 李石根/ 文一兩」

「緣化秩/ 成造都監禮峰志曄/ 化士雨卒晟金/ 月影冨允/ 禮峰志曄/ ○都○應虛平和/ 米都○友○戒○/ 緣化都○影庵敬○/ 監役都善義峰斉明/ 別座善奎○○益洙/ 知殿 善明/ 禮峰定庵 ○昕/ 三綱 和尙千日/ 僧統正浩/ 書記百九/ 木手畵工○片人炊不記」

「梁山秩/ 姜龍壽文五兩/ 姜敬賢文五兩/ 金伍乙伊文三兩/ 李在運文五兩/ 具氏

萬人華文五兩/ 金氏文十兩孫氏二十兩/ 徐氏大○華文十兩/ 金㫆洪文十五兩/ 洪金
苗文二兩/ 梁明淳文二兩/ 金氏子英浩文五兩/ 韓鳳奎文五兩/ 金氏文五兩/ 金一根
文十五兩」

「通度寺山中收合文三百兩/ 內院庵收合文十四兩/ 鷲棲庵文三兩/ 表忠祠山中收
合文百兩/ 石南寺收合文三十一兩五戈/ 雲門寺中文二十二兩/ 灵芝寺中文十七兩/
銀海寺中文二十兩五戈/ 桐華寺中文四十兩/ 把溪寺中文三十八兩/ 熊神寺中文十六
兩/ 匡山寺中文九兩/ 安靜寺中五兩/ 龍華寺中七兩/ 玉泉寺中文七十兩四戈/ 青谷
寺中收合文九兩五戈/ 花芳寺中文三兩三戈/ 龍門寺中文三兩九戈/ 多率寺中文四兩
三戈/ 泉隱寺中文二兩/ 興国寺中文三兩八戈/ 松廣寺中文十兩/ 泰安寺中文三兩八
戈/ 華嚴寺中文八兩/ 靈源庵堂中收合文十一兩二戈/ 碧松庵收合文十五兩/ 大源庵
收合文十兩/ 海印寺收合文六十五兩/ 淨水庵中文五兩/ 前住持太周文五兩/ 摩河寺
中文十兩/ 印海仁奉文二兩/ 祥雲奉玟文十兩/ 龍興寺收合文九兩/ 佛國寺二兩/ 祇
林寺收合文十六兩/ 瑜伽寺中文五兩/ 磧川寺中文三兩/ 大邱龍淵寺中文四兩/ 南地
藏文/ 二兩/ 道德庵文二兩三戈/ 天柱寺中文十兩/ 彌庵文五兩/ 文殊庵文四兩/ 長安
寺收合文二十兩/ 灵山東庵中收合文六兩」

〈背面墨書〉:「冥一」

丙午甲有功記 懸板

조선시대 1893년 나무 세로 26.9cm 가로 143cm 성보박물관

명문

「丙午甲有功記/ 夫諸佛〃莊嚴淨土於多劫海捨○/ ○行修生〃輪廻火宅於無量
世永願/ 不捨所以一花當○多生之福報一○便/ 成事世之佛○者歟本寺丙午甲午卽
回/ 事向佛之人也落髮齡年○心拮契/ 于○過三十有四年矣其間養○爲三/ 千六百七
十餘兩買畓爲一百四十餘斗/ 落也而二千四百兩畓一百二十斗落獻/ 納于寺中以○常
住之物四百兩獻納于/ 元曉菴爲彌陀祈禱之貨○三十斗落/ 獻納于觀音殿爲巳時摩旨
之具寺/ 納○日是寺之常觀○人皆飮○讚○/ 況彌陀祈禱觀音摩旨前所未有/ 噫豈
意佛伕三千載下有此捨願共養/ 者乎莊嚴淨土在於其中○○○○/ 爭利之○○此甲

員畓何如哉切觀古/ ○有卓行○蓑而○顯之○ 立佛功亦記而著/ 之余不揣不○書其
事列其名○仗○/ 者○而感之也或者在席曰彌陀觀音/ 是何大聖○謂其事恐似○移
也余○而/ 應之曰○無量世界無數諸佛白○陀/ 最○之位三迷○○敎簡〃回程九品
臺上/ ○人〃進於是○號曰我等○師爲○○/ 生受諸苦難一心○觀世音菩薩卽/ 時
觀其音聽皆○解脫是故稱名慈悲大聖爲○佛語虛○巳不爾○以比固緣/ 同生西方極
樂世界上報四恩下○三苦/ 如持諸掌耳/ 光緒十九年癸巳七月○○于西香閣/晚霞漢
明/ 混海讚允/ 友海戒讚/ 禮峰志燁/ 友峰永願/ 鶴山尙佑/德庵時晚/ 前僧統幀寅/
志幸/ 定浩/ 前和尙守明/ 千一/ 在明/ 在仁/ 在和/ 志彦/ 戒讚/ 奉佑/ 志欣/ 正善」

○魚寺大雄殿佛事施主芳啣錄 懸板

조선후기 나무 세로 30cm 가로 28.7cm 성보박물관

명문

〈正面〉

「○魚寺大雄殿佛事施主芳啣錄/ ○○玉泉寺道水文二兩/ 守仁文二兩/ 安靜寺中
文一兩/ 龍隱位京文一兩/ 兜率庵中文一兩/ 海蓉琪圓文一兩/ 觀音殿堂中文一兩五
戔/ 道庵智彦文一兩/ 翠雲幸芸文一兩/ 國師菴文三兩/ 各人收合文二兩三戔」

「居昌古見庵中文五戔/ 大院庵中文三兩/ 函湖文一兩/ 慧庵文五兩/ 七佛庵中文
五兩/ 普運箕準文一兩/ 一兩孜澗文一兩/ 幻鏡性守文一兩/ 霽雲峽洽文五戔/ 秋潭
性準文一兩/ 善玖文一兩/ 孜慶文一兩/ 箕演文七戔/ 海印寺中文四十兩/ 順天松廣
寺中文一兩三戔/ 南海華芳寺中文三兩/ 龍門寺中文三兩/ 各人收合文一兩/ 淸信女
鄭氏文五戔/ 義林寺中文一兩/ 道性文一兩/ 德守文一兩/ 仙巖寺中文一兩/ 興國寺
中文一兩/ 收合文五戔/ 延日吾魚寺中文一兩/ 興海泉谷寺中文二兩/ 淸河宝鏡寺中
文五兩/ 龜潭明學文一兩/ 銀海寺中文十二兩/ 亘虛仁華文一兩/ 布華俊儀文一兩/
守安文一兩/ 各人收合文一兩五戔/ 奇〃庵中文一兩/ 百興庵中文五兩/ 彌陀庵中文
一兩/ 忠孝庵中文戒圓文一兩/ 雲浮庵中文二兩/ 富貴庵中文二兩五戔/ 眞佛庵中文
一兩/ 修道庵中文一兩五戔/ 大乘寺中文六兩/ 金龍寺中文五兩/ 鳴鳳寺中文二兩/
大谷寺中文九戔/ 普門寺中文一兩/ 地藏寺中文一兩六戔/ 龍門西殿堂中文七兩/ 雲

山◯性文一兩/ 雲潭守岸文一兩/ 運海玟淨文一兩/ 各人收合文二兩五戔/ 大庵中文七兩/ 龍湖海珠文一兩/ 勝雲修隱文一兩/ 各人收合文一兩六戔/ 聖殿庵中文一兩/ 天柱寺中文五兩/ 桃李寺中文一兩/ 廣興寺中文三兩/ 鳳停寺中文四兩二戔/ 義湘庵炳奎文一兩/ 迦葉庵中文二兩/ 淨潭印文文一兩/ 前啣萬仁文一兩/ 晉州泉谷寺中文一兩/ 布雨◯義文一兩/ 法濬文一兩/ 綟營龍華寺中文四兩/ 印若大衍文一兩/ 聖月頓明文一兩/ 各人収合文二兩/ 毘◯多率庵中文一兩/ 各人収合文二兩一戔/ 念善政幸淂文五兩/ 河東雙溪寺中文五兩/ 摠攝企彦文一兩/ 亘庵戒之文一兩/ 龍潭敬天文一兩/ 智潭休玟文一兩/ 月河吉龍文一兩/ 虛隱文性文一兩/ 古僧圓中文一兩/ 石化位俊文一兩/ 各人収合文四兩/ 咸◯靈願庵文三兩/ 南化布所文一兩/ 各人収合文一兩三戔/ 文珠庵取欣昨文一兩/ 波華庵中文五兩/ ◯雲柱性文一兩/ 東賓覺如文一兩/ 我雲亘昨文一兩/ 元曇禮君文一兩/ 北溟慧眞文一兩/ 各人収合文一兩/ 彌陀庵中文一兩/ 各人収合文八戔/ 碧松庵中文十兩/ 瑞龍祥玟文一兩/ 各人収合文一兩/ 龍雲文一兩/ 各人収合文一兩一戔/ 府山文珠庵中文二兩/ 相楊寺中文一兩/ 新興寺中文七兩/ 各人収合文一兩六戔/ 慶州佛國寺中文一兩/ 松林寺中文七兩/ 西坡老愼文一兩/ 石庵達原文一兩/ 枕溟壯湖文一兩/ ◯守文一兩/ 宇典文一兩/ 還城寺中文三兩/ 杓華寺中文二十糧/ 羽化補玹文一兩/ 慶峰善寬文三兩/ 喚鶴奉芸文一兩/ 各人収合文一兩四戔/ 北地藏庵中文一兩二戔/ 南地藏庵中文二兩/ 各人合文三兩五戔/ 托溪寺中文十五兩/ 各人合文二兩四戔/ 彌陀庵中文二兩/ 金堂庵中文五兩/ 各人合文二兩一戔/ 西岳寺中文二兩/ 龍潭寺中文二兩八戔/ 孤雲寺中文八兩八戔/ 機張長安寺中文三兩/ ◯雲君俊文一兩/ 各人合文一兩九戔/ 府伯金公善根文三十兩/ 水相金公東壽文二十兩/ 釜山関衙文三十兩/ 賓日軒 文二十兩/ 韓寅鎭文二兩/ 玄光天文二兩/ 鄕廳 文五兩/ 武廳 文二十兩/ 作廳 文二十兩/ 李基永 文十兩/ 鄭漢禎 文十兩/ 李尙旭 文十兩/ 李相昕 文十兩/ 金振演 文十兩/ 尹壬奎文十兩/ 鄭漢奎文二兩/ 鄭成根文二兩/ 朴來奎文三兩/ 李兩亨文三兩/ 李和伯文三兩/ 李信化文三兩/ 張性度文二兩/ 金俊憲文二兩/ 李亨度文三兩/ 辛龍鎭文三兩/ 金弘守文三兩/ 朴福連文三兩/ 李在基文五兩/ 韓珌洙文五兩/ 金龍激文五兩/ 嚴時同文五兩/ 金氏文五兩/ 金日景文五兩/ 金連生文一兩/ 郭文秀文二兩/ 朴茂英文一兩/ 孫實文一兩/ 朴南奎文二兩/

尹弘錫文二兩/ 尹學銀文一兩/ 具聖仁文五兩/ 李斗先文一兩/ 趙性九文二兩/ 張氏文五兩/ 趙敬守文二兩/ 白致五文五兩/ 嚴時突文二兩/ 朴氏 文二兩/ 宋氏淸心月文十兩/ 俞氏 文五兩/ 薛氏大行華文二兩/ 金氏日成華文三兩/ 金氏眞如華文三兩/ 李氏宝鏡華文二兩/ 宋氏青◯華文一兩/ 朴氏普◯行文五兩/ 李氏大願華文四兩/ 朴氏安覺華文二兩/ 劉氏大月華文二兩/ 尹氏極樂華文二兩/ 金氏大信華文二兩/ 金氏 文一兩/ 金氏宝蓮華文一兩/ 許氏宝蓮華文一兩/ 朴氏 文一兩/ 朴氏 文二兩/ 姜南金栖文一兩/ 鄭佐日文一兩/ 水營禹氏文五兩/ 金氏 文十五兩/ 宋命福文二兩/ 岩南朴氏文二兩/ 金氏文一兩/ 機張官衙文三兩/ 鄕廳 文二兩/ 作廳 文五兩/ 朴正和 文七兩/ 朴履信 文一兩/ 崔繼昊 文五兩/ 朴鍾喜 文五兩/ 張雙煥 文五兩/ 李氏大悲華文一兩/ 閔氏大德華文一兩/ 李基守文五兩/ 李致淨文二兩/ 金善洪文一兩/ 張氏六蓮華文一兩/ 朴榮敦文五兩/ 金鳳昊 文五兩/ 金氏 文五兩/ 金氏文一兩/ 崔翊和 文五兩/ 金氏 文一兩/ 李丁茁 文一兩/ 李式榮 文一兩/ 金鳳俊 文三兩/ 海昌金性煥文五兩/ 崔晟和 文五兩/ 林谷玉景彩文一兩/ 權義彦 文五兩/ 南面朴幸樓文一兩/ 沙羅里金氏文三兩/ 朴光旭 文二兩/ 吳在仲 文一兩/ 金海金氏大覺華文三兩/ 金定浩 文二兩/ 梁山 金仁瑞文十兩/ 柳在植 文五兩/ 金一根 文五兩/ 崔鳳回 文二兩/ 金基弘 文二兩/ 淸道曲川孫守奉文一兩/ 京居宋氏文一兩/ 玄氏正喜文二十兩/ 朴奇淑文二兩/ 朴桂瑞 文二兩/ 朴衡中 文五兩/ 草兩金貴文文五兩/ 金得光文三兩/ 朴氏兩人 文五兩/ 朴氏文二兩/ 李斗日文二兩/ 釜三洞金氏文二兩/ 白八十 文一兩/ 李守萬 文二兩/ 金日宗 文二兩/ 金彩吉 文二兩/ 權永根 文五兩/ 金良吉 文二兩/ 李氏大蓮華文二兩/ 韓氏 文一兩/ 佑川里李奎喆文三兩/ 金德奎 文五兩/ 李昌◯ 文二兩/ 回寅李氏文三兩/ 皇甫氏 文一兩/ 崔興達 文二兩/ 俞致守 文二兩/ 金氏 文二兩/ 大大◯里朴氏文二兩/ 化主兩華晟奎/ 內都監雲菴成潤/ 外都監海山壯仿/ 別座 性周/ 刻手義庵潤星」

〈背面墨書〉

「靑蓮庵法堂殿…/ 李潤根一金字…/ 金龍浀一金/ 金璧俊一金…/ 吳永◯一金…/ 文鐘…/ 申英…/ 金…/ 鶴山女中…/ 金…一金二百원/ 姜其◯一金五百원/ 李◯水

一金五百원/ 李南同…一金阡원/ 鄭 善一金〇阡원/ 高熙全一金阡원/ 崔鍾奉一金一百원/ 李鍾雲一金一百원/ 宋長茁一金一百원/ 文鍾林一金一百원/ 金文石一金五百원/ 金〇〇一金一百원/ 〇洼今一金一百원/ 金〇石一金二百원/ 金璧〇一金一百원/ 李根實一金二百원/ 宋東一一金一百원/ 李相進一金二百원/ 白雲〇一金五十원/ 黃根相一金一百원/ 朴眞于一金一百원/ 朴成〇一金一百원/ 黃東錫一金一百원/ 朴〇萬一金五十원/ ……一金一百원/ 〇方佑一金五十원/ 金正德一金五十원/ 金成道一金五十원/ 金眞覺一金一百원/ 張永禃一金二百원/ 金璧漢一金二百원/ 金順吉一金五十원/ 金順洪一金一百원/ 金鍾浩一金一百원/ 崔大連一金一百원/ 許美一一金一百원/ 金乾日一金一百원/ 金眞當一金一百원/ 元榮大一金五十원/ 李鳳禃一金五十원/ 李允鳳一金一百원/ 〇永子一金五十원/ 朴鳳讚一金一百원/ 金正漢一金五十원/ 林皆相一金五十원/ 南相〇一金一百원/ 金〇佑一金一百원/ 〇陽根一金五十원/ 金〇〇一金一百원/ 崔〇讚一金一百원/ 金允〇一金白원/ 鄭成萬一金一百원/ 鄭仁和一金一百원/ 金毛根一金一百원/ 朴正奉一金一百원/ 李南俊一金一百원/ 李奉守一金五十원/ 嚴仁佑一金一百원/ 金漢〇一金一百원/ 金松榮一金一百원/ 金得五一金一百원/ 金〇守一金一百원/ 金炳根一金一百원/ 文大德華一金一百원/ 金文禃一金一百원/ 金甲禃一金一百원/ 朴義昌一金一百원/ 辛永鎬一金五十원/ 千有日一金一百원/ 朴先浦一金一百원/ 金百원一金一百원/ 金鎔泰一金三百원/ 申〇旭一金三百원/ 禹尙穆一金二百원/ 黃〇浩一金二百원/ 吳相基一金一百원/ 〇仁兆一金二百원/ 金昌實一金二百원/ 白永坤一金二百원/ 金正奉一金二百원/ 〇尙雄一金三百원/ 白月明一金一金二百원/ 崔亘垈一金一百원/ 白武生一金〇〇원/ 崔〇錫一金二百원/ 〇〇庚一金三百원/ 月明一金三百원/ 尹金〇一金三百원/ ……/ 尹德…/ 秋善〇一金…/ 鄭昌伊一金…/ 姜〇願…/ 尹必佑…/ 俞〇南…/ 鄭斗植…/ 孫文姬…/ 李鍾…百원/ 金三世華一金一百원/ 孫水月華一金二百원/ 高貴龍一金一百원/ 金圓學一金一百원/ 黃福今一金一百원/ 金正光華一金一百원/ 金相生華一金一百원/ 金金〇一金一百원/ 鄭〇華一金二百원/ 朴又洙華一金一百원/ 李兹願華一金一百원/ …… 李定〇一金一百원/ 李善道華一金一百원/ 金大右善一金一百원/ 乘大願華一金一百원/ 梵魚寺靑蓮庵信〇裵春山」

神光豁如客…詩板

조선시대 1900년 나무 세로 28cm 가로 56.2cm 성보박물관

명문

「神光豁如客/ 金并做淸遊/ 破袖藏天極/ 矩笻擘地頭/ ○雲生遠岫/ 白馬下長洲/ 大塊誰非夢/ 憑欄還自悠/ 庚子梧月下/ 瀚湖西歸柄/ 鏡虛題」

英親王殿下誕辰爲祝 懸板

조선시대 1902년 나무 세로 32.5cm 가로 43.5cm 성보박물관

명문

「英親王 殿下/ 誕辰/ 爲祝/ 武監金永澤/ 光武六年九月二十五日」

爲祝 懸板

조선시대 1902년 나무 세로 50.5cm 가로 31.5cm 성보박물관

명문

「爲祝/ 奉齋尙宮己酉生千氏淨空心/ 陪行武監甲子生金永澤/ 光武六年七月二十五日」

上祝 懸板

조선시대 1902년 나무 세로 48cm 가로 140.5cm 성보박물관

명문

「上祝/ 大皇帝陛下壬子生李氏天體安寧聖壽萬歲/ 明憲太后陛下辛卯生洪氏玉體安寧聖壽無疆/ 皇太子殿下甲戌生李氏玉體安寧睿壽千秋/ 皇太子妃殿下壬申生閔氏玉體安寧睿壽齊年/ 淳/ 妃邸下甲寅生嚴氏寶體安寧福壽增長/ 英親王殿下丁酉生李氏寶寶恒安萬壽無疆/ 啓下節目」

「慶尙南道東萊府金井山梵魚寺三韓/ 古刹而地之名勝과寺之靈驗이甲於/ 一邦ᄒ며顯異之蹟이不可彈記矣라/ 文祖翼皇帝/ 神貞翼皇后願堂이/ 憲宗大王御筆奉安ᄒ오며/ 天台閣은別祝/ 大皇帝陛下聖壽萬歲/ 皇太子殿下睿壽千歲ᄒ옵고/ 鷄鳴庵은

亦誦/ 英親王邸下寶齡无彊則其所慕重이/ 比他迴別이온디ㅣ本寺之巨弊尤甚者/ 를
若不禁竟至僧徒渙散之境훈/ 지라該郡吏校輩稱以官需米ㅎ고自戊/ 戌年爲始ㅎ야每
朔幾石式擔責於本/ 寺輪納ㅎ고所謂從時價計給者每石/ 十餘兩減價ㅎ야其所見害가
迫至數/ 千兩이요吏校及下屬輩가興貽於米/ 商之故로封置寺米ㅎ야每日十餘石/
式輪送ㅎ다가穀盡不應則捉囚諸僧/ ㅎ고杖笞困督ㅎ니官需米가何關於/ 寺利僧徒乎아
究其事由ㅎ면誠極駭/ 歎이며其所冤屈痛恨이果何如哉아/ 又有鄕武作三廳之討索作
弊와任/ 意推尋及各廳付罰之弊가去益切/甚ㅎ야緇徒가四散逃避ㅎ니此若仍/ 置則
寺難支保라并爲另定條例ㅎ야/ 革祛諸弊ㅎ고嚴戢杜漸事로現奉/ 勅旨ㅎ와玆成節目
下送ㅎ니准此欽遵/ 施行ㅎ야永久勿替ㅎ고米價零條/ 를卽爲這〃還推ㅎ며一依後錄
諸條/ ㅎ야惕念擧行이되若復漫漶不遵之/ 端則斷當別般嚴處事/ 宮內府/ 後/ 一寺米
無難封置與侵漁等弊尤甚者/ 一切禁斷事/ 一官需米何關於寺中而挽近勒徵誠/ 是科
外從今雖爲同價買用其害莫/ 甚ㅎ며米一歟永勿侵討事/ 一本寺現是爲/ 祝所則所重尤
別鄕/ 武作之擅爲發陪推捉等弊一切禁/ 戢事/ 一各廳付罰無難詬辱之弊亦爲痛禁/
事/ 一本寺之進排草酒鞋等物一切禁止/ 事/ 一封山境內如有犯斫偸葬之弊則自/ 官
嚴懲杜弊事/ 一上項諸條 揭板永久遵行事/ 一惣攝角牌一依他寺例成給永爲遵/ 守
事/ 一未盡條件追後磨鍊事/ 奉/ 勅 宮內大臣臣尹定求/ 光武六年十月日」

有明朝鮮國扶宗樹教紫國一都大禪師兩宗正事雪松堂大師碑銘 懸板

조선시대 1903년 나무 세로 38cm 가로 105.5cm 성보박물관

명문

「大匡輔國崇祿大夫議政府領議政兼領 經筵弘/ 文館藝文館春秋館觀象監事 世子
師李天輔撰/ 昔我五代祖月沙公銘休靜大師高祖白洲公銘彦機/ 大師從曾祖靜觀公銘
義諶大師從祖芝村公銘雪/ 霽大師自休靜至雪霽爲四世而其銘皆出於吾家/四世事
甚奇也嶺南僧南鵬以其師演初大師銘來/ 謁於余盖休靜之從分而爲二泒焉有曰惟政
應祥/ 雙彦釋霽即教泒也有曰彦機義諶雪霽志安/ 郞禪泒也師初師釋霽後參志安皆傳
其法於是/ 休靜之泒至師而始合而爲一師俗姓白號雪松/ 慈仁縣人年十三簿髮於雲門
寺爲人洞而心淳/ 博觀內典探其源而窮其〇登壇講說徒學者/ 翁然宗之及老謝遺其徒

262
범어사의 불교문화

兀然向壁一日嘠侍者/ 黙茶飲一盃書偈訖誦佛而化師以丙辰五月/ 初一日生庚午五月
初一日化世壽七十五法臘六十三/ 旣火得舍利八藏雲門通度二寺余不喜爲浮屠/ 文字
而於師有五世誼何可辭遂爲銘銘曰/ 乞則是慧/ 慧則是乞/ 惟師心法/ 二門一宗/ 莫
曰禪敎/ 道無動靜/ 如月印水/ 分照西東/ 崇禎後升甲戌十月日/ 日立/ 雲門寺/ 大韓
光武七年癸卯歲七代門孫混海瓚允開刊」

東萊金井山梵魚寺捌相殿重建上樑文 복사본

1906년 성보박물관

「東萊金井山梵魚寺捌相殿重建上樑文/ 伏以/ 斯道以聖像爲重要寓歸依之誠/ 僉
謀乃法堂載興爰有奉安之所/ 諸佛菩薩之攸在/ 聲聞緣覺之冝隨/ 顧梵魚之遠擅勝名
/ 由寶殿之實占佳處/ 寺之初創可記緬仰義湘心圖/ 殿之重建幾番近在康熙時節/ 如
金如石初縱盡修治之方/ 經雨經風竟不無滲漏之患/ 窃歎頹廢/ 方擬復興/ 發其議之
備惟貴洎天未雨/ 淂其時也願不待履霜至氷/ 睠四山之養材粲差焉豫樟梓漆/ 賞一區
之開景錯雜焉水石煙霞/ 於是/ 卜日擇時/ 命匠執事/ 董役勿亟莫禦佛子之来/ 資力
自舒頼淂檀緣之湊/ 址基呈露叶昔胥宇之龜/ 斧斤生風取彼于雲之木/ 階礎斯列/ 向
背正當/ 鳥草翬飛斯于詩可誦/ 上棟下宇大壯卦旣占/ 簷眉遠擡宛下九苞丹鳳/ 卓攡
盡制如繚一帶銀河/ 佑之自天/ 成之不日/ 風天雨夜夐無有漏之憂/ 月夕花朝偏觀增
輝之狀/ 近奉供養者尤冝齋沐端嚴/ 遊覽尋真人無非歡喜踊躍/ 非惟輪煥之美/ 亦甬
磅礴誇/ 遂壑穹林揔是放光之處/ 奇巖怪石依俙聽法之儀/ 花開萬行之花牧丹芍藥
杜鵑灼〃/ 果結三乘之果桃李銀杏石榴離〃/ 儼然靈山盛儀/ 恍忽祇桓精舍/ 億兆生
壽福向此而永/ 一大事因緣於斯焉畢/ 衆工殫技就以乃楔乃桌乃欂乃榱乃椽/ 都料
告竛書日某年某月某日某時某建/聊將數句/ 庸擧脩樑/ 兒郎偉抛樑東/ 鷄鳴峯揷白
雲中/ 孤庵迢遞浮埃絕/ 捿恩幾多大道通/ 兒郎偉抛樑南/ 馬島山光綠如藍/ 蓬萊海
上仙應在/ 不向人間問苦甘/兒郎偉抛樑西/ 堂嶺岩嶤日未低/ 洛東江上停舟客/ 遙指
金山接漢齊/ 兒郎偉抛樑北/ 衆星拱列懸宸極/ 夜〃齋僧誠無弛/ 聖壽千歲萬歲祝/
兒郎偉抛樑上/ 兜率天宮肅瞻仰/ 清心宛覩来儀相/ 願把香茶佛供養/ 兒郎偉抛樑下/
說轉法輪是鹿園/ 萊府釜港檀那人/ 後先牽呼奔車馬/ 伏願上樑之後/ 國祚退遠/ 寺

運泰亨/ 海晏河清于戔永息於域外/ 禪究教闡芯蒻盆盛於山中/ 大韓光武十年丙午二
月初九日石應沙彌達玄謹識/ 椽化秩/都料長僧典雲/ 富料長朴來凞/ 座上 金元和/
左片長崔允翼/ 右片長金國必/ 左結墨金柱汝/ 右結墨李聖祚/ 廳公貟金玉汝/ 前
飛繫長梁聖初/ 後飛繫長韓德化/ 廳書記崔四玉/ 鐵掌務韓大木/ 磨石掌務李大木/
絃掌務僧海珠/ 南草掌務鄭汝三/ 廳助使金四蓮/ 汲水掌務丁守業/ 食掌務昔正孛/
火掌務宋有生/ 供需掌徐建珠/ 供司掌僧真敬/ 本寺秩/ 義菴潤成/ 錦溪性律/ 華谷
性洽/ 滿船性旭/ 義峰奇明/ 草菴奇日/ 藤巖璨勛/ 月影富允/ 暎運謹賛/ 性海定明/
碧潭奉佑/ 友峰永願/ 普菴定浩/ 鶴山向佑/ 混海瓚允/ 晚霞漢明/ 仁月禎仁/ 錦湖學
仁/ 雪虛德一/ 藤霞翊洙/ 晚山義云/ 孝雲翔淳/ 東雲戒洧/ 幻溟鳳紋/ 芝峰琪燁/ 春
湖聖鎬/ 翠峰桂煥/ 鶴巖聖箴/ 錦山法定/ 捿菴尙裕/ 湛海德基/普明智讃/ 徹月休珎/
道菴善真/ 石菴致悟/ 錦潭法希/ 古鏡善般/ 現月世浩/ 應聲震雲/ 龍成善明/ 松虎典
洽/ 大隱敬律/ 悍月翊佺/ 德山典佑/ 湛月智淳/ 春谷玟悟/ 一化善盆/ 影河寶千/ 龍
谷典昕/ 秋菴淵淳/ 蓮湖度閏/ 靈隱智閑/ 惠明法鮮/ 觀海珎煥/ 擎山象河/ 梵河彰俊/
一海致和/ 前啣秩/ 典云/ 彰浩/ 道讃/ 應岺/ 安心房/ 永朝/ 奉振/ 載潤/ 宗吉/ 普浄
/ 福田/ 法信/ 守殷/ 周晏/ 奇信/ 僧堂/ 將奕/ 彰圓/ 淳英/ 應攝/ 奎彦/ 斗洪/ 圓善
/ 南石/ 秀敬/ 秀成/ 慧守/ 秀連/ 秀洧/ 奉守/ 先賛/ 斗滿/ 元應房/ 文守/ 應植/ 秀
絃/ 福善/ 法雲/ 敬行/東盆/ 聖文/ 述伊/ 性云/ 成珎/ 周洽/ 竺先/ 性一/ 允寬/ 敬俊
/ 太仁/ 敬順/ 琪性/ 法明/ 祥真/ 鮮行堂/ 福允/ 秀煥/ 善敬/ 彰律/ 英淳/ 福賛/ 廣
昕/ 法成/度云/ 潤盆/ 含弘房/ 祥守/ 德守/ 度甲/ 祥玫/ 奉珎/ 枕溪/ 仁化/ 斗佑/ 學
淳/ 燧佑/ 法三/ 致洪/ 元悟/ 法仁/ 善悟/ 淸豊堂/ 洧植/ 文守/ 暎善/ 周盆/ 奉琪/
法允/ 普讃/ 浩榮/ 成俊/ 奉珠/ 普洽/ 彩黙/ 青蓮/ 普連/ 基完/ 瑋守/ 善義/ 定完/
彰仁/ 彰燁/ 志昕/ 金堂/ 三永/ 普午/ 致船/ 取永/ 元曉/ 先敬/ 永鉄/ 秀訓/ 永善/
普日/ 宇善/ 德仁/ 極樂/ 永全/ 周三/ 秀洽/ 昊典/ 明律/ 成洧/ 彰珠/ 振玉/ 應住/
敬一/ 大聖菴/ 順福/ 敬守/ 東京/ 守盆/ 致琰/ 册房/ 斗浩/法岑/ 普鏡/ 三綱/ 揔摂
九潭奉蓮/ 和尙斗洪/ 書記將奕」

東萊梵魚寺拾六殿重建上樑文　복사본

1906년 성보박물관

「東萊梵魚寺拾六殿重建上樑文/ 伏以/ 斯道以聖像爲重要寓的依之誠/ 僉謀乃法堂載興爰有奉安之所/ 諸佛菩薩之攸在/ 聲聞緣覺之冝隨/ 顧梵魚之遠擅勝名/ 由寶殿之實占佳虜/ 寺之初創可記緬仰義湘心圖/ 殿之重建幾番近在康熙時節/ 如金如石初縱盡修治之方/ 經雨經風竟不無滲漏之患/ 窃歎頹廢/ 方擬復興/ 發其議之備惟貴迨天未雨/ 淂其時也願不待履霜至氷/ 睠四山之養材糸差焉豫樟梓漆/ 賞一區之開景錯雜焉水石煙霞/ 於是/ 卜日擇時/ 命匠執事/ 董役勿亟莫禦佛子之来/ 資力自舒頼淂檀緣之湊/ 址基呈露吐昔胥宇之龜/ 斧斤生風取彼于雲之木/ 階礎斯列/ 向背正當/ 鳥草翬飛斯于詩可誦/ 上棟下宇大壯卦旣占/ 簷眉遠擡宛下九苞丹鳳/ 卓檜盡制如繚一帶銀河/ 佑之自天/ 成之不日/ 風天雨夜更無有漏之憂/ 月夕花朝偏觀增輝之狀/ 近奉供養者尤冝齋沐端嚴/ 遊覽尋真人無非歡喜踊躍/ 非惟輪煥之美/ 亦甬磅磚誇/ 鑿壑穿林揔是放光之虜/ 奇巖怪石依俙聽法之儀/ 花開萬行之花牧丹芍藥杜鵑灼〃/ 果結三乘之果桃李銀杏石榴離〃/ 儼然靈山盛儀/ 恍忽祇桓精舍/ 億兆生壽福向此而永/ 一大事因緣於斯焉畢/ 衆工殫技就以乃楔乃桌乃㭏乃椳乃椽/ 都料告功書曰某年某月某日某時某建/ 聊將數句/ 庸擧脩樑/ 兒郎偉抛樑東/ 鷄鳴峯挿白雲中/ 孤庵迢遞浮埃絕/ 捷息幾多大道通/ 兒郎偉抛樑南/ 馬島山光綠如藍/ 蓬萊海上仙應在/ 不向人間問苦甘/ 兒郎偉抛樑西/ 堂嶺岧嶢日未低/ 洛東江上停舟客/ 遙指金山接漢齊/ 兒郎偉抛樑北/ 衆星拱列懸宸極/ 夜〃齋僧誠無弛/ 聖壽千歲萬歲祝/ 兒郎偉抛樑上/ 兜率天宮肅瞻仰/ 淸心宛覿来儀相/ 願把香茶佛供養/ 兒郎偉抛樑下/ 說轉法輪是鹿園/ 菜府釜港檀那人/ 後先牽呼奔車馬/ 伏願上樑之後/ 國祚遐遠/ 寺運泰亨/ 海晏河淸于戈永息於域外/ 禪究教闡芯葤益盛於山中/ 大韓光武十年丙午二月初九日石應沙彌達玄謹識/ 椽化秩/ 都料長僧典雲/ 富料長朴來溟/ 座上 金元和/ 左片長崔允翼/ 右片長金國必/ 左結墨金柱汝/ 右結墨李聖祚/ 公貟金玉汝/ 前飛檕長梁聖初/ 後飛檕長韓德化/ 書記崔四玉/ 鉄掌務韓大木/ 磨石掌務李大木/ 絃掌務僧海珠大木/ 南草掌務鄭汝三/ 助使金四蓮/ 汲水掌務丁守業/ 食掌務昔正學/ 火掌務宋有生/ 別供徐達珠/ 供司僧真敬/ 成造都監比丘/ 堪海德基/ 椽化都監比丘/德山典佑/ 監役比

丘/ 擎山象河/ 椽化別座沙彌/ 周益/ 化主比丘鶴庵聖筬/ 本寺秩/ 三綱摁摂九潭奉蓮/ 和尚斗洪/ 書記將奕/ 義菴潤成/ 錦溪性律/ 華谷性洽/滿船性旭/ 義峰奇明/ 草菴奇日/ 藤巖璨勛/ 月影冨允/ 錦湖學仁/ 仁月禎仁/ 晚霞漢明/ 混海瓚允/ 鶴山尙佑/ 普菴定浩/ 友峰永願/ 百潭奉佑/ 性海定明/ 暎運謹賛/ 雪虛德一/ 藤霞翊洙/ 晚山義雲/ 孝雲翊淳/ 東雲戒涓/ 幻溟鳳文/ 芝峰琪燁/ 春湖聖鎬/ 翠峰桂煥/ 鶴菴聖筬/ 錦山法定/ 捿庵尙裕/ 湛海德基/ 普明智讚/ 徹月休珍/ 道菴善眞/ 石庵致悟/ 錦潭法希/ 古鏡善殷/ 現月世浩/ 應聲震雲/ 龍成善明/ 松虎典洽/ 大隱敬律/ 惺月翊佺/ 德山典佑/ 湛月智淳/ 春谷玟悟/ 一化善益/ 影河寶千/ 龍谷典昕/ 秋庵淵/ 蓮湖度閏/ 靈隱智閑/ 惠明法鮮/ 觀海珎煥/ 擎山象河/ 梵河彰俊/ 一海致和/ 前啣秩/ 典云/ 斗洪/ 奎彦/ 應植/ 淳英/ 福先/ 秀紘/ 應植/ 元應 文守/ 斗滿/ 先賛/ 奉守/ 秀涓/ 秀蓮/ 慧守/ 秀成/ 秀敬/ 南奭/ 元善/ 彰浩/ 道讚/ 安心 應岺/ 永朝/ 奉振/ 宗吉/ 載潤/ 普浄/ 福田/ 法信/ 守殷/ 周晏/ 僧堂 奇信/ 將奕/ 彰圓/ 法雲/ 敬行/ 東益/ 奉珎/ 祥玫/ 度甲/ 德守/ 祥守/ 含弘/ 潤益/ 度云/ 法成/ 廣昕/ 福讚/ 英淳/ 彰律/ 善敬/ 秀煥/ 福允/ 鮮行 祥眞/ 法明/ 琪性/ 敬愷/ 太仁/ 敬俊/ 允寬/ 性一/ 竺先/ 周洽/ 敬守/ 東京/ 守益/ 致琰/ 璿壽/ 基完/ 靑蓮 普蓮/ 彩黙/ 普洽/ 奉珠/ 成俊/ 浩榮/ 普賛/ 法允/ 奉琪/ 周益/ 暎船/ 文守/ 靑豊 涓植/ 善悟/ 法仁/ 元悟/ 致洪/ 法三/ 燧佑/ 學淳/ 斗佑/ 枕溪 仁化/ 聖文/ 述伊/ 性云/ 成珬/ 順福/ 大聖 敬一/ 應住/ 振玉/ 彰珠/ 成演/ 明律/ 昊典/ 秀洽/ 周三/ 永全/ 極樂 德仁/ 宇善/ 普日/ 永善/ 秀訓/ 永鐵/ 先敬/ 壽完/ 元曉 取永/ 致船/ 普午/ 三永/ 福周/ 鷄鳴 後峰/ 在樹/ 金堂 志昕/ 彰燁/ 彰仁/ 定完/ 善義/ 冊房/ 法岑/ 斗浩/ 普鏡」

東萊金井山梵魚寺天台殿重建上樑文　복사본

1906년 성보박물관

「東萊金井山捌相殿重建上樑文/ 伏以/ 斯道以聖像爲重要寓歸依之誠/ 僉謀乃法堂載興爰有奉安之所/ 諸佛菩薩之攸在/ 聲聞緣覺之冝隨/ 顧梵魚之遠擅勝名/ 由寶殿之實占佳處/ 寺之初創可記緬仰義湘心圖/ 殿之重建幾番近在康熙時節/ 如金如石初縱盡修治之方/ 經雨經風竟不無滲漏之患/ 窃歎頹廢/ 方擬復興/ 發其議之

備惟貴迨天未雨/ 淂其時也願不待履霜至氷/ 睠四山之養材衆差焉豫樟梓漆/ 賞一區
之開景錯雜焉水石煙霞/ 於是/ 卜日擇時/ 命匠執事/ 董役勿亟莫禦佛子之来/ 資力
自舒頼淂檀緣之湊/ 址基呈露叶昔胥宇之龜/ 斧斤生風取彼于雲之木/ 階礎斯列/ 向
背正當/ 鳥草翬飛斯于詩可誦/ 上棟下宇大壯卦旣占/ 簷眉遠擡宛下九苞丹鳳/ 卓楦
盡制如繚一帶銀河/ 佑之自天/ 成之不日/ 風天雨夜更無有漏之憂/ 月夕花朝偏觀增輝
之狀/ 近奉供養者尤冝齋沐端嚴/ 遊覽尋真人無非歡喜踊躍/ 非惟輪煥之美/ 亦甬
磅磚誇/ 邃壑穹林揔是放光之處/ 奇巖怪石依俙聽法之儀/ 花開萬行之花牧丹芍藥
杜鵑灼〃/ 果結三乘之果桃李銀杏石榴離〃/ 儼然靈山盛儀/ 恍忽祇桓精舍/ 億兆生
壽福向此而永/ 一大事因緣於斯焉畢/ 衆工殫技就以乃楔乃梟乃欀乃梘乃椽/ 都料告
功書日某年某月某日某時某建/ 聊將數句/ 庸擧脩樑/ 兒郎偉抛樑東/ 鷄鳴峯揷白雲
中/ 孤庵迢遞浮埃絕/ 捿息幾多大道通/ 兒郎偉抛樑南/ 馬島山光綠如藍/ 蓬萊海上
仙應在/ 不向人間問苦甘/ 兒郎偉抛樑西/ 堂嶺岧嶢日未低/ 洛東江上停舟客/ 遙指
金山接漢齊/ 兒郎偉抛樑北/ 衆星拱列懸宸極/ 夜〃齋僧誠無弛/ 聖壽千歲萬歲祝/
兒郎偉抛樑上/ 兜率天宮肅瞻仰/ 清心宛覩来儀相/ 願把香茶佛供養/ 兒郎偉抛樑下/
說轉法輪是鹿園/ 莱府釜港檀那人/ 後先牽呼奔車馬/ 伏願上樑之後/ 國祚遐遠/ 寺
運泰亨/ 海晏河淸于戈永息於域外/ 禪究教闡芯蒭益盛於山中/ 大韓光武十年丙午二
月初九日石應沙彌達玄謹識/ 椽化秩/ 都料長僧典雲/ 富料長朴來凞/ 座上 金元和/
左片長崔允翼/ 右片長金國必/ 左結墨金柱汝/ 右結墨李聖祚/ 廳公負金玉汝/ 前飛
檠長梁聖初/ 後飛檠長韓德化/ 書記崔四玉/ 鉄掌務韓大木/ 磨石掌務李大木/ 絃掌
務僧海珠木/ 南草掌務鄭汝三/ 助使金四蓮/ 汲水掌務丁守業/ 食掌務昔正學/ 火掌
務宋有生/ 別供徐達珠/ 供司僧鎭敬/ 成造都監比丘/ 湛海德基/ 椽化都監比丘/ 德山
典佑/ 監役擎山象河/ 椽化別座周益/ 化主鶴庵聖篋/ 三綱揔摂九潭奉蓮/ 和尚斗洪/
書記將奕」

上樑文本寺秩 복사본

1906년 성보박물관

「本寺秩/ 義菴潤成/ 錦溪性律/ 華谷性洽/ 萬船性旭/ 義峰奇明/ 樵庵奇日/ 藤巖

璨勛/ 月影富閏/ 錦湖學仁/ 晩霞漢明/ 混海瓚允/ 仁月禎仁/ 鶴山尙佑/ 友峰永願/ 普庵定浩/ 碧潭奉佑/ 晦玄錫佺/ 暎運謹讚/ 性海定明/ 應聲震雲/ 古鏡善殷/ 現月世浩/ 錦潭法希/ 道庵善真/ 石庵致悟徹月休真/ 普明智讚/ 湛海德基/ 瑞庵尙裕/ 鶴庵聖箴/ 翠峰桂煥/ 春湖聖浩/ 幻溟鳳紋/ 東雲戒洧/ 孝雲益淳/ 晩山理雲/ 芝峰琪燁/ 藤霞益洙/ 雪虛德一/ 錦山法定/ 大隱敬律/ 德山典佑/ 月虛典宥/ 惺月益佺/ 湛月智淳/ 松虎典洽/ 一化善益/ 春谷玟悟/ 龍谷典昕/ 秋庵淵淳/ 蓮湖度閏/ 靈隱智閑/ 影河寶千/ 九潭奉蓮/ 慧溟法鮮/ 擎山象河/ 寬海珎煥/ 梵河彰俊/ 一海致和/ 典云/ 斗洪/ 奎彦/ 應攝/ 淳英/ 彰圓/ 將变/ 竒信/ 福佺/ 法殷/ 法信/ 普浄/ 應岑/ 永船/ 道賛/ 彰浩/ 元善/ 南石/ 文守/ 應植/ 福善/ 法云/ 允益/ 奉根/ 廣昕/ 法成/ 性敬/ 福賛/ 福允/ 祥真/ 法明/ 敬淳/ 敬俊/ 竺先/ 周洽/ 斗佑/ 仁化/ 熾佑/ 致洪/ 學順/ 法三/ 文日/ 奉琪/ 宝成/ 宝賛/ 洧植/ 琪完/ 敬守/ 應住/ 法英/ 振玉/ 昊典/ 敬日/ 成洧/ 右善/ 普一/ 秀訓/ 彰燁/ 普午/ 志昕/ 普洽/ 彰仁/ 斗浩/ 普鏡」

虎巖大師碑銘 懸板

조선시대 1908년 나무 세로 29.5cm 가로 94cm 성보박물관

명문

「虎巖大師碑銘 并序/ 崇祿大夫原任吏曺判書南陽洪啓禧撰/ 嘉義大夫原任吏曺參判昌寧曺命采書/ 釋敎視死生甚輕而最以傳道爲重盖曰道不/ 死則身猶不死也謂之衣鉢相傳謂之護法金湯/ 師以是傳弟子以是護焉東方之禪淸虛大師寔/ 爲龍衆淸虛傳之鞭羊鞭羊傳之楓潭楓潭傳/ 之月潭月潭傳之喚惺喚惺傳之虎巖攷其源/ 流虎巖之爲善知識可知也虎巖名體淨俗姓/ 金氏興陽人丁卯生戊辰殉世壽六十二法臈四十七淂/ 法於喚惺多住於峽之海印梁之通度東西南北/ 之緇徒臈從之常數百人咸以淸虛之統歸之老而/ 捨衆習定宴坐觀心而終於金剛之表訓內圓通/ 師書一偈曰講法多差失指西喚作東今朝大/ 笑去楓嶽衆香中擲筆而逝其徒爲之立碑記/ 其跡余聞師僅學步家失火四面皆焚而無引/ 自出得不死稱長涉大江沒而踊得不死又於山/ 路逢猛屌隱巖穴間得不死豈偶然歟抑有/ 佛力捄之歟此世界慾火苦海魔障如猛獸者/ 其焚灼人盪濇人呑噛人不特爲三不死獲保/ 性命開悟心靈盖無幾耳若師之超三災而鏞/ 大衆自在於名山法刹之

中者苟非妙法蓮花/ 涌現園繞將以傳喚惺之衣鉢護西山之金湯/ 豈能臻此哉銘曰/ 炎
〃大火之聚而不能焚爍○〃洪流之奔/ 而不能陷溺/ 耽〃猛獸張牙舞瓜而我已方/ 便
於巖穴之側 金剛海印灑脫於 住錫/ 之場雷音洛伽悅惚於墜花之席 西方/ 東土實無二
致何師之自笑自懺於示寂之偈/ 崇禎四季壬午四月 日立/ 碑在海南大屯寺/ 隆熙二季
戊申季夏上澣錄板」

喚醒大師碑銘 懸板

조선시대 1908년 나무 세로 37cm 가로 135cm 성보박물관

명문

「喚醒大師碑銘/ 喚醒大師碑銘并序/ 崇祿大夫原任吏曹判書南陽洪啓禧撰并篆/
嘉義大夫原任吏曹參判昌寧曺命采書/ 耽浮羅世稱瀛洲其山曰漢拏上有古石佛不知何
代所立有文在其/ 背曰三聖八寂處今/ 上己酉志安大師配于其地到七日而爲七月之七/
忽示寂焉山鳴三日海水沸騰人天衆生莫不頂禮讚嘆曰三聖之讖驗/ 矣盖自中國正法菩
薩至于師涅槃于此者三嗚呼其然豈其然乎其/ 亦靈恠哉余嘗八金剛見月沙李公所撰
清虚休靜碑白洲李公所撰/ 鞭羊彦機碑靜觀李公所撰楓潭義諶碑皆東方名宿而於師爲
祖/ 師也師沒後其法孫軌泓上人以師將來求碑余勸晉庵李相國宜述之/ 盖以晉庵爲月
沙白洲之後也晉庵許之文未及成而迯捐舘軌泓/ 來見余曰公宜卒其事余素不喜作禪
家文字而亦不可以拒之乃/ 按其將師俗姓鄭氏春州人以顯宗甲辰生十五出家落髮於彌
智山/ 龍門寺受具於霜峯淨源十七求法於月潭雪霽雪霽楓潭之嫡/ 傳也師骨相清嚴音
韻靈朗言簡而色和月潭大器之盡以衣鉢/ 托焉師精研內典寢食俱忘二十七聞慕雲震言
大師設法會於金/ 山直指寺往從之慕雲大敬○語其衆數百人曰吾今可以輟獅子/ 座矣
汝等禮師之乃潛出居他山師遂進大衆攄說竪說毫分縷析/ 浩然若江河之決也衆皆豁然
開悟宗風大振由是四方緇徒靡然/ 雲集嘗於大屯寺中設淨供自空中三呼其名應亦如之
遂字曰三/ 諾靡然喚惺師演敎鏞衆辭旨幽妙或以未之前聞不無疑焉初樂/ 安證光寺有
虚舟來泊岸中有六祖以來所註解諸經不啻千百函至曰吾出以證之與師所言若合符契乃
大驚嘆師游國內諸名山殆徧而無壹/ 布帒隨身行遇蒼松流水垂簾趺坐左珠右錫脩然也
住智異山悅惚/ 見一道人前言願師速去非久有炎後數日寺果大火在金剛山正陽寺師速

日天甚雨師促裝去衆莫能挽山下有富家翁請舍師辭不入投宿師矮/ 舍其夜寺及富家俱
爲大水所沒住春州淸平寺二樓下有影池淤塞/ 已久師濬之池中淂短碑刻曰儒衣冠婦千
里來解之者曰儒衣衷志也/ 冠婦安也千里重也乙巳春設華嚴大法會於金溝金山寺衆几千
四百/ 登堂竪拂爲衆說法衆皆懽喜淂未曾有己酉竟以會事有誣捏者/ 自智異逮繫于湖
南之獄未幾蒙宥道以執不可竟流于耽羅師甞曰生/ 麋檀施死煩衆力非吾所安無寧沒齒
於絶域殊境竟如其言世壽六/ 十六法臘五十一嗚呼東方山高水麗自古稱多高僧名釋羅
麗之際義/ 湘道詵懶翁無學之徒最著焉靈躅異事有非俗見所可窺測/ 者而抑未知其地
位階級果造如何境界能不落於傍門小乘否也若/ 師之演繹宗旨開悟衆迷眞不愧於法門
龍象无妄之縲絏非其罪也/ 於師何揖焉銘曰/ 淸虛之後四傳其燈具我智慧仗我/ 師承
虛舟泊岸經在其中衆取以證師已先通瀛海空明天風飛錫/ 險夷不滯解脫无跡蓬萊方丈
宿昔桑下氣无不之千億之化影池/ 之碣拏山之佛如是我聞旣悅以惚姑書其事以煥衆聽
空山雲月永/ 劫心靈/ 崇禎四年壬午四月/ 日立/ 隆熙二年戊申六月/ 日登錄/ 謄錄」

禪門撮要上下卷目錄 懸板

조선시대 1908년 나무 세로 22cm 가로 66.3cm 성보박물관

명문

「禪門撮要上下卷目錄/ 血脉論/ 六板/ 觀心論/ 六板/ 四行論/ 十一板半/ 最上乘
論/ 四板半/ 宛陵錄/ 五板半/ 傳心法要/ 八板半/ 蒙山法語/ 五板半/ 禪警語/ 三板半
/ 目錄施主秩/ 一板/ 上卷合五十二板/ 修心訣/ 七板/ 眞心直說/ 九板半/ 定慧結社/
十二板半/ 看話決疑/ 六板/ 禪門寶藏/ 十六板半/ 禪門綱要/ 十二板半/ 禪敎釋/ 三
板半/ 施主秩/ 一板/ 下卷合六十九板/ 都合一百二十一板/ 右板三伏與嚴冬不得印出
事/ 新舊任員愼之傳掌事/ 隆熙二年戊申七月日/ 奉安記付」

上樑立柱記

조선시대 1909년 나무 세로 14.5cm 가로 249cm 두께 20.5cm 성보박물관

묵서

「大韓隆熙三年己酉閏二月十七日午時立柱同月二十日申峕上樑/ 應天上之三光/

備人間之五福/ 成造都監/ 釋尹裕泓」

燈燭錢獻納記 懸板

조선말~근대 나무 세로 20.3cm 가로 31cm 대웅전

명문

「燈燭錢獻納記/ 寺中文〇佰參拾伍兩/ 龍華殿/ 文〇佰兩/ 友峯永願/ 乙巳二月日」

七星同庚契 懸板

조선말~근대 나무 세로 25.5cm 가로 55cm 성보박물관

명문

「七星同庚契/ 安養菴/ 七星閣/ 祝願/ 父基昱/ 母宋氏/ 金壬侃/ 父相根/ 母朴氏/ 李性烈/ 父炳昊/ 母金氏/ 朴元達/ 父翊銓/ 母安氏/ 朴根贊/ 父教泓/ 母徐氏/ 金世昌/ 父閏海/ 母崔氏/ 洪龍具/ 父泰文/ 母俞氏/ 金瑢/ 辛亥七月七日 謹/ 金海后金星斗」

謹次板上韻… 詩板

근대 나무 세로 28.5cm 가로 85.5cm 성보박물관

명문

「謹次板上韻/ 爲愛靑山寫/ 共〇〇霞〇/ 〇起高楼憑/ 欄題卉烟千/ 樹洗鉢宰雲/ 月一湫物累己/ 從〇外〇道心/ 偏向靜中收/ 拈花室東讀/ 玄羅細〃〇〇/ 玉篆沭/ 己亥中〇〇〇/ 門人晦玄稿」

觀音殿盖瓦飜瓦施主秩 懸板

1959년 나무 세로 31cm 가로 38.6cm 관음전

명문

「觀音殿/ 盖瓦飜瓦施主抄/ 釜山市東萊區溫泉洞/ 乾命 癸卯生 裵洪植/ 坤命 己亥生 李大覺心/ 佛紀貳九八六年四月七日」

萬曆四十二年銘 平瓦當

조선시대 1614년 흙 높이 21cm 폭 49.5cm 두께 29cm 성보박물관

명문

「萬曆四十二年/ 甲寅三月…/ 布施大施主方○良/ 供養○大施主金仁俊兩/ 供○
大施主李万呈兩/ 布○○○朴挨詳兩主/ 布施〃主釋俊比丘/ 幡瓦大木林順傑/ ○上
乐○○主○真比丘/ ○○比丘應比丘/ 化主貫惠比丘」

崇德八年銘 平瓦當

조선시대 1643년 흙 높이 17.5cm 폭 27.5cm 두께 34.5cm 성보박물관

명문

「人秩忠信敬印姜/ 今祥徐難金/ 助緣宗坦比丘/ 桶布大施主香福兩主/ 布施大施
主双旭比丘/ 供養布施兼大施主金乙正兩主/ 供養布施兼大施主朴石爻/ 布施大施主
崔永旭/ 崇德八年癸未/ 春造別座○○/ 供養主文俊虜守/ 化主崇嶽」

順治七年銘 平瓦當

조선시대 1650년 흙 높이 20cm 폭 19.5cm 두께47cm 성보박물관

명문

「愛男/ 真末大施主金一○/ ○子大施主○德/ 鉄物大施主高愛男/ 食盐大施主李
可昌/ 供養施主○應覺/ 供養施主李得成/ 供養大施主金得男/ 布施大施主○真/ 布施
大施主朴玉男/ 布施大施主崔金/ 幕沙大施主金龍祥/ 布施大施主李春孫/ 布施〃主
春句/ ○布施主宋應守/ 醬大施主金○○/ 瓦匠秩/ 思雲/ 仅玉/ 雪祖/ 妙雲/ 覺明/
雪梅/ 虜甘/ 幸抬/ 性迬/ 雪○/ 勝夫金/ 順治七年庚寅四月/ 日化主思惠/ 別座守釋」

順治十五年銘 平瓦當

조선시대 1658년 흙 높이 24.5cm 폭 30cm 두께 51cm 성보박물관

명문

「前住持敬真/ 執綱/ 志明/ 書記/ 忠學/ 直歲/ 崇黙/ 三寶/ 雪卞/ 首僧/ 雪倫/ 緣

化秩/ 思雲/ 德俊/ 學聰/ 思卞/ 又淡/ 仅環/ 仅元/ 學能/ 尙明/ 尙輝/ 尙俊/ 雙信/
供養主/ 守端/ 尙卯/ 應悟/ 角木余應男李安命崔○/ 未李士安/ 未徃法堅/ 別座斗森/
幹善化主/ 卯雄/ 自修/ 順治十五年戊戌/ 四月日記」

順治十五年銘 平瓦當

조선시대 1658년 흙 높이 24.5cm 폭 30cm 두께 51cm 성보박물관

명문

「供養布施主兼大/ 施主天元供養大施主/ 金乙生/ 供養大施主/ 文里介兩主布施
大施主/ 刘每男兩主布施大施主/ 李卜兩主幕沙大施主風雲/ 幕沙大施主太暎比丘/
桶布施主/ 姜應卜兩主布施大施主鄭大善/ 未兩主鉄物大施主崔守兩主○○/ 施主朴
士竜兩主食盐大施主李/ 宝石兩主募緣化主卯

雄自修○/ 比丘伏願法堂興坤厚而○○/ 碧瓦荩天毡而同桥時順治/ 十五年戊戌
四月日/ 記」

康熙六年銘 平瓦當

조선시대 1667년 흙 높이 21cm 폭 27cm 두께 42cm 성보박물관

명문

「康熙六/ 年丁未四月/ 日緣化記/ 都片手/ 處明次曹仁○/ 祖根李成忠德○保体/
○秀沄能尙輝/ 都監自○/ 別座○雲/ ○○○○/ 三剛法黒/ …」

康熙十二年銘 平瓦當

조선시대 1673년 흙 높이 23cm 폭 28.5cm 두께37cm 성보박물관

명문

「供養大施主/ 閔奉㆑/ 布施/ 大施主金尙敏/ 供養大施主天元/ 金岩水/ 牽士仁洪
/ ○○过手双海/ ○○志寬化主淳法○/ ○○應璘別座○草/ ○住○進/ 康熙十二年癸
丑/ 五月日/ 靑山易○/ ○瓦長○」

康熙二十四年銘 平瓦當

조선시대 1685년 흙 높이 21.5cm 폭 28.5cm 두께 42cm 성보박물관

명문

「康熙二十/ 四年歲○/ ○○日/ ○○○造成/ ○施主○敏灵駕/ 引勸○○○保体/ 緣化/ 片手仅元○益信曄比丘/ 別座淳一比丘/ 供養主/ ○仁懷食双王/ 彦是玉/ 尙仅印哲」

康熙五十一年銘 平瓦當

조선시대 1712년 흙 높이 29cm 폭 32cm 두께 49cm 성보박물관

명문

「康熙五十一年壬辰三/ 月日法堂重修燔瓦/ 前僧統嘉善尙行/ 時僧統嘉善興宝/ 時和尙嘉善明冾/ 都監通政最善/ 別座通政大弘/ 都片手恵遠」

雍正九年銘 平瓦當

조선시대 1731년 흙 높이 19cm 폭 28cm 두께 46cm 성보박물관

명문

「世望/ 使令李/ 監官金成釟/ 雍正九年辛亥/ ○月日/ 都監○僧○元/ 瓦匠…/ 章益」

乾隆十四年銘 平瓦當

조선시대 1748년 흙 높이 24cm 폭 28cm 두께 41.5cm 성보박물관

명문

「乾隆十四年/ 戊辰七月日燔瓦/ 都監貴悅/ 僧統太○/ 別座○○/ 都片手/ 呂白」

道光庚寅年銘 平瓦當

조선시대 1830년 흙 높이 21cm 폭 33.5cm 두께 42cm 성보박물관

명문

「道光庚/ 寅四月日」

己酉年銘 平瓦當

조선후기 흙 높이 19.8cm 폭 26.5cm 두께 45cm 성보박물관

명문

「己酉夏梵刹造/ 都監古山正革」

大韓光武年銘 平瓦當

조선시대 1900년 흙 높이 18cm 폭 28.5cm 두께 43cm 성보박물관

명문

「大韓光武/ 己亥庚子年/ 都監/ 禮峯/ 片手/ 金德致」

昭和壬申年銘 平瓦當

일제강점기 1932년 흙 높이 28cm 폭 29.2cm 두께 39cm 성보박물관

명문

「昭和年/ 壬申」

昭和十四年銘 平瓦當

일제강점기 1939년 흙 높이 23.5cm 폭 28cm 두께 42cm 성보박물관

명문

「昭和十四年/ 己卯年/ 正月日」

大雄殿 木部材 墨書

조선시대 1713년

「十日/ 康熙五月日/ 壬辰三癸巳年/ 重倉○/ 四月日丹靑/ ○○○/ 十六名○金海/ ○○通政○○/ 都○○○○○/ 左○○○○○/ 右○○○○○」

※『범어사 대웅전 수리공사 보고서』, 부산광역시 금정구청, 2004 참조.

大雄殿木部材 墨書

조선시대 1749년

「聖上二十五年己巳/ 三月日/ 改丹艧/ 都監泰英/ 別座禪○/ 化主奉祥等九人/ 金海都畫師○○海暉/ 本邑採明/ 金海/ 永川/ 梁山/ 人也/ 定筆/ 二月/ 二十九日/ 畢及/ 六月初/ 旬也」

※『범어사 대웅전 수리공사 보고서』, 부산광역시 금정구청, 2004 참조.

大雄殿宗道理 墨書

「僧義相之新創之當是○也殿堂寮舍數千餘間人衆可知此數之虛也至於萬曆壬辰亂寺物蕩板焉/ 此非數之喪也且壬寅之歲玄監黃○○也草創之而今順治十五年戊戌之春寺內僧/ 善裕恒解等重/ 創之此莫非數也自餘神衆盃護之驗且在寺蹟不煩○○黃狗季秋逍遙后人友雲而晦不撲不才轄/ 以記之序云明德新民寅修於玄聖素王之道仁風化物亦在於能仁聖慈之門依其德則植福在○就/ 其傳卽汏讐仁事次…」

「開自西乾侵矣而東流始東方○而西以向新羅○○以○山是而精堂華嚴神衆住寺此向裨補揮一/ 釼而海冠叙述誦數偈而○徹无劣典一國之仁心○○民之/ 所願然而世久年遠運否道裏班衣陵/ 梁主民途炭堂此之時寺之突瓦翬飛者盡付八人僧之方袍圓頂者未免乎群賊鍾寂多年林慘有/ 日萬曆壬寅之歲妙全築草創焉順治戊戌之春善裕等創也寺僧斷金而從役施人悅腹而助緣杵/ 匠丁丁代木於般餘之洞某人許許幾材於由旬之裎暮緣未期…/ ○南隅也北隅也鐵鳳磏塼晚秋山光光乎桂域早春梅馥馥乎雲階界玉繩○○雲空影落層○轉金/ 文於畫欄詳雜松籟人口/ ○而讚咏○○賀向○桓是人間植福之高門實僧寶育德之明鏡逐涓報日/ 助擧修樑辭日兒郎偉抛梁東海岳分明活畫中笑看雞鳴峯上吐大盤紅日上虛空兒郎偉抛梁西/ 冉冉斜陽一翠微雲攀一解金井淨沙彌汲水白攀踰兒郎偉抛梁南松老岐岩引翠○衲僧燮燮來相/ 訪徹夜禪階向道衆兒郎偉抛梁北大莫山川杳雜測邊○无後(…)/ 天門華嚴神衆○○行兒郎偉抛梁下舜○○○燭桃野金票如○昇座說三山墨○○簡若/ 伏願上樑之底○/ 金田○利玉葉長春此岩消席禪燈下汏南渲祐○寶殿○存祖鳳无外而振振存/ 從无窮而○○時在順治十五年戊戌十月日/ 消遙後人松月堂大師眞熙述 雲谷門人凌虛禪伯觀/ 海書/ 府使閔昇重/ 水使黃道昌/

施主秩/ 座首朴友啓/ 供養布施兼大施主嘉善大夫金得南/ 黃貴賢/ 兩主/ 供養布施兼
大施主/ 此丘英俊/ 此丘〇眞」

※『범어사 대웅전 수리공사 보고서』, 부산광역시 금정구청, 2004 참조.

참고문헌

문헌사료

『三國遺事』
『三國史記』
『新增東國輿地勝覽』
『世宗實錄』
『崔文昌侯全集』
『梵魚事蹟』
『梵魚寺誌』

도록 · 보고서

菊竹淳一 · 鄭于澤(편),『고려시대의 불화』, 시공사, 1996.
『梵魚寺聖寶博物館 名品圖錄』, 범어사 성보박물관, 2002.
『범어사 대웅전 수리공사 보고서』, 부산광역시 금정구청, 2003.
『한국의 불화』1~40, 성보문화재연구원, 1996~2007.
『한국의 사찰벽화 : 사찰건축물 벽화 보고서(인천광역시 · 경기도 · 강원도)』,
    문화재청 · 성보문화재연구원, 2006.
『한국의 사찰벽화 : 사찰건축물 벽화조사보고서(충청남도 · 충청북도)』, 문화
    재청 · 성보문화재연구원, 2007.
『한국의 사찰벽화 : 사찰건축물 벽화조사보고서(경상남도1)』, 문화재청 · 성보
    문화재연구원, 2008.
『한국의 사찰벽화 : 사찰건축물 벽화조서보고서(부산광역시 · 경상남도 2)』, 문
    화재청 · 성보문화재연구원, 2009.

단행본

강우방 · 곽동석 · 민병찬,『불교조각II - 통일신라 · 고려 · 조선시대』, 솔, 2003.
고경스님(교감) · 송천스님 · 이종수 · 허상호 · 김정민(편저),『한국의 불화 화
    기집』, 성보문화재연구원, 2011.

관조스님(사진)·박도화(해설),『사찰벽화』, 미술문화, 1999.

국사편찬위원회(편),『불교미술, 상징과 염원의 세계』, 두산동아, 2007.

김원룡(감수),『한국 미술문화의 이해』, 예경, 1994.

김원룡·안휘준,『신판 한국미술사』, 서울대학교출판부, 1993.

김원룡·안휘준,『한국미술의 역사』, 시공사, 2003.

김정희,『불화 : 찬란한 불교미술의 세계』, 돌베게, 2009.

노혁진 외 11인,『한국미술사의 현황』, 한국과학원 총서 7, 예경, 1992.

문명대,『한국의 불화』, 열화당, 1977.

문명대,『고려 조선 불교조각사 연구』, 예경, 2003.

문화재관리국·문화재관리소,『범어사 - 한국의 고건축 16』, 1994.

박은경,『조선 전기 불화 연구』, 시공아트, 2008.

범어사(편),『선찰대본산 금정산 범어사』, 선찰대본산 범어사, 2005.

안귀숙·최선일,『조선후기 승장 인명사전-불교회화』, 도서출판 양사재, 2008.

장충식,『한국불교미술연구』, 시공사, 2004.

정은우,『고려후기 불교조각 연구』, 문예출판사, 2007.

진홍섭·강경숙·변영섭·이완우,『한국미술사』, 문예출판사, 2006.

채상식·서지창·김창균,『범어사』, 대원사, 1994.

최선일,『조선후기 승장 인명사전 - 불교조소』, 도서출판 양사재, 2007.

한국불교연구원,『범어사』, 일지사, 1979.

홍윤식,『한국불화의 연구』, 원광대학교 출판국, 1980.

Kim, Lena, *Buddhist Sculpture of Korea*. Elizabeth, N.J. & Seoul: Hollym, 2007.

논문

김경미,「朝鮮後期 四佛山佛畵 畵派의 硏究」,『미술사학연구』236, 한국미술사
　　　학회, 2002.

김미경,「19세기 如來圖에 융합된 관음보살의 新圖像 연구」,『문물연구』18, 동
　　　아시아문물연구 연구학술재단, 2010.

김수영,「부산 원광사 소장 석가설법도 연구」,『문물연구』16, 동아시아문물연구
　　　학술재단, 2009.

김숙경,「조선후기 범어사 조영에 관한 연구」, 부산대학교 석사학위논문, 1999.

참고문헌

김숙경, 김순일, 「조선초기 범어사의 중창에 관한 연구」, 『학술발표대회논문집』 19, 대한건축학회, 1999.

김영희, 「금용일섭(金蓉日燮, 1900~1975)의 불교조각 연구」, 고려대학교 석사학위논문, 2009.

김정희, 「조선전기 불화의 전통성과 자생성」, 『한국미술의 자생성』, 한길아트, 1999.

김정희, 「錦湖堂 若效와 南方畵所 鷄龍山派-조선후기 화승연구(3)-」, 『강좌미술사 : 미술사의 작가와 유파II-회화편』 26(혜사 문명대 교수 정년퇴임 기념논문집), 한국미술사연구소, 2006.

남동신, 「미술사의 과제와 역사학」, 『미술사학연구』 268, 한국미술사학회, 2010.

문년순, 「금어당완호의 예술세계와 영도 복천사」, 동국대학교 석사학위논문, 2007.

문명대, 「서울 지장암장 불대사 목석가불상과 희장작 불대사 석가삼세불상의 복원」, 『강좌 미술사』 31, 한국불교미술사학회, 2008.

박도화, 「불교벽화의 전개와 우리나라의 사찰벽화」, 『한국의 사찰벽화-인천광역시 · 경기도 · 강원도』, 문화재청 · 성보문화재연구원, 2006.

박수현, 「조선후기 팔상도의 전개」, 이화여자대학교 석사학위논문, 2006.

박은경, 「조선전기 불화의 서사적 표현, 불교설화도」, 『미술사논단』 21, 한국미술연구소, 2005.

박은경, 「조선전기 불화의 대중교섭」, 『조선전반기 미술의 대외교섭』, 예경, 2006.

박은경, 「범어사 대웅전 벽화고」, 『한국의 사찰벽화 : 사찰건축물 벽화조서보고서(부산광역시 · 경상남도 2)』, 문화재청 · 성보문화재연구원, 2009.

박은경 · 한정호, 「사천왕상 배치형식의 변화 원리와 조선시대 사천왕 명칭」, 『미술사논단』 30, 한국미술연구소, 2010.

백찬규, 「우리나라 건물벽화와 그 보존에 관한 연구」, 『보존과학연구』 11, 문화재연구소, 1990.

서치상, 「조선후기 범어사 승인공장의 동래지역 조영활동」, 『건축역사연구』 통권35호, 한국건축역사학회, 2003.

성보문화재연구원 연구조사실, 「금정산 범어사와 그 말사」, 『한국의 불화32-범어사본말사편』, 2004.

손영문, 「고려시대 용화수인 미륵도상의 연구」, 『미술사학연구』 252, 한국미술사학회, 2006.

송은석, 「17세기 조각승 희장과 희장파의 조상」, 『태동고전연구』22, 한림대학교 태동고전연구소, 2006.

송은석, 「고흥 능가사 대웅전의 목조삼방불좌상」, 『미술사의 정립과 확산』, 사회평론, 2006.

송은석, 「17세기 조선왕조의 조각승과 불상」, 서울대학교 박사학위논문, 2007.

신광희, 「여수 흥국사 십육나한도 연구」, 『미술사학연구』255, 한국미술사학회, 2007.

신광희, 「한국의 나한도 연구」, 동국대학교 박사학위논문, 2010.

안정수, 「19세기 지장보살도에 보이는 선악동자 도상 연구」, 『문물연구』20, 동아시아문물연구학술재단, 2010.

이강근, 「17세기 불전의 장엄에 관한 연구」, 동국대학교 박사학위논문, 1994.

이분희, 「조각승 승일과 불상조각의 연구」, 『강좌미술사』26, 한국미술사연구소, 2006.

이성혜, 「복천사, 불모와 불화소에 대한 기억과 흔적」, 『복천사의 역사와 문화』, 경성대학교 부설 한국학연구소, 2008.

이용윤, 「신륵사 극락전 벽화」, 『한국의 사찰벽화 : 사찰건축물 벽화조사보고서(충청남도 · 충청북도)』, 문화재청 · 성보문화재연구원, 2007.

이용윤, 「조선후기 삼장보살도와 수륙재의식집」, 『미술자료』72 · 73, 국립중앙박물관, 2005.

이용윤, 「퇴운당 신겸 불화의 승려문중의 후원」, 『미술사학연구』269, 한국미술사학회, 2011.

이정옥, 「부산경남지역 다포계 맞배지붕 불전 연구 - 범어사 대웅전과 신흥사 대광전을 중심으로」, 동아대학교 석사학위논문, 2004.

이희정, 「조선 17세기 불교조각과 조각승 청헌」, 『불교미술사학』3, 불교미술사학회, 2005.

이희정, 「부산 범어사 대웅전 목조석가여래삼존불좌상과 희장의 조상」, 『문물연구』12, 동아시아문물연구학술재단, 2007.

이희정, 「기장 장안사 대웅전 석조삼세불좌상과 조선후기 석조불상」, 『문물연구』14, 동아시아문물연구학술재단, 2008.

전경미, 「조선후기 호남 북서부지역 소조상 제작기법 및 보존에 대하여」, 『강좌미술사』32, 한국미술사연구소, 2009.

참고문헌

전윤미, 「해인사 대적광전 삼신불회도 고찰」, 『강좌미술사』30, 한국미술사연구
　　소, 2008.

정무룡, 「금정과 범어사 관련 설화 연구」, 『동양한문학연구』26, 동양한문학회,
　　2008.

정우택, 「조선시대 후기 불교 진영고」, 『깨달음의 길을 간 얼굴들 : 한국고승진
　　영전』, 직지성보박물관, 2000.

정우택, 「조선왕조시대 후기 불교진영」, 『다시 보는 우리 초상의 세계』, 국립문
　　화재연구소, 2007.

정은우, 「17세기 조각가 혜희와 불상의 특징」, 『미술사의 정립과 확산』, 사회평
　　론, 2006.

정은우, 「불교조각의 제작과 후원」, 『불교미술, 상징과 염원의 세계』, 국사편찬
　　위원회, 두산동아, 2007.

정은우, 「용문사 목조아미타여래좌상의 특징과 원문분석」, 『미술사연구』22, 미
　　술사연구회, 2008.

정은우, 「조선후반기 조각의 대외교섭」, 『조선후반기 대외교섭』, 예경, 2007.

최선일, 「고양 상운사 목조아미타삼존불좌상과 조각승 진열」, 『미술사학연구』
　　244, 한국미술사학회, 2004.

최선일, 「조선후기 조각승의 활동과 불상 연구」, 홍익대학교 박사학위논문,
　　2006.

한정호, 「통도사 대웅전의 제문제에 대한 고찰」, 『불교고고학』3, 위덕대학교 박
　　물관, 2003.

한정호, 「1767년 양산 통도사 괘불탱 : 통도사성보박물관 괘불탱 특별전 5」, 통
　　도사성보박물관, 2001.

허상호, 「조선후기 불화와 불전장엄구에 표현된 기물 연구」, 『문화사학』27, 한
　　국문화사학회, 2007.

황규성, 「조선시대 삼세불 도상에 관한 연구」, 『미술사학』20, 한국미술사교육학
　　회, 2006.

찾아보기

찾아보기

찾아보기